Cariad Lloyd
Im Club der Trauernden

GOLDMANN

CARIAD LLOYD

IM CLUB DER TRAUERNDEN

Gespräche über das schlimmste Gefühl der Welt
und die Freude, die wiederkommt

Aus dem Englischen
von Nikolaus de Palézieux

GOLDMANN

Die englische Originalausgabe erscheint 2023 unter dem Titel
»You Are Not Alone« bei Bloomsbury Tonic, London.

Penguin Random House Verlagsgruppe FSC® N001967

1. Auflage
Deutsche Erstausgabe November 2022
Copyright © 2023 der Originalausgabe: Cariad Lloyd
Copyright © 2022 der deutschsprachigen Ausgabe:
Wilhelm Goldmann Verlag, München, in der Penguin Random House
Verlagsgruppe GmbH, Neumarkter Str. 28, 81673 München
Umschlag: Uno Werbeagentur, München
Umschlagmotiv: FinePic®, München
Redaktion: Nina Schnackenbeck
Satz: Uhl + Massopust, Aalen
Druck und Bindung: GGP Media GmbH, Pößneck
Printed in Germany
EB · Herstellung: IH
ISBN 978-3-442-17913-8

»Der Tod ist kein Ereignis im Leben.
Den Tod erlebt man nicht. Wenn man unter Ewigkeit
nicht unendliche Zeitdauer, sondern Unzeitlichkeit
versteht, dann lebt der ewig, der in der Gegenwart
lebt. Unser Leben ist ebenso endlos, wie unser
Gesichtsfeld grenzenlos ist.«

    Ludwig Wittgenstein

»Wow! Genau das ist es!«

    Mein Vater,
    immer wenn er ein besonders gutes Curry aß

Für Dad.
Danke, dass du meine Fragen beantwortet hast,
mich in Verlegenheit gebracht
und mir unendlich oft gesagt hast,
dass ich alles erreichen kann, was ich mir vornehme.

Für Mum.
Danke dir. Für <u>alles.</u>

Hallo,
Willkommen im Club.
Tut mir leid, dass du hier bist.

Ich weiß, dass du nicht darum gebeten hast, hier zu sein.
Du wusstest nicht, dass sich Trauer so anfühlt.
Es ist nicht fair. Es ist furchtbar.
Zutiefst, wirklich abscheulich furchtbar.

Du wusstest nicht, dass es sich so anfühlen würde.
Jetzt sind sie tot. Alles hat sich verändert.
Alles.
Die Welt ist nicht mehr dieselbe.
Alles, was du kanntest und liebtest, hat sich unwiderruflich
verändert.
Es tut mir leid.

Das ist ein echt beschissener Club.
Man sagt dir nicht, wann du hier eintreten wirst.
Manche Leute werden vorher überhaupt nicht gewarnt.
Es gibt kein Belohnungssystem oder Rabatte.
(Es sollte aber so etwas geben; wenn man zwei Todesfälle
in einem Jahr hat,
sollte man kostenlos parken dürfen oder zumindest einen
Gutschein bekommen.)
Der Club ist voll von Verlust und Schmerz und Trauer und
Wut und Angst,
und in der Mitte klafft ein großes, leeres Loch.

Sie sollten hier sein.
Und sie sind es nicht.

Es gibt noch andere Menschen in diesem Club,
es gibt so viele von uns.
Ich weiß, du fühlst dich allein. Aber wir sind hier.
Wir kennen die Trauer. Nicht die deine. Deine gehört dir,
und niemand sonst kennt sie oder trägt sie in sich.
Manchmal scheinen sich Teile dieses ganzen Trauerchaos
zu gleichen,
manchmal auch nicht.
Aber ich weiß, wie schwer es ist, es zu (er)tragen. Ich weiß,
wie hart es ist.

Ich war schon früh im Club, also habe ich ein paar Knabbereien mitgebracht (Brezeln und Chips).
Gern geschehen.
(Es gibt auch Dips, aber du siehst noch nicht sehr hungrig
aus.)

Ich bin schon sehr lange im Club.
Ich trage meinen Kummer schon sehr lange
mit mir herum.
Wenn man hier eintritt, sieht man nur das Loch in der
Mitte der eigenen Seele,
sonst nichts.

Dann, nach ein paar Jahren,
stellen sich deine Augen langsam um.

Und du siehst noch das Loch in der Mitte, aber du kannst auch alles andere sehen.
Du kannst die anderen Leute im Club sehen.
Und die Welt da draußen.
Am Anfang ist sie voller Nebel, aber sie ist immer noch da.
Sie schleppt sich weiter. Sie existiert.
Sie ist noch da.
Die Welt ist noch da.
Du bist noch da.

Sie sind es nicht.

Ich kann dir nicht versprechen, dass es dir gut gehen wird.
Ich kann die Sache nicht besser machen.
Ich kann nur hier bei dir sein.
Weil:
Du bist nicht allein.

Inhalt

Peter Fraser Lloyd, 1953–1998:
Das Ende und der Anfang   15

Einleitung   19
    Tatsachen   19
    Finde deinen Weg   21

Schuldgefühle von Feiglingen   30

21. April 1998 – Das Ende   33

Kapitel 1: Das Ende (der linearen Erzählung)
Wie soll sich Trauer anfühlen?   37
    Tag der Beerdigung   69
    Welle – 1998   75

Kapitel 2: Große Erwartungen
Wie soll sich Trauer verhalten?   81
    Immer weiter, immer weiter   104
    Siebzehn   107
    Ich habe eine Kerze für dich angezündet   109

Kapitel 3: Modernes Trauern
Wie trauern wir heute?   111
    Welle – 2001, Brighton   134
    Dinge, die ich nicht tue, weil du gestorben bist   137
    Welle – 2002, Brighton   137

Kapitel 4: Personalisiere deine Trauer
Wer warst du, als es geschah?   141
    Welle – 2008   177
    Fragen, die ich mir stelle   181
    Welle – 2010   182

Kapitel 5: Ein Licht, das dich leitet
Was kann mir helfen, es zu überstehen?   187
    Ganz gelb   212
    Welle – Frühling 2012   214

Kapitel 6: Was man sagen soll
Und was man nicht sagen soll …   219
    Jack Dee ist nicht mein Vater   250
    Welle – 2017   252

Kapitel 7: Wenn du stirbst
Weil wir uns auch darum kümmern müssen, jetzt   257
    Fragen eines Kindes   273
    ADHS   274

Kapitel 8: Komm drüber hinweg
Warum fühle ich mich immer noch so?   277
    Welle – 2021   300
    Protest der Trauernden   303
    Liebe Trauernde, lieber Trauernder   304

Quellen   307

Dank   313

Register   316

Peter Fraser Lloyd, 1953–1998:
Das Ende und der Anfang

Ich spreche seinen Namen nicht so oft aus. Das kann ein bisschen viel werden. Es tut immer noch weh, im Einzelnen darauf einzugehen, wer er war. Es scheint einfacher zu sein, ganz schlicht zu sagen: »Mein Vater starb, als ich fünfzehn war«; ein Satz, der unbestimmt genug ist, um einen ausreichend großen Abstand zwischen mir und seinem Tod zu lassen. Ein Polster zwischen den Wörtern, die ich ausspreche, und den Erinnerungen, die vor mir auftauchen. Das ist sein Name und das ist seine Zeit auf Erden, und ja, es tut immer noch weh, das aufzuschreiben. Es fühlt sich immer noch zu frisch an, auch jetzt noch, um es detailgenau hinzuschreiben und nicht als einen zusammenfassenden, schützenden Satz. »Mein Vater starb, als ich fünfzehn war.« Eine Ansammlung von Wörtern, die ich mit mir zu tragen und auszusprechen gewohnt bin, sodass sie keinen Schmerz und keine Kanten mehr haben.

Ich komme ins Wohnzimmer und setze mich auf das große Sofa. Er ist da, zusammen mit meiner Mutter. Er sitzt am Erkerfenster, auf dem kleinen geblümten Polstersessel, den meine Mutter von jemandem geerbt hatte – der für ein Ankleidezimmer gedacht war, nicht für brutale Wahrheiten. Weder sieht Dad mich richtig an, noch beherrscht er die Situation. Das ist ungewöhnlich. Es ist mitten am Tag, Februar. Hell, aber nicht warm. Ich sitze den beiden gegenüber, in unserer Vorstadt-Doppelhaushälfte, in der nie etwas passiert (bis heute).

Er sitzt vor mir. Er sieht schon schlecht aus, er ist gelb geworden, richtig gelb, als hätte ihn jemand mit einem Filzstift eingefärbt. »Es ist Gelbsucht«, haben sie gesagt. Ich bin fünfzehn, ich weiß nicht, was das bedeutet. Jetzt wollen sie mit mir sprechen. Meine Mutter sagt, er habe Krebs. Sagt sie, die Bauchspeicheldrüse? Das muss sie wohl gesagt haben, ich weiß es nicht mehr. Ich erinnere mich daran, dass ich mich krank fühlte, auf meine Hände schaute und darum bat, gehen zu dürfen. Ich möchte aus dem Zimmer gehen, weil ich die Wörter, die in der Luft hängen, nicht aushalten kann. Ich kann sie nicht hinunterschlucken. Sie sind ungenießbar, nicht zum Einatmen.

Ich gehe in mein Zimmer, sacke auf dem Boden zusammen (die Knie funktionieren nicht gut, wenn man trauert), stecke mir den Stoff meines Morgenmantels in den Mund und schluchze so leise wie möglich. Ich will nicht, dass irgendjemand erfährt, was in diesem Moment mit mir geschieht, warum ich da unten sitze. Wenn man mich gefragt hätte, was ich da tue, hätte ich keine Antwort gehabt. Ich wusste keine mehr. Ich hatte mich nicht mehr unter Kontrolle. Ich war verloren. Von diesem Punkt an war ich verloren.

Dies ist der Beginn meiner Reise in die Trauer. Hier begann, wer ich heute bin. Im Februar 1998, im Alter von fünfzehn Jahren, lebte ich am Rande von London und am Rande von nichts Interessantem. Ruhig, sicher, friedlich. Das vorherrschende Gefühl meiner Kindheit ist der Sommer –

grüne Blätter, die sich sanft im Wind wiegen, Übernachten bei Freunden, Lachen, *Star Wars*, Ferien, knusprige Pfannkuchen zur Teatime auf Tabletts vor dem Fernseher, während ich darauf warte, dass *Der Prinz von Bel-Air* anfängt.

Hier änderte sich alles, und *ich* fing an.

Einleitung

Tatsachen

Ich bin ein langjähriges Mitglied des »Clubs«.

TDC-Mitglied seit 1998 (Toter-Daddy-Club; Unterabteilung: Bauchspeicheldrüsenkrebs; Sparte: Teenager, als er starb; Kategorie [ii.]: Starb kurz nach der Diagnose. Trauerpunkte 57).[1]

Im Februar 1998 wurde bei ihm sekundärer Bauchspeicheldrüsenkrebs diagnostiziert.

Überall, wo wir hinkamen, lief Celine Dions »My Heart Will Go On« im Radio.

(Das stimmt vielleicht nicht, oder doch?)

Am 21. April 1998 starb er.

Ich war fünfzehn.

Ich hörte auf, eine Teenagerin zu sein.[2]

---

1 Es gibt nicht wirklich solche Trauerpunkte. Tut mir leid. Und wenn, dann wären sie nicht halb so gut wie Paybackpunkte.

2 Ich war nicht besonders gut als Teenagerin. Wenn du dir vorstellst, dass *Teenage Kicks* läuft, während ich eine Flasche Wodka runterkippe, dann ändere das in eine, die auf Partys raucht, aber meistens an einem wilden Freitagabend lieber *Gardeners' World* [auf BBC] und dann *Red Dwarf* [Science-Fiction-Comedyserie] schaut.

Ich wurde mit einem Schlag durch einen Tumor, von dem niemand etwas wusste, erwachsen. Aber:

In diesem Moment erstarrte ich auch zur ewigen Jugendlichen.

Denn sich vorwärtszubewegen hieße, sich in eine Welt zu begeben, die er nicht kannte.

Ich lernte, was ewig bedeutet.

Ich war voller Traurigkeit.

So voll, dass ich nicht mehr atmen konnte.

Und an manchen Tagen konnte ich an nichts anderes mehr denken.

Ich kann mein Leben in die Zeit vor dem Tod meines Vaters und nach dem Tod meines Vaters einteilen.

Ich kann mein Leben in zwei Hälften teilen, wobei der Schnitt meine eigene Geschichte durchschneidet.

Das ist der Punkt, an dem ich verstanden habe.

Als ich dem Club beigetreten bin.

Er lief gern Marathons und Triathlons. Er trainierte für den Ironman.

Er war ein sehr lauter Mensch, man war sich immer bewusst, dass er im Raum war. Er war nicht gesprächig, sondern einer dieser Menschen, die husten, atmen, seufzen und LAUT denken.

Er mochte Jean-Michel Jarre[3] und Frank Zappa.

Er war geradezu besessen von korrekter Grammatik, und wenn man »Ich und Tom« sagte, korrigierte er es zu

---

3 französischer Musiker

»Tom und ich«. Das tat er, obwohl man mitten im Gespräch war.

Er schaute sich gern die Tour de France und Opern an und konnte mit seinen Fürzen einen Aufzug leer fegen.

Er ist tot, aber davor war er mein Vater.

Finde deinen Weg

An manchen Tagen kamen wir miteinander aus, an vielen aber nicht. Die meiste Zeit waren wir nicht gut im Kommunizieren. Dies ist kein Liebesbrief an ihn von einer trauernden Tochter, die sich nie von dem Verlust ihres Vaters erholt hat. Das ist nicht der Fall, so waren wir nicht. Dies ist kein Buch, das dir erzählt, wie ich mich von einer großen Tragödie erholt habe. Es war traurig, aber meine Geschichte ist nicht tragisch, sie ist deprimierend alltäglich.

Es geht auch nicht darum, wie man Trauer bewältigt. (*In nur zehn Tagen kannst auch du so tun, als würden sie noch leben!*) Bestenfalls ist dieses Buch das Ergebnis vieler Experimente zum Thema Trauer. Meiner eigenen und der vieler anderer, mit denen ich gesprochen habe – Komiker:innen, Schriftsteller:innen, Schauspieler:innen, Produzent:innen, Sterbehelfenden, Trauertherapeut:innen, Palliativpfleger:innen – Menschen, die den Verlust von Eltern, Geschwistern, Kindern, Babys, Großeltern, Haustieren, Freund:innen, Partner:innen, Schwangerschaften, Ehefrauen, Ehemännern erlitten haben; einige verschwanden plötzlich und ohne Vorwarnung, andere wurden langsam und mit zu viel Leid von uns genommen. Wir alle blieben voller Trauer, wir alle versuchen, unseren Weg durch ein Thema zu finden, über das die Gesellschaft immer noch nicht sprechen kann (obwohl alle Menschen eines Tages damit konfrontiert werden).

Dieses Buch ist das Ergebnis all der Gespräche und Informationen, die ich gesammelt habe, um meinen Weg durch meine eigene Trauer zu finden. Und was am nützlichsten ist: Es ist eine Roadmap. Ich kann deine Reise nicht planen, aber ich kann dir zeigen (mit Filzstift auf ein Stück Papier gezeichnet), dass dies der Weg ist, den ich gegangen bin. Es war nicht einfach, aber ich habe es geschafft, und heute geht es mir gut.

Ich bin immer noch im Club, auch jetzt noch, all die Jahre später. Man tritt nicht wieder aus; es ist eine lebenslange Mitgliedschaft. Die Trauer lässt nach, verändert sich und kehrt zurück, sie verschwindet nie. Wenn du nach einer Antwort suchst, was man dagegen tun kann – die kann ich dir nicht bieten, und ich würde auch niemandem trauen, der/die sagt, dass er/sie das kann. Aber es ist kein hoffnungsloses Unterfangen, nach Wegen zu suchen, die Trauer zu mildern – sie zu betrachten, sie zu verstehen und zu lernen, wie du sie in deinem Leben aushalten kannst; zu lernen, sie so zu begreifen, dass du Freude empfinden kannst, dich aber dennoch an den verstorbenen Menschen erinnerst und deine Traurigkeit dabei akzeptierst. Ich weiß, dass zu Beginn der Trauer unmöglich scheinen mag, dass sich diese je verändert; dieses Gefühl *ist* die Trauer. Aber wie alles im Leben ändert sich auch dies. Das Ausmaß der Vergeblichkeit, des Schmerzes, der Trauer – das ist Teil des Prozesses. Jede Trauer ist einzigartig, ich werde deine nie ganz verstehen, so wie du nie jenen Frühling im Jahr 1998 verstehen wirst, aber wir alle haben diesen quälenden Schmerz gespürt und die Nacht irgendwie überstanden.

Diese Roadmap bietet dir keinen Ausweg, sondern einen Leitfaden, um sich in dieser neuen Welt zurechtzufinden. Sie soll dir dabei helfen, die brutale, aber wundervolle Lektion der Trauer zu lernen: dass sie sich verändert, wächst, abnimmt und wieder auftaucht, dass sie dich für immer begleiten wird und dass du lernen wirst, ein Leben um sie herum aufzubauen und sie zu bewältigen. Ich weiß, dass es für manche ein Ding der Unmöglichkeit ist, diese Wörter zu lesen, aber höre auf das, was ich aus der hintersten Ecke des Clubs zu dir sage: Es wird alles gut. Auch du wirst dich wieder okay fühlen. Irgendwie wirst du es schaffen.

Obwohl ich diese Reise mit fünfzehn Jahren begann, als mein Vater starb, fing ich erst an zu verstehen, welche Auswirkungen das auf mich hatte, nachdem ich 2016 meinen Podcast, den *Griefcast* [Trauercast], ins Leben gerufen habe, wo ich in wöchentlichen Beiträgen über Tod und Trauer sprach, zusammen mit einem/einer Komiker:in, einem/einer anderen *Griefster:in*[4], und wir über unsere Erfahrungen nachdachten. Da öffnete sich schließlich die Box (du weißt schon, die Box in deinem Kopf, in die du all deinen Kummer gestopft und den Deckel geschlossen hast, weil ...). Nachdem ich diese Box geöffnet hatte, haben mich meine Tränen nicht ertränkt. Es kam Heilung, von der ich nicht geglaubt hatte, dass sie nach so vielen Jahren noch möglich wäre. Ich

---

4 Diesen Namen für die Mitglieder des Clubs prägte Robert Webb, Komiker, Schauspieler, Autor, als ich mit ihm über den frühen Tod seiner Mutter sprach.

öffnete mich für meine schmerzhaftesten Erinnerungen und begann, sie in einem wöchentlichen Format, das man downloaden kann, mit anderen zu teilen.

Ich fragte mich, wie viele Leute mir überhaupt zuhören wollten, wenn ich auf heitere Art und Weise über den Tod sprach. Ich war überzeugt, dass es ein kleiner Regentropfen in einem großen Teich sein würde, unbemerkt. Dann wurden aus der ersten Staffel mit vier Episoden bald neun, und allmählich wurden daraus im Lauf der Jahre 200 Episoden, mit Millionen von Downloads, mehreren Auszeichnungen, Hunderten von Gesprächen und Tausenden von E-Mails von Zuhörer:innen. Ich sage das nicht, um anzugeben, sondern bin immer noch ein wenig fassungslos. Mir wurde klar, dass der Club nicht nur voll war – er war übervoll. Ich war nicht allein, obwohl ich die ganze Zeit, all die Jahre, gedacht hatte, ich wäre es. Aber wir sind alle hier, mit einem unterschiedlich großen Schlamassel in unseren Händen – große bis riesengroße Klumpen von Schmerz. Wir wissen, wie es ist, es zu tragen und trotzdem zu versuchen zu leben.

Dieses Buch enthält Gedanken über meinen Schmerz und von all dem, was ich gelernt habe, weil ich den Schmerz schon so lange in mir trage. Dein Schmerz wird anders aussehen, aber ich kann dir eine Weile dabei helfen, ihn zu tragen, wie einen großen Rucksack[5]. Wir können im Club beieinanderstehen und wissen, dass wir beide hier sind. Was uns passiert ist, ist nicht ungewöhnlich; es ist normal, um den Tod zu wissen, ihn erfahren zu haben. Trauer ist normal.

---

5 Wie einer mit einer großen Laptoptasche, aber auch nicht allzu unförmig. Seufz, ein Traum.

Als ich merkte, wie voll der Club war, wurde mein Kummerchaos ein wenig leichter. Ich konnte mein Leid als Teil des menschlichen Prozesses sehen, nicht als etwas, was mir außerhalb meiner Kontrolle zugestoßen war. Ich konnte es als Teil des Lebens anerkennen. Trauer zu tragen ist Teil des Deals in diesem Leben. Sobald ich wusste, dass sich auch andere in der Unterabteilung des an Bauchspeicheldrüsenkrebs verstorbenen Vaters tummelten, ließ mein Schmerz nach. Als ich anfing zu reden, sprachen auch andere mit mir, und wir teilten unsere Geschichten, unseren Schmerz und unser Lachen, und wir erinnerten uns an die betreffende Person – und das half.

Das ist auch meine Erfahrung aus den Gesprächen mit den Menschen im Club. Es sind Menschen, die verstanden haben; die über das Thema sprechen wollen, das alle anderen vermeiden. Was uns eint, ist nicht die Todesursache, die Dauer der Krankheit oder die Plötzlichkeit des Unfalls. Was uns in diesem Kummerchaos vereint, ist, dass wir alle immer noch trauern. Wir halten den Schmerz und den Verlust fest. Wir haben gelernt, mit dem Kummer so gut wir können umzugehen. Unser Leben neben dieser Trauer zu leben, so gut es geht. Wir sind alle noch im Club, egal wie kurz oder lang unsere Trauerreise bislang war. Es ist nicht einfach oder geht ohne Schmerz vor sich, aber es ist möglich. Und genau das kann ich dir anbieten: Es ist möglich.

Trauer ist wie ein riesiges Durcheinander, ein verheddertes Knäuel von Kabeln – wie der schlimmste Knoten im Kopfhörerkabel, den man je gesehen hat. Unlösbar. Du wirst dein Leben damit verbringen, das Knäuel zu entwirren, einzelne Stränge aufzugreifen, ihnen zu folgen; und fast zu glauben, du hättest die ganze Traurigkeit aus der Welt geschafft – und dann wird dich wieder ein Ansturm, ein Schmerz, eine Welle der Trauer überrollen. Wir stehen immer am Ufer, wir können sehen, wie sich die Trauer ganz weit zurückzieht, aber sie wird zu uns zurückkommen. Wir können unsere Muskeln trainieren, um sie besser zu stemmen, wir können die Trauer manchmal anderen überlassen für ein paar Momente der Ruhe, aber es ist immer noch unsere Trauer, sie ist ein Teil von uns. Welche Metapher auch immer dir helfen kann – nutze sie. Ich werde dich nicht in eine Welt führen, in der die Trauer nicht mehr existiert. Aber ich werde dir die Fragen stellen, die mir geholfen haben, meinen Kummer zu verstehen, und dich hoffentlich zu den Antworten führen, die dir deinen Kummer verständlich machen. Ich werde dir auch meine Geschichte erzählen. Wie ich gelernt habe, mit dem Kummer zu leben. Ich werde dir sagen, dass ich glücklich bin. Mein Trauerchaos ist immer noch da, und dennoch: Ich bin glücklich. An manchen Tagen ist es schwer, an anderen Tagen so leicht, dass ich es gar nicht wahrnehme. Es hat mich verändert. Es hat mich geformt. Ich bin glücklich. Ich bin traurig. Mir geht es gut.[6]

---

6 Vielleicht liest du dieses Buch und bist nicht im Club. Vielleicht hast du es in die Hand genommen, weil du jemandem helfen wolltest, der schon im Club ist (vielen Dank dafür). Vielleicht gehst du auf deine erste große Trauer zu und willst wissen, was auf dich zukommt. Vielleicht willst du dich diesen Dingen einfach stellen, bevor das Leben dich dazu zwingt.
Ich weiß, es ist schwer zu glauben, wenn du noch keine große Trauer durchgemacht hast, dass ein Tod, nur ein einziger Tod, dein Leben in zwei Hälften teilen, in Stücke, in Fetzen reißen kann. Es ist nicht leicht, Außenstehenden zu erklären, dass deine Seele zerbricht, wenn du jemanden liebst und er/sie dann stirbt (wenn du mit »Seele« nichts anfangen kannst, meine ich einfach dein »Du«, dein Herz, deine Essenz, deine innere Freude, die alles in Ordnung bringt. Eben das meine ich mit »Seele«). Ein

Ich möchte also, dass du weißt, dass du mit deinem Kummer nicht allein bist. Ich möchte, dass du siehst, wie viele andere sich so fühlen. Kummer ist unvermeidlich; eine garantierte menschliche Erfahrung. Das hätte ich auch mir selbst als Fünfzehnjährige gewünscht – einen Leitfaden für all das, was ich noch nicht kannte, als ich zu einem Menschen wurde, dessen Vater gestorben war, als ich anfing, diejenige zu werden, die ein ganzes Trauerchaos aushalten musste. Ich hoffe, er hilft dir. Und ich hoffe, er tröstet dich. Ich hoffe, dir geht es heute so gut, wie man es eben erwarten kann. Und hoffentlich weißt du jetzt: Du bist nicht allein. Es sind so viele andere von uns da. Du bist nicht allein.

Dies ist ein Buch über den Tod.
Dies ist ein Buch über die Trauer.

Dies ist ein Buch über das Chaos.
Dies ist ein Buch über die Komplexität.

Stück davon zerbricht. Du bleibst mit einer Lücke in dir zurück. Ich kann es endlos beschreiben, aber bis es einem selbst passiert, wird man das Gefühl nicht genau kennen. So wie ich nicht wirklich beschreiben kann, wie es sich anfühlt, ein Schinken-Tomaten-Brötchen aus der Victoria Bakery in der Barnet High Street zu essen. Denn es war wirklich perfekt. Ein tadelloses Verhältnis von Schinken und frischer Tomate in einem weichen, weißen Brötchen, das nur eine leicht knusprige Kruste hatte. Aber die Bäckerei hat zugemacht, und so musst du dich jetzt auf mein Wort verlassen, wie gut es war – und wie es sich im Club anfühlt. Wenn du noch nicht drin bist, kann es schwer sein zu verstehen, wie es dich für immer verändern wird. Trotzdem kannst du denen helfen, die versuchen, ihren Weg an einen Ort zu finden, der irgendwie einen Sinn für sie ergibt. Du kannst sie ermutigen weiterzumachen; lass sie ihren Namen aussprechen und weinen und traurig sein. Sie werden mehr Zeit brauchen, als ihr beide denkt.

Dies ist ein Buch darüber, wie du nicht darüber hinwegkommst.

Dies ist ein Buch über den Schmerz.

Dies ist ein Buch über den Verlust.

Dies ist ein Buch darüber, wie du nicht darüber hinwegkommst.

Dies ist ein Buch darüber, wie seltsam das alles ist.

Dies ist ein Buch darüber, wie es war, als du dich im Krankenhaus gelangweilt hast.

Dies ist ein Buch darüber, wie du geheult und geweint und so laut geschluchzt hast, dass du dich wie eine hupende Gans angehört hast, und wie du laut gelacht hast, sodass es deinen Tränen Einhalt geboten hat.

Dies ist ein Buch darüber, wie du nicht darüber hinwegkommst.

Es ist ein Buch darüber, wie es dich erwischen kann, selbst wenn du sie (AdÜ: die Menschen) jahrelang nicht mehr gesehen hast.

Dies ist ein Buch darüber, wie wir nicht darüber reden.

Dies ist ein Buch darüber, wie du nicht darüber hinwegkommst.

Dies ist ein Buch darüber, wie du dir darüber Gedanken machst, was du zur Beerdigung anziehen sollst.

Es ist ein Buch darüber, wie du erfährst, dass sie auf dich gewartet haben, dass auch du dazustoßen wirst.

Dies ist ein Buch darüber, dass du nur kurz den Raum verlassen hast und sie in der Zwischenzeit von uns gegangen sind.

Dies ist ein Buch darüber, wie du nicht darüber hinwegkommst.

Dies ist ein Buch darüber, dass es nicht den einen richtigen Weg gibt, um es zu schaffen.

Dies ist ein Buch über das Loslassen der Scham, etwas »falsch« zu machen.

Dies ist ein Buch über den Tod.

Dies ist ein Buch über die Trauer.

Dies ist ein Buch, das immer wieder sagt:

Du bist nicht allein.

Es gibt zwei Stränge in diesem Buch: die Hauptkapitel, die die vielen Lektionen enthalten, die ich über die Trauer erfahren habe; dazu die Zwischenkapitel. Diese Zwischenkapitel sind kurze Abschnitte, die den Weg meiner eigenen Trauer nachzeichnen. Manchmal sind sie sehr traurig; wenn du also nicht weinen willst, kannst du später darauf zurückkommen. Wenn du aber unbedingt weinen willst, kannst du auch direkt dort anfangen.

Schuldgefühle von Feiglingen

Wir sitzen auf dem Sofa, dem Sofa von mir und Mum. Manchmal sitzt du mit uns dort, aber es ist nicht dein Sofa. Das andere Sofa ist das meines Bruders (wo er sein Lieblingsspiel spielt, um mich zu ärgern – er legt die Fernbedienung auf die Armlehne, und er weiß, dass ich sie sehen kann, aber nie schnell genug bin, um sie ihm wegzunehmen und wieder Kontrolle über das zu bekommen, was sich im Wohnzimmer abspielt).

Wir sitzen zusammen auf dem Sofa – was schon ziemlich ungewöhnlich ist. Du bist krank, also schaust du mit mir fern, ein Teil von dir hat schon etwas aufgegeben. Normalerweise kannst du nicht ruhig genug sitzen, um etwas anzuschauen, du hasst Trash-TV, setzt dich nur für die Tour de France oder Wagners *Ring des Nibelungen* vor den Fernseher (es ist keine Überraschung, dass niemand mit dir fernsieht). Du bist immer noch gelb, das Rascheln deiner Hose aus Ballonseide hatte mir verraten, dass du den Flur entlangkommst.

Es ist die Zeit, wo wir nach dem Abendessen fernsehen. Ich arbeite mich durch die *Simpsons* und dann weiter zu *Der Prinz von Bel-Air*, eine glückliche Stunde, ohne nachdenken zu müssen. Vor mir auf dem Couchtisch steht mein Tablett mit einem Rest Abendessen, ich habe Backhähnchen und Dosenmais gegessen (meine Mutter ist ein Fan von Sachen, die man schnell warm machen kann). Du setzt dich neben mich, in die andere Ecke des Sofas, ich ziehe meine Beine ein, damit du mir nicht zu nahe kommen kannst. Du bittest mich, mein Tablett in die Küche zu bringen. (Die Plastiktabletts, auf denen meine Mutter das Essen serviert. Das Tablett meines Bruders ist gestreift, auf meinem ist eine kitschige Waldszene, mit Igeln und Kaninchen, die im Laub herumwühlen. Ich werde dieses Tablett später kaputt machen, wenn du tot bist, aber heute steht darauf ein Teller mit Hühnerknochen und Resten von Bratensoße.)

»Mache ich gleich«, sage ich.

Ich meine es ernst. Ich werde es tun. Ich bin müde und fünfzehn und schaue etwas im Fernsehen. Es macht mir nichts aus, dass du da bist, aber es ist trotzdem komisch.

»Bring bitte dein Tablett raus.« (Jetzt genervt.)

»Oh, jetzt geht's los«, denke ich, ich habe ihm doch gesagt, ich mache es gleich.

»Klar«, sage ich.

Ich meine, verdammt noch mal, ich mache es wirklich gleich. Ich meckere nicht (er hat ja jetzt Krebs). Er schnaubt wütend und rutscht auf dem Sofa hin und her. Er ruiniert mir die Serie, was will er eigentlich? Warum ist er so gereizt?

Ich wende mich wieder dem Fernseher zu. Bart oder Lisa oder Carlton, jemand, der/die weit weg von meiner Welt ist, sagt gerade etwas, was mich zum Lachen bringt.

Er unterbricht, schreit so laut, wie nur er es kann, wie ein plötzlicher Überschallknall: »Bring dein Tablett raus, das macht mich krank!«

Mir ist übel.

Gallenflüssigkeit läuft in meinen Magen, meine Wangen werden rot. Ich springe auf und trage das Tablett in die Küche, ich zittere. Tränen steigen mir in die Augen (ich weiß noch nicht, wie man sie hinunterschluckt, sodass es keine/keiner sieht). Ich laufe die Treppe rauf. Ich schluchze und schluchze und schluchze und schluchze.

Warum habe ich es nicht gleich weggebracht? Warum habe ich nicht getan, was mir gesagt wurde? Ich bin wütend und schluchze. Ich habe nicht damit gerechnet. Ich habe nicht damit gerechnet. Ich habe nicht damit gerechnet.

Der endlose Refrain von Februar bis April 1998. Ich habe nicht damit gerechnet. Ich habe es nicht verstanden. Ich habe …

Für Jahre dient diese Szene als Beispiel für meinen *puren Egoismus*. Wie ich ihn im Stich gelassen habe, wie gedankenlos ich war. Ich habe nicht damit gerechnet. Jahre später wird mir klar – ich habe einfach nicht damit gerechnet. Ich habe es einfach nicht verstanden. Was die Chemo bedeutete, was dieser geheimnisvolle Mann mit dunklen Haaren und braunen Augen, der bei uns wohnte, fühlte. Ich habe ihn nicht wirklich verstanden – bis er krank wurde, und wenn jemand Krebs kriegt, ändert das die Situation nicht auf magische Weise. Wir hatten keine Zeit, uns das gegenseitig zu erklären. Tut mir leid, ich wusste es nicht. Ich weiß, dass du es wusstest. Zwei müde Familienmitglieder, die bei Will Smith und Hühnerknochen versuchen zu verstehen, was der Tod bedeutet.

Tut mir leid.

21. April 1998 – Das Ende

Es ist jetzt über zwanzig Jahre her, die Erinnerungen sind also nicht mehr frisch. Sie sind verblasst, aber der Schatten einer Narbe bleibt. Den Tag seines Todes kann ich hier nicht in lebhaften, traumatischen Beschreibungen wiedergeben. Ich versuche, mich an einen Albtraum zu erinnern, den ich hatte, als ich fünfzehn war. Zu beschreiben, wie der Umschlag meines Deutsch-Lehrbuchs in jenem Jahr aussah, wäre schon schwierig, obwohl es länger in meinem Leben präsent war als der Krebs meines Vaters, also entschuldige bitte die verschwommenen Ränder meiner Erinnerung.

Ich wollte an diesem Tag nicht ins Krankenhaus gehen. Wir waren in dieser Woche jeden Tag bei ihm gewesen. Sie verlegten ihn auf die Krebsstation des Mount-Vernon-Krankenhauses, er sei zu krank, um ins Hospiz gebracht zu werden, sagten sie. Es war irgendwo in der Nähe von Watford, glaube ich – ich weiß es immer noch nicht, oder ich will mich nicht zu genau festlegen, aus Angst, dass es noch mehr Realität wird. Ich weiß, dass wir nach Norden fuhren. Ich weiß, dass es das Jahr war, in dem *Titanic* herauskam. Ich weiß, dass ich oft »My Heart Will Go On« auf den Fahrten zum Krankenhaus gehört habe. Ich weiß, dass ich es lustig fand – dass Céline davon sang, dass ihr Herz weitermacht, und wir hier zusahen, wie ein Körper starb. Es schien, als ob Céline Dion wirklich wollte, dass es meinem Vater gut geht, und ich fand es wirklich lustig, dass wir das Lied auf den Autofahrten auf dem Hin- und Rückweg zu ihm hören mussten. Wie ein wirklich guter Gag, den das Schicksal für mich geschrieben hatte.

Ich wollte am 20. April nicht hingehen. Ich saß auf dem Sofa und bat meine Mum, mir an diesem Tag vom Besuch freizugeben. Sie saß wieder in dem geblümten und mit Volants besetzten Sessel, der in ein Ankleidezimmer gehört, als würde sie aus der Vergangenheit zu mir sprechen – der Vorgarten blühte und lebte durch das Fenster hinter ihr, voller grüner Büsche und Frühlingsblumen. Sie sagte: »Ich glaube, du solltest heute mitkommen.« Ich habe danach keine Fragen mehr gestellt, weil ich zu viel Angst hatte. Man vergisst leicht, dass mürrisches Schweigen im Teenageralter oft bedeutet: »Ich habe keine Ahnung, was los ist, aber ich hoffe, wenn ich schweige, wirst du es mir erklären.«

Wir fuhren hin, Céline sang wieder hoffnungsvoll (Dank an Céline). Wir fuhren in einem roten Auto zu dem verfallenden Krankenhaus aus rotem Backstein, das inmitten von großen, belaubten Bäumen stand. Überall schien Frühling zu sein, nur nicht in uns. Mein Bruder und ich saßen im Krankenhauscafé: einem riesigen, gewölbten Raum mit hohen Decken, wie ein Tempel für gebackene Bohnen auf Toast und kaltes Stahlbesteck, und schlürften traurig unseren Tee.

Es gab eine regelrechte Prozession aus Familienmitgliedern und engen Freunden in sein Krankenhauszimmer, und wir blieben, als sie sich verabschiedeten. Ich weiß noch, dass wir die ganze Nacht gewartet haben; ich weiß noch, dass ich auf dem Boden neben seinem Bett geschlafen habe, in dem kleinen Privatzimmer, das man ihm zur Verfügung gestellt hatte, damit er dort sterben konnte. Ich weiß noch, dass die Sonne aufging, und ich weiß noch, dass meine Mum ihn anflehte, ins Licht zu gehen, nicht mehr zu kämpfen. »Geh, Pete«, sagte sie immer wieder, »geh ins Licht«, sie hielt seine Hand und sagte ihm, er solle es geschehen lassen, weil es schon geschehen sei. Ich weiß noch, dass wir alle an seinem Bett saßen, und ich weiß noch, dass er am 21. April um 9.40 Uhr starb, denn als es geschah, notierte ich es – die Zeit, das Datum. Der gleiche Tag, wenn auch nicht der gleiche Monat wie mein Geburtstag. Ich habe es nur aufgeschrieben, sonst nicht viel anderes gefühlt. Komisch, dachte ich, das Schicksal hält noch mehr Streiche für mich parat.

Ich ging zurück ins Zimmer, nachdem die Krankenschwestern ihn zurechtgemacht und in seine friedliche Sterbeposition gebracht hatten. Pyjama an, Schläuche weg, sauberes weißes Kissen. Ich schaute in sein Gesicht, sein jetzt totes Gesicht. Ein toter Körper, ein totes Gesicht, tote Augen und tote Hände, die ordentlich auf seiner Brust gefaltet waren. Er sah nicht mehr wie mein Vater aus. Denn er bewegte sich nicht mehr, aß nicht mehr geräuschvoll, atmete nicht mehr und schniefte nicht mehr. Mein Vater war ein lebendiger Mann gewesen. Ein Mann, der gelebt hatte und das durch Geräusche, Gerüche und Töne deutlich gemacht hatte. Aber jetzt war er ganz still. Es gab kein Leben mehr in diesem Menschen. Er war fort. Er war tot. Er war jetzt nur noch ein Körper. Ich merkte, dass er etwas anderes gewesen war, eine Energie, die seinen Körper angetrieben hatte. Diese Energie war verschwunden. Er war tot. O Gott, er war fort, was zum Teufel passiert jetzt? Ich weiß noch, dass ich die bodentiefen Fenster in seinem Sterbezimmer öffnete. Sie führten auf einen schmutzigen Innenhof, der neu gepflastert werden musste, mit zerbrochenen Platten und ein paar Topfpflanzen. Ich öffnete sie, weil ich wollte, dass er fortgehen konnte, endlich gehen konnte. Wo auch immer er hingehen musste, ich wollte, dass er jetzt dorthin gehen konnte.

Kapitel 1:
Das Ende (der linearen Erzählung)
Wie soll sich Trauer anfühlen?

Du bist hier. Du betrittst den ersten Raum des Clubs mit deinem wütenden Trauerchaos* (*ein sich ständig bewegendes Geschlängel, wie ein Kampf in einem Cartoon, wobei Arme und Beine aus einer Wolke von Emotionen fliegen). Du betrittst diese neue Welt, und sie sind weg. Du bist allein ... trägst nur deinen Kummer und, was dir vielleicht nicht bewusst ist, deine Erwartungen mit dir. Denn ob du dir dessen bewusst bist oder nicht, hattest du bereits vorgefasste Vorstellungen davon, wie Trauer aussehen und sich anfühlen sollte. Ideen, von denen wir kaum bemerken, dass wir sie in uns aufnehmen. Und jetzt bist du da, mit deinen schlimmsten Ängsten, die sich bewahrheitet haben, und mit deiner Trauer, die sich um dich herum ausbreitet.

Es wird eine lange Reise werden. Wir wollen dieses Chaos nicht beheben oder loswerden, sondern lernen, damit umzugehen. Aber wie können wir lernen, es mit Leichtigkeit zu ertragen? Wird es einen Tag geben, an dem es sich nicht mehr so schwer, so hart, so schmerzhaft anfühlen wird?[7]

---

7 Um das gleich zu beantworten, falls du nur das wissen willst: Es geht nicht
   von heute auf morgen, es ist ein langsamer, stetiger Prozess – stelle dir

Um den Prozess in Gang zu setzen, der dich in die Lage versetzt, dein Trauerchaos leichter zu ertragen, müssen wir unsere derzeitigen Vorstellungen von Trauer genauer anschauen. Zunächst kann es hilfreich sein, unsere Schuldgefühle zu untersuchen. Vielleicht bist du hier, weil du denkst, dass du bisher etwas »falsch« gemacht hast, was deine Trauer betrifft. Vielleicht prüfst du dein Verhalten vor und nach dem Todesfall und empfindest es beunruhigend merkwürdig, zu emotional, nicht emotional genug. Ich möchte nun nachhaken, woher diese Vorstellung von »guter Trauer« kommt. Was hat man dir als den richtigen Weg zu trauern beschrieben? Welche vorgefasste Meinung hast du darüber, wie dieser Prozess aussehen sollte? Lass uns am Anfang beginnen … Wo die Trauer begann.

Das ist natürlich Quatsch. Denn die Trauer hat nicht »begonnen«, sie war schon immer in uns. Leben heißt auch sterben. Die Bestattung der Gestorbenen ist eine der ältesten menschlichen Traditionen, und vermutlich entspringt sie dem Bedürfnis, dem Tod ein Ritual zu geben (und wohl auch, um die Ausbreitung der Krankheit zu verhindern, an der Ug, der Höhlenmensch, gestorben ist). Der Tod ist so alt wie die Zeit – und Trauer ist wie eine Katze, eine der uralten, von denen du dachtest, sie wäre längst gestorben, die aber immer noch in der Ecke sitzt und einen Haarball zerfleddert. Ich erzähle immer noch Quatsch, aber der Punkt ist derselbe: Man kann einfach nicht leben, ohne zu sterben;

Moos vor, das einen Felsen überwuchert und ein weiches Bett für deine Gedanken und dein Herz schafft, dank der harten Arbeit unserer alten Freundin, der Zeit.

du kannst nicht leben, ohne dass die Trauer schließlich auch dich findet.

Für manche von uns beginnt die Vorstellung davon, wie sich Trauer anfühlen sollte, mit einem Buch von Elisabeth Kübler-Ross aus dem Jahr 1969, *On Death and Dying* (deutsch 1971, *Interviews mit Sterbenden*). Vielleicht kennst du kein Wort daraus, aber was du vermutlich kennst, ist die Theorie, die dieses Buch in die Welt gesetzt hat: das »Fünf-Phasen-Modell der Trauer«. Diese Theorie hat ein kulturelles Gewicht, das so schwer wiegt wie die Beatles oder der *Pate* – sie sind in unserer heutigen Psyche verankert. Also auch wenn du die *Interviews mit Sterbenden* nicht gelesen hast, wirst du dir der zentralen Prämisse bewusst sein, der Vorstellung, dass die Trauer aus fünf Phasen besteht und dass diese Phasen dich durch den Schmerz dahin bringen, dass du deine Situation akzeptierst. Vielleicht hast du nicht mehr an diese Theorie gedacht, bis du dich selbst in der Trauer wiederfandest und nach einer Antwort suchtest, um ihr ein Ende zu setzen.

Du bist nicht der/die Einzige, der/die darauf hofft, dass die Trauer aufhört. Es ist nicht falsch, so zu denken. Du bist nicht töricht, weil du dir vorgestellt hast, dass es einen Weg gibt, der sinnvoll ist. Jahrelang hat man uns das gesagt, immer und immer wieder. Auch heute noch begegnen Menschen zum ersten Mal der Trauer, und man vermittelt ihnen die Vorstellung, dass sie »das Ende« erreichen, wenn sie einem ganz bestimmten Weg folgen – sich nämlich mit Erfolg durch die fünf Phasen durcharbeiten.

DAS IST NICHT WAHR.

ES IST EINE LÜGE.

WILLKOMMEN IN DER NEUEN WELT.

ES IST TRAURIG UND SCHMERZHAFT, ABER WENN
MAN AUFHÖRT, NACH EINEM ENDE ZU SUCHEN,
IST ES VIEL EINFACHER.

ICH SCHREIE GAR NICHT. OKAY, DOCH, EIN BISSCHEN.

TUT MIR LEID.

– Noch mal einen Schritt zurück.

Ich möchte mich klar ausdrücken, weil die Menschen immer noch glauben, dass die fünf Phasen real sind. Sie werden immer noch als ein wirksamer Weg der Trauerbewältigung angeboten, und ich glaube ganz entschieden nicht,[8] dass sie das sind.

Nun bin ich keine Trauerexpertin, keine Psychologin, keine Psychotherapeutin, keine Beraterin und nicht einmal eine gute Schwimmerin. Bevor ich also die berühmteste Trauertheorie ohne jede entsprechende Qualifikation auseinandernehme (abgesehen von meinen 57 Trauerpunkten – die sollten wir nicht vergessen), möchte ich erklären, warum es mich so verdammt wütend macht, dass die fünf Phasen (ironischerweise) auch heute noch »am Leben« sind. Denn vielleicht hast du bemerkt, dass ich ein *wenig* wütend auf das Fünf-Phasen-Modell bin, und ein großer Teil dieser Wut rührt daher, wie *ich* mich vor Jahren wegen dieser Theorie gefühlt habe.

Bevor mein Vater starb, bevor ich dem Club beitrat, hatte

---

8 Man kann nie wissen.

ich bereits von den »Fünf Phasen der Trauer« gehört. Ich kannte sie, hatte dieses Modell unbewusst aufgenommen, und es lag da, bereit, hervorgezogen zu werden, wenn es gebraucht wurde. Ich wusste einigermaßen, dass es um Verleugnung, Wut und einige andere Dinge ging. Es war eine Liste von Gefühlen, die man durchmachen würde, wenn man einen Todesfall erlebte. Das wäre sehr traurig, aber am Ende würde man sich besser fühlen – man wäre damit durch. Ich habe das nirgendwo gelesen, ich wusste es einfach. (So wie ich wusste, dass Menschen, die an Krebs erkrankten, etwas blass aussehen, weise Dinge von sich geben und dann friedlich sterben, indem sie ihre Augen schließen.) Ich hörte, wie die Leute von den Trauerstadien sprachen, wenn jemand gestorben war. Ich sah es in Filmen, in Fernsehsendungen und wusste genau, dass es nach dem Tod einen Prozess gab, eine schöne gerade Linie, der man folgen konnte – eine Folge von Gefühlen, die man abhakt, und ein Ziel, auf das man zustrebt. Gut zu wissen. Es ist gar nicht soo schlimm. *Pah, die Trauer wird leicht zu meistern sein!*

Wenn also jemand nach einem Todesfall immer noch traurig war, hatte er/sie die Phasen vielleicht nicht richtig durchgearbeitet? Hatte er/sie die Anleitung nicht aufmerksam genug gelesen und es nicht richtig gemacht? Scheint so, als hätte er/sie es sich ausgesucht, immer noch traurig zu sein. Vielleicht hatte er/sie sich nicht genug angestrengt, um durch die Phasen zu kommen? Vielleicht wollte er/sie nicht wirklich glücklich sein? Alles völlig vernünftige Annahmen, wenn man glaubt, dass das Fünf-Phasen-Modell der Wahrheit entspricht.

1998. MEIN VATER STIRBT.

Die Trauer beginnt, plötzlich, gewaltsam, grausam. Meine Welt wird auf den Kopf gestellt, in einer Waschmaschine gedreht, herumgeschleudert und durchgestampft. Ich stehe unter Schock. Ich bin wütend. Auch bin ich todunglücklich und ... dann fühle ich wieder nichts, oder besser gesagt, ich fühle zu viele Dinge: einen Ansturm von tausend Gefühlen, die so laut und so heftig sind, dass ich sie unmöglich einzeln auseinanderhalten kann. Ich weiß nur, dass ich FÜHLE. Ich weiß nicht genau, was, aber es sind auf jeden Fall Gefühle – und ganz gewiss keine lustigen. Es ist so verdammt schrecklich. Ich bin fünfzehn, also habe ich noch nie einen Schock oder ein Trauma in diesem Ausmaß erlebt. Ich war noch nie wirklich deprimiert oder so traurig (das ist mir jetzt klar). Ich weiß, dass ich mich schlecht fühle. Ich weiß, dass das nicht schön ist. Ich weiß, dass ich nicht glücklich bin.

Ich suche nach einer Roadmap. Die magische Karte der fünf Phasen, die mich aus diesen GEFÜHLEN herausbringt. Ich suche nach etwas, was alles verlangsamt, was mich einzelne Emotionen isolieren lässt, damit ich überhaupt weiß, was ich jetzt so intensiv fühle. Aber wenn ich versuche herauszufinden, in welche Richtung ich mich wenden soll, während ich immer mehr über die fünf Phasen lese, ergibt das für mich keinen Sinn. Ich habe die richtige Karte in der Hand, er ist definitiv tot. Ich kann meinen blauen Punkt sehen – da bin ich, umgeben von dem blassblauen Kreis der Trauer, aus dem es anscheinend keinen Ausweg gibt. Gibt es denn nicht einen Weg, der nicht aus Trauer besteht? Mein blauer Punkt scheint sich jedenfalls in die falsche Richtung zu bewegen – oder gelegentlich schwebt er herum, und manchmal ist er nicht da, wo ich dachte, dass er sei. Ich muss doch wohl etwas falsch machen. Ich glaube, ich sollte mich in einer bestimmten Phase befinden. Wo sind die denn? Ich sollte mich durcharbeiten, Vorspeise, Hauptgericht, dann Pudding. Ich will zum Pudding kommen. Phase eins: Verleugnung? – Was war das noch mal? Habe ich das getan? Er *war* tot, ich habe nicht gesagt, dass er nicht tot war. Phase drei: Verhandeln? – Mit wem? Er ist jetzt tot.

Nichts davon ergibt einen Sinn für mich, diese unmögliche Checkliste. Wie kann ich sie anschließen, wenn ich sie noch gar nicht richtig angefangen habe? Wie kann ich in dieses magische Land der Akzeptanz kommen, wenn ich nicht alle Levels schaffe? Ich habe ja noch nicht einmal den großen Boss im Level »Wut« besiegt. Wie viele Goldtaler muss ich sammeln, bevor ich die Depression verlassen kann?

Nach einigen Monaten, nachdem der erste Schock abgeklungen war, beruhigte sich allmählich alles. Meine Ohren gewöhnten sich an die Kakofonie der GEFÜHLE, und eines setzte sich an die Spitze: Wut. Natürlich musste das so sein, denn meine Wut war *so* wütend, dass sie die anderen Gefühle aus dem Weg schlug. Wut, toll: Ich wusste, dass dies eine Phase war, das ist gut, das ist ein Teil der Checkliste. Aber, hmm, ich spürte doch, dass ich mich nicht durch sie hindurchbewegte. Ich war nur wütend. Die ganze Zeit über.

Ich schien darin festzustecken. Ich wusste, dass man sich etwas Wut erlauben darf, aber dann sollte man mit der ganzen Wut durch sein und zum nächsten Teil übergehen. Das war bei mir nicht der Fall, ich war einfach nur wütend. Gelegentlich schlich sich auch Traurigkeit ein, aber die Wut wurde lauter und erstickte die Traurigkeit, sodass aus meinem Mund nichts als Geschrei kam. Das fühlte sich sehr schlecht an. Meine Mutter war nicht so wütend wie ich, sie schien wie betäubt. Mein Bruder war zuerst wütend, dann fand er sich mit allem ab. Niemand sonst schien einen heißen Ball aus glühender, geschmolzener Lava in seinem Bauch herumzutragen. Sorgfältig hielt ich ihn fest; da, wo sonst die Eingeweide sitzen. Eine Wut, die so beängstigend war, dass sie mich kontrollierte. Sie bestimmte, wie ich mich fühlte, sie war jetzt das einzige GEFÜHL.

Die Leute mochten es nicht. Meine Familie mochte es nicht, meine Lehrer:innen mochten es nicht, meine Freund:innen waren auch nicht so begeistert davon. Also begann ich mich dafür zu schämen, wie ich mit dieser Trauer umging. Wie peinlich, dass ich bei einem so wichtigen Ereignis in meinem Leben nur *ein* Gefühl hatte. Ich musste diese ganze Trauersache ja wirklich ganz schön vermasseln, ich musste es wirklich falsch machen. Und rate mal, was passierte … das machte mich noch wütender und beschämte mich noch mehr. Weil ich wusste – dank der fünf Phasen –, dass ich nicht das »Ende« erreichen konnte, wenn ich hier feststeckte. Ich konnte nicht zur Akzeptanz, zur Annahme gelangen. Ich konnte nicht dahin kommen, mich wieder besser zu fühlen.

Jetzt, mit dem beruhigenden Balsam der Zeit (wie Milch nach dem Genuss von Chili), kann ich sehen, was die Wut angerichtet hat. Sie hat eine Festung aus Zorn gebaut, die mich davor schützen sollte, traurig zu sein. Um mich davor zu schützen, verletzlich zu sein. Niemand will wütenden Menschen helfen, mit ihnen reden oder sie retten, und das ist genau das, was ich wollte: in Ruhe gelassen werden. Das schenkte mir einen Moment, in dem sich mein Gehirn an die Realität anpassen konnte. Er ist tot. Er ist gestorben. Genau das ist passiert. Er ist von uns gegangen.

Wenn du DIE WUT gefühlt hast, dann hast du auch *die Schuld* gefühlt. Ich möchte, dass du weißt, dass es in Ordnung ist, über den Tod wütend zu sein. Es ist kein Stadium, das man durchläuft. Es ist ein Gefühl, das in deiner Trauer berechtigt ist – wann immer es auftritt. Ich würde gern zurückgehen und mich bei der Teenagerin Cariad entschuldigen und ihr sagen, dass sie aufhören soll, sich wegen ihrer Wut schlecht zu fühlen. Und ich fühlte mich furchtbar schuldig, weil die Trauerkultur, die ich aufgesogen hatte, mir vermittelt hatte, dass Trauer so nicht aussieht. In Filmen war die Trauer eine Explosion vor der Befreiung, ein Schlag gegen die Wand, der dann in Tränen ausartet. Ein Tal, durch das man hindurchgeht. Ich wurde nicht weicher, ich wurde härter. Sich deswegen schuldig zu fühlen ist eine weitere Möglichkeit, sich selbst zu beschimpfen und die Trauer zu ignorieren.

Jetzt kann ich sehen, dass meine Wut berechtigt war, sie war erlaubt. Sie war meine Art zu trauern, und sie war, was ich brauchte. Aber das wusste ich damals noch nicht.

Weil wir im Schatten der fünf Phasen stehen, wissen viele von uns nicht, dass wir auf eine chaotische, unstrukturierte Art und Weise trauern dürfen. Wenn du wütend bist, ist das nicht falsch, denn es gibt kein Richtig. Du bist nicht durch die Trauerprüfung durchgefallen, du musst nicht »darüber hinweg sein«. Du darfst fühlen, denn jemand ist GESTORBEN. Und das kann bedeuten, dass man viel flucht. Ich wünschte, jemand hätte mir die Erlaubnis gegeben, so zu trauern, wie auch immer ich trauern würde. Dass ich chaotisch und wütend und traurig und ängstlich sein durfte. Jetzt gebe ich dir die Erlaubnis. Du kannst trauern, wie es dir verdammt noch mal gefällt.[9]

Trauer ist kein gerader Weg.
Trauer ist kein Brettspiel, das du zu Ende spielst.
Trauer ist Chaos, das du für immer mit dir
herumträgst.

Als ich meine Wut hinter mir gelassen hatte, viele, viele Jahre später (nach vielen, vielen Therapiesitzungen), wurde ich zu einer Anti-fünf-Phasen-Fanatikerin. Laut schreiend wollte ich diesen Fehler hinausposaunen, weil ich wusste, welchen Schaden er mir zugefügt hatte. Ich hoffte, dass jeder junge Mensch sich heute nicht mehr daran orientieren würde, dass wir uns seit 1998 weiterentwickelt hätten. Schließlich gibt es ja jetzt das Internet, man kann sich durch Googeln aus der Anziehungskraft dieser Methode befreien. Das war meine Hoffnung.

Ein paar Jahre nachdem ich mit dem Podcast begonnen hatte, nahm ich an einer Trauerveranstaltung teil (ja, eine Trauerveranstaltung. Es geht nicht nur um Tränen und Jammern, manchmal treffen wir uns auch[10]). Es war eine Veranstaltung speziell für junge Trauernde. Ich und andere Mitglieder des Podiums hatten über unsere persönlichen Erfahrungen gesprochen, und eigentlich war es ein ausge-

---

9 Natürlich ohne dich selbst oder andere zu verletzen und möglichst ohne bewusstseinsverändernde Substanzen, aber mit so viel Netflix, wie du willst.
10 Ein paar Tränen und Jammern sind auch dabei, um fair zu sein.

zeichneter Abend mit einem ehrlichen Austausch über den Tod.[11] Als ich ging, kam jemand auf mich zu, eine coole junge Londonerin um die zwanzig. Sie sagte, sie sei zu schüchtern gewesen, um vor allen Leuten eine Frage zu stellen, aber sie wollte mich etwas Privates fragen. Ihre Zwillingsschwester war vor ein paar Monaten gestorben, und sie machte sich Sorgen, dass sie nicht richtig trauerte. Sie befürchtete, die fünf Phasen der Trauer nicht so zu durchlaufen, wie sie es ihrer Meinung nach eigentlich tun sollte. Ob ich einen Rat hätte. Sie fragte mich, was sie meiner Meinung nach falsch machte.

SCH*** AUF DIE FÜNF PHASEN

Genau das ging in meinem Kopf vor. Schon wieder war es da. Ich fühlte, wie ich meine Faust hob und schüttelte. »Diese verdammten fünf Phasen! Müsst ihr mich so verfolgen?!«

Da stand sie nun, erst ein paar Monate in lähmender Trauer, genau wie ich zwanzig Jahre zuvor, starrte auf die leere Roadmap und hatte Angst, dass sie bereits etwas falsch gemacht hatte. Die Lüge war immer noch auf dem Vormarsch, sie war immer noch da, selbst im Land der Podcasts und #grief. Das Erste, worüber sie gestolpert war, hatte ihr das Gefühl gegeben, etwas falsch zu machen.

---

11 Die Veranstaltung war vom Grief Network organisiert, einer tollen Gemeinschaft junger Menschen, die sowohl im realen Leben als auch online Veranstaltungen organisieren, um den Kontakt zwischen jungen Trauernden herzustellen. Weitere Informationen findest du im Abschnitt »Quellen« ganz hinten in diesem Buch.

Man kann nicht falsch trauern.

Du kannst ab sofort aufhören zu glauben, dass es einen richtigen Weg gibt zu trauern. Den gibt es nicht. Ich möchte, dass wir diese falsche Vorstellung für immer loslassen. Lass die Vorstellung los, dass Trauer eine lineare Erzählung ist, mit Punkten, die du nach und nach abarbeiten kannst, eine Einkaufsliste, die du auf deinem Weg abhaken musst. Lass die Vorstellung los, dass die Trauer abgeschlossen werden kann, dass sie beendet werden kann, dass sie erledigt werden kann. Lass die Vorstellung los, dass du fünf verschiedene, isolierte Emotionen durchläufst und danach einen Ort erreichst, an dem es keinen Schmerz und keine Trauer mehr gibt. Das habe ich zu ihr gesagt. Ich erklärte ihr, dass die Fünf-Phasen-Lehre ein veraltetes Konzept sei, dass sie einen einschränken könne und dass die ursprüngliche Theorie *falsch interpretiert* worden sei.

Sie schaute mich ein wenig schockiert an. Dann wandte sie sich ab, holte tief Luft und blickte wieder zu mir. »Wirklich?«, fragte sie. Sie schien wirklich etwas fassungslos zu sein. Das hatte ihr noch niemand gesagt, niemand hatte sie aus den Schraubzwingen der fünf Phasen befreit.

ES GIBT KEINE RICHTIGE ART ZU TRAUERN.

Deshalb schreie ich. Deshalb benutze ich Großbuchstaben. Weil die Menschen daran glauben und sich trotz des Alters dieser Theorie und deren falscher Interpretation immer noch an die fünf Phasen halten. Wir essen doch auch keine Lebensmittel aus dem Jahr 1969 – also können wir bitte mal aufhören, diese für Trauernde wenig hilfreiche Theorie weiterhin zu konsumieren? Sie ist schädlich. Sie schadet den Trauernden, die daran glauben.

Die junge Frau sah mich also wieder an, auf einmal sah sie erleichtert aus. »Oh«, meinte sie, »deshalb kann ich das nicht schaffen!« Sie lachte. Wir beide lachten.

Ist das nicht verrückt – dass jemand auf die Idee gekommen ist, diesen komplizierten, chaotischen, menschlichen Prozess in ein Brettspiel zu verwandeln, das man einfach zu Ende spielen kann –, ist das nicht einfach urkomisch? Ich umarmte sie (klar, vor Covid) und fühlte eine solche Erleichterung, dass sie nun die Wahrheit kannte, denn wenn man in der Trauer verloren ist, ist die Vorstellung, dass es einen Weg gibt, der einen da rausbringt, der einem aber einfach nicht gelingen will, die Hölle.

DU MACHST ES NICHT FALSCH, ES GIBT KEINEN RICHTIGEN WEG ZU TRAUERN
(Nur um das klarzustellen.)

Das Durchhaltevermögen der Fünf-Phasen-Theorie ist auf seltsame Weise bewundernswert. Wie ein wirklich guter Ohrwurm summt sie schon seit sehr langer Zeit im Hintergrund herum. Man kennt sie, man ist darauf aufmerksam gemacht worden, und man hofft sehr, dass sie wahr ist. Was also ist das Modell der fünf Phasen wirklich, abgesehen von der vagen Vorstellung, die wir übernommen haben?

Die fünf Phasen der Trauer sind die Theorie, laut der man nach einem Todesfall fünf verschiedene emotionale Zustände durchläuft, bevor man schließlich seinen Verlust akzeptiert. Diese Theorie ist zum kulturellen Prüfstein geworden, auf den viele Menschen (oft nicht aus dem Club) immer wieder zurückkommen. Und genau darin liegt die Tragik des Fünf-Phasen-Modells, denn das ist nicht das, was es eigentlich behauptet. Elisabeth Kübler-Ross stellte diese Theorie in ihrem Buch *On Death and Dying* 1969 vor. Sie hat kein Buch mit dem Titel »Fünf Stadien, die man durchlaufen muss, um nie wieder Trauer zu empfinden« geschrieben. Dies ist nur die unglaublich mächtige und verführerische Idee, die wir übernommen haben. Wir haben uns die Theorie herausgepickt, damit sie für das, was wir uns WÜNSCHEN, wahr sei und funktionieren möge.

Gestatte mir also, dich nun offiziell in die fünf Phasen der Trauertheorie einzuführen: Begegne der Verleugnung, dem Zorn, der Depression, dem Verhandeln und der Annahme. Das ist die schlechteste Boygroup aller Zeiten. Bevor wir uns mit dem auseinandersetzen, was Kübler-Ross geschrieben hat, möchte ich auf den Kontext hinweisen, in dem sie es geschrieben hat, und darauf, was für eine erstaunliche Frau sie war.

Einige Dinge, die man wissen sollte, bevor man über Kübler-Ross herzieht:
1. Sie war eine schweizerisch-amerikanische Psychiaterin.
2. Sie wurde mit 20 Ehrendoktoraten ausgezeichnet.
3. 1965 wurde sie Dozentin an der Universität von Chicago und führte eine Reihe von Interviews mit unheilbaren Patient:innen.
4. Aus dieser Arbeit, bei der sie Menschen mit unheilbaren Krankheiten befragte, entwickelte sie das Fünf-Phasen-Modell – fünf Phasen, die die Menschen im Allgemeinen

durchlaufen, wenn sie mit ihrem bevorstehenden Tod konfrontiert werden.

5. Sie trug dazu bei, die Hospizbewegung zu fördern, da sie der Meinung war, dass Sterbende einen friedlichen Ort verdienen, an dem sie ihren Tod annehmen können.

6. 1985 versuchte sie, ein Hospiz für Säuglinge und Kinder mit HIV-Diagnose zu errichten, wurde aber von den Anwohner:innen in Virginia davon abgehalten, weil diese glaubten, sie würden sich durch den Virus anstecken.

7. Sie schrieb mehr als 20 Bücher über Tod und Sterbehilfe.

8. Sie ließ sich auch mit einem Hellseher ein, der dann als Betrüger entlarvt wurde und in ungesetzliche sexuelle Aktivitäten verwickelt war. (Aber das war 1976 in Kalifornien, und ich kann mir vorstellen, dass es zu dieser Zeit schwer war, sich *nicht* mit einem Hellseher einzulassen, der in ungesetzliche sexuelle Aktivitäten verwickelt war.)

Interviews mit Sterbenden ist ein unglaubliches Buch – für seine Zeit. Es hat wirklich dazu beigetragen, die Diskussion über den Tod und die Rechte von Sterbenden zu verändern. Eine der wichtigsten Aussagen von Kübler-Ross war, dass man den Patient:innen sagen sollte, dass sie sterben werden. Durch ihre Arbeit als Psychotherapeutin erfuhr sie, dass die Ärzt:innen viele ihrer Patient:innen nicht darüber informierten, dass sie im Krankenhaus waren, weil sie bald sterben würden.

Man kann sich nur schwer vorstellen, wie sehr sich das Jahr 1969 von heute unterscheidet, denn Miniröcke gibt es immer noch, aber vieles andere, was man damals tat, war einfach der helle Wahnsinn. Kübler-Ross schreibt wortgewandt über die Ärzt:innen und Krankenschwestern, mit denen sie damals zusammenarbeitete, und darüber, wie deren eigene Angst vor dem Tod sie dazu veranlasste, die Patient:innen vor der Wahrheit abzuschirmen, was wiederum den Patient:innen noch mehr schadete – Schutzmaßnahmen wurden zu schädlichen Maßnahmen. Auch gab es damals noch nicht die richtigen Wörter, es wäre den Ärzt:innen schwergefallen, dem/der Patient:in gegenüber zu beschreiben, woran genau er/sie starb. Es waren noch keine Details bekannt, man hatte die Feinheiten des Darmkrebses noch nicht verstanden. Der Ausdruck »Malignität« wurde als Sammelbegriff für alle Krebsarten benutzt, und damit war die Diskussion beendet. In manchen Fällen wurde die Ehefrau oder der Ehemann nur halb darüber informiert, dass es »ernst« sei. Eltern wurde gesagt, dass ihr Kind »sehr krank« sei. Die Patient:innen selbst aber wurden gar nicht informiert. Ärzt:innen glaubten damals, dass der/die Patient:in, derjenige/diejenige, der/die krank war und im Begriff zu sterben, nicht in der Lage sein würde, die Information zu verkraften, dass er oder sie im Sterben läge.

In Amerika waren in den späten 1960ern die Krankenhäuser voll von Patient:innen im Todeskampf, die Medizin einnahmen und glaubten, dass eine schmerzhafte Behandlung sie schließlich gesund machen würde. Sie wurden nicht einmal darüber informiert, dass die meisten dieser Behandlungen letztlich doch nicht helfen würden. In den *Interviews mit Sterbenden* wies Kübler-Ross erstmals darauf hin, dass dieses Vorgehen unmenschlich ist. Für die damalige Zeit war dies eine ungewöhnliche Sichtweise, denn das, was ärztlich geleistet wurde, wurde akzeptiert und galt als die angenehmste Art, Menschen dabei zu helfen, auf friedliche Weise zu sterben. Unwissenheit ist der Weisheit letzter Schluss.

Kübler-Ross schrieb, dass einige Patient:innen ahnten, dass sie im Sterben lagen und mit ihren Angehörigen sprechen wollten, aber von Krankenschwestern und Ärzt:innen zum Schweigen gebracht wurden, die davon besessen waren, es ihnen »angenehm« zu machen. Sie argumentierte, dass es eine Möglichkeit für wichtige Gespräche und Unterstützung gegeben hätte, hätte man die Angehörigen nur über die Wahrheit informiert. Eine seltsame und betäubende Höflichkeit beherrschte die Krankenhäuser; der Drang, alles sauber und ordentlich zu halten, diktierte die Pflege, die sterbende Menschen erhielten. Patient:innen mochten wegen ihres Sterbens Wut empfinden, wie Kübler-Ross schrieb; es würde ihnen aber nicht schaden, diese Wut zu empfinden, wenn sie dabei Unterstützung erführen. Sie könnten eine ehrliche Antwort auf ihre Ängste erhalten. Die Patient:innen könnten all das sagen, was sie ihren Angehörigen vor ihrem Tod zu sagen hätten. Sie könnten mit Schwestern und Pflegern sprechen, und wenn das Personal keine Antworten wüsste, wäre das in Ordnung. Schon bei den Patient:innen zu sitzen und ihnen Respekt zu erweisen, ihnen zu sagen, dass sie sterben würden, würde schon zu Frieden und zur Annahme führen. Das Wissen um den Tod bewirkte keine Qualen. Je informierter die Patient:innen seien, desto ruhiger würden sie angesichts dessen, was mit ihnen geschah.

Nachdem die Patient:innen die Wahrheit erfahren hätten, sollte, nach Kübler-Ross, das ärztliche Personal ihnen gestatten, diese Neuigkeit zu verarbeiten. Die Patient:innen könnten ihr Schicksal annehmen, wenn man es ihnen ermöglichte, langsam und in Etappen.

Bis hierher ist für mich alles in Ordnung, was Kübler-Ross vertrat – alles ist unglaublich rational und vernünftig.

Kübler-Ross hielt die fünf Phasen fest, die die Patient:innen ihrer Meinung nach infolge der Diagnose durchliefen, um zu begreifen, dass sie sterben würden. Erstens: Verleugnung (und Vereinsamung) – der/die Patient:in glaubt nicht an die Diagnose. Diese Diagnose kann nicht stimmen, man braucht einen weiteren Test, ich werde wieder gesund. Es gibt ein Wundermittel, man muss es nur finden. Als Nächstes kommt die Wut, er/sie ist wütend auf den Krebs / die Malignität – warum gerade ich? Ich bin ein guter Mensch; ich verdiene es nicht zu sterben. Das ist nicht fair. Was habe ich getan, dass ich das verdient habe? Es folgt eine kurze Phase des Verhandelns – vielleicht werde ich geheilt, wenn ich bete? Wenn ich lieb bin, wird Gott mich dann vielleicht heilen? Dann kommt die Depression – ich will nicht sterben. Es ist so schrecklich, ich fühle nur noch Traurigkeit. Dann kommt das letzte Stadium, die Annahme – ich werde sterben. Ich sterbe. Ich verstehe das. Wenn dieses Stadium erreicht ist, dann ergreife laut Kübler-Ross den/die Patient:in eine tiefe Ruhe. Sie schickten vielleicht ihre Angehörigen weg, zögen sich zurück, weil sie jetzt bereit seien. Wenn ein/eine Patient:in genügend Zeit und Raum hätte, um das letzte Stadium zu erreichen, starb er/sie laut Kübler-Ross oft einige Stunden oder Tage danach. Der Kampf war vorbei, sie konnten ihren Körper in seiner Wahrheit sehen, bei seinem Sterben. Ihre Zeit auf Erden ist vorbei. Die Patient:innen waren durch den Prozess geführt worden und konnten nun, nachdem Gespräche geführt, Zweifel geäußert und Entschuldigungen ausgesprochen worden waren, in Würde und Frieden sterben.

Die fünf Phasen des Sterbens bei einer unheilbaren Krankheit sind also: Verleugnung, Wut, Verhandeln, Depression, Annahme. Oder Gary, Robbie, Howard, Jason und Mark, wenn du so willst.

Das hört sich alles sehr gut an: Wenn du sterben musst, dann mach es friedlich, nimm dir Zeit, dich zu verabschieden, sei dir im Klaren darüber, woran du stirbst. Ich weiß nicht, warum du so ein Problem mit Kübler-Ross hast, Cariad … Ich kann mir vorstellen, dass, wenn ich an einer unheilbaren Krankheit sterben würde, dies die Phasen wären, die ich durchlaufen würde … WARTE EINE MINUTE VOLLER TRAUER – WAS HAT DAS MIT TRAUER ZU TUN?

Ja, genau *das* ist mein verdammtes Problem. Diese Theorie hat nichts mit dem Trauern zu tun. Es geht dabei um *das Sterben*.

MIC DROP [AdÜ: dramatisches öffentliches Fallenlassen eines Mikros zum Zeichen, dass man den Vortrag etc. beendet hat]
   Moonwalk in den Sarg
   Springe wieder raus, weil ich Angst habe

Ja, das Fünf-Phasen-Modell wurde von Kübler-Ross für Menschen geschrieben, die im Sterben liegen (wegen einer unheilbaren Krankheit), nicht für die Hinterbliebenen. Es wurde nicht für dich geschrieben.

ES. WURDE. NICHT. FÜR. DICH. GESCHRIEBEN.

Die meisten Menschen in dem Buch, die sie beschreibt, sterben an Krebs. Das ist auch heute keine wenig verbreitete Todesart, aber sicherlich sterben nicht alle Menschen daran. *Interviews mit Sterbenden* ist ein hervorragendes Handbuch für Menschen, die mit anderen Menschen arbeiten, welche an Krebs sterben. Kennst du eigentlich den Untertitel der amerikanischen Originalausgabe *On Death and Dying?* Nein, denn den erwähnt verdammt noch mal niemand, wenn er dir den »hilfreichen« Ratschlag gibt, die fünf Phasen zu durchlaufen, um über deine Trauer hinwegzukommen. Bist du bereit? *What the Dying Have to Teach Doctors, Nurses, Clergy, and Their Own Families* (auf Deutsch: *Was Sterbende die Ärzte, Krankenschwestern, Geistlichen und ihre eigenen Familien lehren können*). ICH WEISS. Das hat gar nichts mit Trauern zu tun. Du könntest genauso gut ein Buch mit dem Titel »Über Autos und das Fahren: Was Autos die Fahrer:innen, Passagiere, die Geistlichen und ihre Besitzer:innen lehren können« zur Hand nehmen, jemandem, der/die trauert, Teile davon vorlesen und darauf bestehen, dass das für ihn/sie relevant sei. »Wirklich, ich versuche nur, dir zu helfen: Hast du die Kupplung sachte durchgetreten? Das kann sich tatsächlich auf das Bremsen auswirken. Und warum hast du noch nicht akzeptiert, dass sie tot sind? Oh, du weinst schon wieder! Komm schon, das hatten wir doch schon: Spiegel, Ampel, Akzeptanz!«

Die fünf Phasen sind als Theorie sinnvoll, sofern man sich vergegenwärtigt, dass Kübler-Ross sie ursprünglich für sterbende Patient:innen meinte. Dabei gibt es ein eindeutiges Ende, den Tod – was bei der Trauer nicht der Fall ist. Es gibt kein eindeutiges Ende der Trauer. Es ist ärgerlich, dass der Kontext des ursprünglichen Buches in Vergessenheit geraten ist und wir mit dem Mythos der fünf Phasen zurückgelassen wurden. Es ist kein Leitfaden für Trauernde, es ist ein Leitfaden für Sterbende. Die erfreuliche Vorstellung, dass die Phasen abgeschlossen werden können, dass es einen Endpunkt gibt, bringt uns dazu (und die Menschen um uns herum), unsere anhaltende Trauer als Versagen zu betrachten.

Wissenschaftler:innen haben auf die falsche Interpretation von Kübler-Ross' Theorie und auf Jahrzehnte der Forschung hingewiesen, die gezeigt hätte, dass »die meisten Menschen nicht in Phasen trauern«.[12] Kübler-Ross selbst hat später festgestellt, dass ihre Theorie falsch interpretiert worden ist. Und trotzdem sind wir immer noch dabei. Ich selbst im Jahr 1998 als Teenagerin und die junge Londonerin, die ich bei der Trauerveranstaltung traf, im Jahr 2019 trotz allem, was das Internet zu bieten hat – wir suchten zu unterschiedlichen Zeiten nach Antworten und fanden die gleichen wie zwanzig Jahre zuvor. Warum sind die fünf Phasen für uns so verführerisch geblieben?

Setze meinen Trauerdetektivhut auf
(*Im Stil von Sherlock Holmes, aber mit Särgen als Ohrenschützern und einem schwarzen Schleier vorn.*)

Die Stärke der fünf Phasen liegt in ihrer Einfachheit. Sie bieten uns eine Geschichte mit simplem Erzählstrang, um durch die Trauer hindurchzukommen. Sie ist nicht chaotisch oder

---

12 Margaret Stroebe, Henk Schut und Kathrin Boerner, »Cautioning Health-Care Professionals: Bereaved Persons Are Misguided Through the Stages of Grief«, Omega, Bd. 74, Heft 4, 1. März 2017.

verwirrend, sie ist geradlinig, eine lineare Erzählung, mit einem schönen Anfang, einer Mitte und einem Ende. Was könnte in der Zeit der Trauer, dem ultimativen Störfaktor, anziehender sein als ein ruhiger Hafen, der einen nach so rauer See erwartet? Nach einem Todesfall wird alles in deiner Welt auf den Kopf gestellt. Deine Gefühle, dein Herz, dein Schlaf und deine Gedanken sind so ungeordnet wie nie zuvor. (Das einzige andere Mal, dass ich mich so verwirrt, erschöpft und emotional fühlte, war nach der Geburt meines ersten Kindes.) Das Beruhigendste, das man jemandem inmitten eines solchen Verlustes sagen kann, ist, dass es besser und leichter werden wird und irgendwann aufhört.

Meine Erfahrung mit der Trauer ist, dass alles leichter und besser geworden *ist*, aber nicht auf lineare Art und Weise. Es ging vorwärts und rückwärts und seitwärts und hat mich öfter umgeworfen, als ich mich erinnern kann. Was mir geholfen hat, war zuzulassen, dass mein Leben darum herum wachsen durfte. Es ist verstörend, diese ehrlichere Version auszusprechen – dass es bei diesem Prozess kein Ende gibt, man aber irgendwie lernt, damit zu leben –, das gilt vor allem für die, die nicht im Club sind, oder für die, die gerade erst beigetreten sind und verzweifelt nach dem Ende Ausschau halten.

Also leben die fünf Phasen immer weiter und versprechen »das Ende«. Sie versprechen ein Land, in dem es einem gut geht, in dem man glücklich ist, im dem es einem, verdammt noch mal, blendend geht. Eine Lüge im Breitwandformat, die wir gern schlucken, weil sie so lecker aussieht. Die Vorstellung von einem Ende des Trauerprozesses ist für uns so verlockend, dass Kübler-Ross' Theorie verschlungen, verdaut und von der Mainstream-Kultur übernommen wurde. Ich kann gar nicht mehr zählen, wie oft Nicht-Clubmitglieder sie mir als Beweis dafür verkauft haben, dass auch sie über Trauer Bescheid wüssten. Das passt sehr gut in die Erzählstruktur, die uns am vertrautesten ist; zu den Filmen und Fernsehshows, die gleichfalls mit linearen Geschichten arbeiten. Es muss ein »Ende« geben, damit das Publikum zufrieden nach Hause gehen kann; die Geschichte ist vorbei, die Leute haben sich verändert, die Lektion wurde gelernt – so arbeiten Geschichten. Die fünf Phasen passen gut zu unserem dringenden Bedürfnis nach Struktur. In Hollywoodfilmen zeigt man uns, dass der Tod etwas Trauriges ist; dann aber macht man weiter; und alles ist okay. Wir verschlingen die Szenen auf dem Bildschirm, in denen Trauer als ein einfacher Prozess dargestellt wird, bei dem »Menschen weinen, gegen Wände schlagen, jammern, klagen und dann akzeptieren« können. Und nachdem wir dieser hoffnungsvollen Schilderung gefolgt sind, suchen wir nach eben dieser Einfachheit in unserem eigenen komplizierten Leben.[13]

Trotz unseres Wunsches, unser Leben in eine geradlinige

---

13 Der Film *Und täglich grüßt das Murmeltier (Groundhog Day)* aus dem Jahr 1993 spiegelt übrigens die fünf Phasen des Trauerprozesses wider, ohne dass ein Todesfall in der Erzählung vorkommt. Bill Murrays Figur, Phil Connors, ist in der Zeit gefangen und erlebt denselben Tag immer wieder, bis er es »richtig« macht. Während er darum kämpft, sein Schicksal zu akzeptieren, durchläuft er verschiedene Phasen/Tage, zunächst die Verleugnung der sich wiederholenden Zwangslage, dann Wut (er schlägt Ned), Verhandeln und schließlich Annahme. Regisseur Harold Ramis gab an, dass der Drehbuchautor Danny Rubin Kübler-Ross als Vorbild für Murrays Reise nahm. Murray durchläuft jedes Stadium, bis er fertig ist, sich zum Besseren verändert hat und nun glücklich ist. Das Ergebnis ist eine

Erzählung zu pressen, sind Menschen nicht so einfach wie Figuren in einem Drehbuch. Wenn jemand stirbt, wenn jemand aus deiner Welt gerissen wird – ob du es kommen sahst oder mitten in der Nacht einen plötzlichen Anruf bekamst –, wie du dich dabei fühlst und damit umgehst, kann (und will) man einfach nicht in eine ordentliche Schublade stecken. Trauer ist ein ausuferndes, riesengroßes klaffendes Loch von einem Chaos, mit dem wir lernen müssen umzugehen. Es kann nicht in Phasen eingeteilt und dann nach Wunsch verdaut werden. Wenn wir uns dieses Durcheinander erst einmal eingestehen, können wir die Scham loslassen, falls wir dieses Gefühl Monate oder sogar Jahre später noch spüren.

Wir finden uns also auf dem Trauerberg wieder, mit zwei Dosen Limonade, einer kaputten Taschenlampe und einer Roadmap, die uns sagt, dass es keinen Weg nach Hause gibt. Was nun? Wie sollen wir uns ohne die fünf Phasen als Wegweiser zu unserem »Dorf des Annehmens« in einer Situation zurechtfinden, die für die meisten von uns das Schlimmste darstellt, was uns je zugestoßen ist?

STEPHEN MANGAN
Schauspieler und Schriftsteller. Seine Mum starb, als er Anfang zwanzig war.
Es ist diese Ahnung, dass man es falsch machen könnte, dass man Trauer falsch »leben« könnte; die Sorge, dass

---

gelungene Komödie aus den 90er-Jahren, aber für mich beweist sie einmal mehr, wie schlecht die fünf Phasen zur menschlichen Realität passen. Es ist eine bequeme Hollywoodversion davon, wie Trauer aussieht.

man in der Trauer irgendwie nicht normal ist; die Vorstellung, dass man sich in einem Augenblick schrecklich und im nächsten beschwingt fühlen könnte ... Deine Gefühle sind völlig durcheinander, und da ist diese Sorge, dass das vielleicht daran liegt, dass es einen gar nicht so sehr kümmert ... »Ich sollte einfach drei Jahre lang traurig sein, ich sollte herumlaufen und weinen, weil einer meiner Eltern gestorben ist.« Aber so verarbeiten wir Trauer nicht, so läuft das nicht, vor allem nicht, wenn man jünger ist, denke ich. Diese Emotionen durchdringen einen, danach verschwinden sie, und dann kommen sie wieder – es ist eine Art lebenslanger Prozess.

Trotz des monolithischen Schattens, den die fünf Phasen werfen, ist es beruhigend zu sehen, dass die Landschaft der allgemein akzeptierten Trauertheorien, wie Trauer aussehen sollte, sich rapide verändert. Es gibt noch andere Theorien, Theorien, die die Trauer nicht in eine lineare Erzählung pressen (und die man sicher nicht als erzählerisches Mittel in einem Film verwenden wird). Sie sind subtiler, komplexer und näher dran an der gelebten Erfahrung. Da gibt es viele Denkschulen, die einem bei dem Verständnis helfen, was Trauer überhaupt ist, wie sie wirkt und einen betrifft. Viele von ihnen bieten einen sanfteren Umgang mit der Trauer an, einen kurvenreichen Weg, um deiner Trauer Raum zu geben und den langsamen Prozess zuzulassen, dass sich dein Leben um sie herum aufbaut. (Wenn du genauere Informationen möchtest: Ich habe am Ende dieses Buches dazu Buchtitel und andere Quellen aufgeführt.)

Ich möchte dir helfen, in die akademische Welt der Trauer einzutauchen, und dir von einer Theorie erzählen, auf die ich gestoßen bin und die mich umgehauen hat. Diese Theorie hat die Art revolutioniert, wie ich meine Trauer betrachtet habe. Als ich zum ersten Mal davon las, spürte ich, dass noch andere Menschen Trauer so begriffen wie ich. Von zwei Wissenschaftler:innen entwickelt, Margaret Stroebe und Henk Schut, ist diese Theorie deutlich komplizierter als die fünf Phasen und für mich eine weitaus bessere Beschreibung dessen, wie sich echte Trauer anfühlt.

Stroebe und Schut plädieren für eine neue Art der Trauerbewältigung, die auch die »sekundären Verluste« einbezieht (wie das Scheitern der Ehe nach dem Tod eines Kindes, den Verlust der Wohnung nach dem Tod eines Elternteils und so weiter).[14] Ihr duales Prozessmodell besagt, dass man keine Eile an den Tag legen sollte, um zu einer positiven Gemütsverfassung zurückzukehren. (Was für eine Erleichterung empfand ich, als ich das las. Einem/einer Trauernden zu erlauben, traurig zu sein so lange wie nötig, ist in Ordnung.[15]) Unsere innere Gefühlslandschaft ist weitaus komplexer und umfasst weit mehr als nur gute Gefühle (zum Beispiel Glück/Freude/Liebe) und schlechte (zum Beispiel Traurig-

---

14 Es ist ein komplizierter Text, weshalb ich hier eine einfachere Version schildere. Ich empfehle dir die Lektüre des Originaltextes, wenn du das Gefühl hast, die Theorie spricht dich an.

15 In diesem Zusammenhang taucht auch der Fachbegriff der »komplizierten Trauer« auf, bei der sich die Trauer aufgrund von Komplikationen in der Beziehung oder im Zusammenhang mit dem Tod über einen sehr langen Zeitraum hinziehen kann und mit der auf andere Weise umgegangen werden kann. Darauf gehe ich in Kapitel vier ein.

keit/Wut). Und gerade weil wir einige unserer Gefühle als negativ wahrnehmen (etwa die Trauer), ist es wichtig, sie zu fühlen, denn wir könnten ja tatsächlich traurig *sein*.

Vieles von dem, was ich vor dem dualen Prozessmodell gelesen hatte, ging um die Flucht vor der Trauer und darum, wie man durch sie hindurchkommen kann, was man natürlich tun möchte, wenn man trauert. Ich habe viele Jahre meiner Trauer gebraucht, um zu verstehen, dass man der Trauer nicht entkommen kann, dass die Trauer nur wartet. Nicht böswillig, aber sie wartet, bis du bereit bist, traurig zu sein. Trauer verlangt und verdient Traurigkeit. Unsere Angst vor negativen Gefühlen kann uns davon abhalten, sich durch diese Gefühle hindurchzubewegen, bis zu einem Ort, an dem wir sie ertragen können, ohne zusammenzubrechen.

KAYLEIGH LLEWELLYN
Schriftstellerin und Schauspielerin. Kayleigh hat innerhalb eines Jahres sechs Familienangehörige verloren. Darunter ihren Vater, ihren kleinen Neffen und ihre Großmutter, die sie großgezogen hat.
Es ist nicht schön, traurig zu sein, es ist nicht schön zu weinen, es ist nicht schön, in diesen Abgrund zu fallen. Man fühlt sich eine Stunde lang schrecklich, und deshalb bin ich jemand, die sagt: Ziehen wir uns am eigenen Schopf aus dem Sumpf, gehen wir joggen, tun wir etwas … Es ist wichtig, beides im Blick zu haben, denke ich: sich zu erlauben, diese Emotionen, aber auch die sie hervorrufenden chemischen Nebenprodukte aus dem Körper rauszulassen.

PHILIPPA PERRY
Psychologin und Autorin

Die Sache mit den Tränen ist die: Sie sind nicht so schlimm wie befürchtet, wenn man sie sich erst einmal erlaubt hat. Sie überwältigen mich nicht völlig, zumindest nicht viel länger als eine Stunde. Der Körper hat nach einer Weile genug von all der Wut oder den Tränen, und es ist wahrscheinlich besser, sich das Gefühl zu erlauben und zu wissen, dass man damit umgehen kann, anstatt es in eine Schachtel zu stecken.

Der duale Prozess erkennt an, dass in der Phase der Trauer zwei Dinge gleichzeitig in uns vorgehen, was kompliziert und manchmal verwirrend ist. Wir befinden uns in der Kummer-/Trauer-/Schreckens-Phase, in der wir weinen, wobei uns die Tränen übers Gesicht laufen, wir jammern, leiden und schluchzen. Und dazwischen, parallel, nicht danach, gibt es Zeiten, in denen wir nicht weinen: Das sind die Pausen zwischen den Schmerzwellen. In diesen Pausen zwischen dem Schmerz und dem Weinen versuchen wir vielleicht Dinge zu tun, die uns stabilisieren und uns ein besseres Gefühl bescheren: reden, Schokolade essen, schlechte TV-Sendungen schauen, auf soziale Medien starren, uns unter der Bettdecke verstecken und so weiter.[16] Das habe ich als Teenagerin

---

16 Es gibt einen Unterschied zwischen Aktivitäten, die auf Wiederherstellung ausgerichtet sind, bei denen man sich von der Trauer erholt, und Aktivitäten, die mit starker Verleugnung der Situation einhergehen, zum Beispiel sich zu betrinken oder Drogen zu nehmen, Doomscrolling, der stundenlange, zwanghafte Konsum von negativen Nachrichten … was keine Aktivitäten zur Wiederherstellung sind.

erlebt, und auch später noch. Die meisten Trauernden, die ich kenne, haben zugegeben, dass sie lange Zeit das Gefühl hatten, den Kummer zu ignorieren und sich abzulenken. Ich habe mit vielen *Griefcast*-Teilnehmer:innen gesprochen, die ihr Gespräch mit den Worten begannen: »Oh, ich fühle mich so schlecht, ich weiß, ich sollte mehr darüber nachdenken, aber stattdessen tue ich …«

So ging es mir auch, vor allem am Anfang. Ich fühlte mich schuldig, weil ich nicht die ganze Zeit weinte. War ich respektlos gegenüber meinem Dad, weil ich an manchen Tagen eine Pause vom Weinen brauchte? Ging ich falsch mit dem Kummer um? Der duale Prozess besagt, dass unsere Trauer zu »ignorieren« und uns nicht traurig zu fühlen sehr wohl Teil des Ganzen ist; wir oszillieren zwischen der Trauer und den Phasen, in denen man eine Pause davon hat. Der duale Prozess betont, dass man beides tun *muss*, um sich selbst Zeit zu geben, das Geschehene zu verarbeiten. Man kann nicht den ganzen Tag in aktiver Trauer verbringen; die Tränen gehen einem aus, der Hals tut weh, und irgendwann muss man auch aufs Klo gehen. Es ist hilfreich, sich eine »Auszeit« vom Trauern zu nehmen. Trauern ist schwer, man braucht Pausen von der tiefen Traurigkeit, damit man mit dem eigenen Leben zurechtkommt.

YASMINE AKRAM
Schauspielerin und Autorin. Sie sprach mit mir über den Tod ihrer Tante Bernadette, bei der sie aufwuchs und der sie sehr nah war.
Ich hatte noch nie in meinem Leben einen solchen Schmerz empfunden … Ich war an einem Punkt angelangt, an dem ich es satthatte, morgens aufzuwachen

und zu weinen: »Kann ich vielleicht mal zehn Minuten haben, in denen ich nicht in Tränen aufgelöst bin?«

REVEREND RICHARD COLES
Vikar, Rundfunksprecher und Schriftsteller. Richards Ehemann David starb 2019.
Ich habe festgestellt, dass es bei der Trauer mindestens zwei Ebenen gibt: so etwas wie eine oberste Ebene, auf der man in Tränen ausbricht, weil man nicht in der Lage ist, im Supermarkt einen Parmesan auszusuchen, und dann die tektonische Ebene, auf der man weiß, dass tiefe, tiefgreifende geologische Verschiebungen stattfinden, gegen die man nichts tun kann, außer sie mitzumachen, wenn man kann.

Als ich diese Theorie zum ersten Mal entdeckte, war ich regelrecht befreit und spürte, dass ich nicht die Einzige war, die dem Weg der fünf Phasen nicht folgen konnte. Die Schuld, die seit meiner Teenagerzeit meine Begleiterin war, löste sich auf. Ich hatte nichts falsch gemacht.

Im Jahr nach dem Tod meines Vaters fing ich damit an, wie besessen Soaps zu schauen. Das klingt ziemlich harmlos, aber ich habe nicht wirklich hingeschaut, ich verschwand. Wenn die Serien liefen, war mein Gehirn frei von Gedanken, es herrschte eine herrliche Ruhe, es gab keinen Schmerz, keinen Kummer, bloß einen Windkanal neutraler Gefühle. Wenn ich fernsah, konnte ich mich vollständig in die Welt eines/einer anderen hineinversetzen. Das damalige Fernsehprogramm war so, dass man sich stundenlang nur bei Soaps aufhalten konnte und sich nicht vom Sofa wegbewegen musste. Ich fing mit *Nachbarn* um 17:35 Uhr an, *Home and Away* um 18:00 Uhr, eine Pause für die *Simpsons*, dann auf der Zielgeraden *Emmerdale*, die *EastEnders*, die *Coronation Street*. Es gab eine Lücke vor *EastEnders*, also zappte ich zu *Emmerdale*, einer Serie, die ich nie zuvor gesehen hatte. So sorgte ich dafür, dass ich keine ruhige Minute hatte zum Nachdenken. Schöne friedliche Stunden, in denen ich nicht über seinen Tod nachdenken musste.

Das war 1998, vor den sozialen Medien, die, wie ich mir vorstellen kann, heute viele Trauernde aufsuchen, um einen Ort zu finden, an dem sie einen Abend lang oder auch zwei nicht über ihren eigenen Schmerz nachdenken müssen. Ich wünschte, ich hätte damals schon vom dualen Prozess gehört. Ich wünschte, ich hätte die freundliche Stimme in meinem Kopf gehabt, die gesagt hätte: »Ist schon in Ordnung, das ist eine Pause vom Jammern«, anstatt mich zu schämen, weil ich mich versteckte. Schließlich kam meine Mutter ins Zimmer. Sie steckte den Kopf durch die Wohnzimmertür, sah *Emmerdale* auf dem Bildschirm und meinte: »Verdammt, Cariad, *Emmerdale*? Du musst dich ja beschissen fühlen.« Und dann ging sie in die Küche, um Tee zu kochen. Nichts gegen *Emmerdale*, es ist eine gut gemachte und durchdachte Soap, die viele Leute lieben – aber Mum hatte recht: Drei volle Stunden mit Geschichten anderer Leute war schon ein bisschen viel, selbst für mich.

Nach dem Spruch meiner Mum begann ich, mich von den Soaps zu entwöhnen; ich begann, eine Pause vom Fernsehen zu machen. Allmählich überlegte ich, was zum Teufel ich mit meinem Leben anfangen sollte. Langsam kroch ich aus dem ersten harten Jahr der Trauer heraus. Aber ich hatte ein schlechtes Gewissen wegen der TV-Sucht – ich dachte, ich hätte etwas falsch gemacht, wäre egoistisch gewesen, weil ich meine Trauer um ihn verdrängt hatte.

Heute kann ich mir verzeihen, dass ich das gebraucht habe. Es ist in Ordnung, in Schüben zu trauern; es ist in Ordnung, seine Trauer zu vergessen, sich an einem Ort zu verstecken, der weniger schmerzhaft ist, und zurückzukommen, wenn man dazu bereit ist. Es ist in Ordnung, wenn dieser Prozess in Schlangenlinien verläuft und repetierend – er ist keine gerade Linie. Es ist in Ordnung, wenn du dich immer noch im Kreis drehst oder Netflix erlaubst, eine weitere Folge einer Serie zu starten, die dich nicht interessiert. Du tust dein Bestes, und das ist in Ordnung.

Trauer ist sowohl universell als auch einzigartig. Ich kann zwar wissen, wie sehr dein Herz schmerzt, aber nicht, welche Schmerzen es um diese eine Person fühlt. Wie du mit deiner Trauer umgehst, sie verarbeitest oder überlebst, ist deine ganz eigene Erfahrung. Wir brauchen zwar Roadmaps für die Trauer, aber sie müssen lebensecht sein (leicht eingerissen, mit Teetassenflecken, zerknitterten Rändern), um wirklich nützlich zu sein. Finde heraus, was für dich funktioniert, und akzeptiere, dass sich dies mit zunehmendem Alter ändern wird und andere Aspekte deiner Trauer zum Vorschein kommen. Wenn dir die fünf Phasen in irgendeiner Weise geholfen haben, freue ich mich aufrichtig. Alles, was dich durch den Sumpf der Trauer führen kann, lohnt sich und sollte gefeiert werden. Aber diejenigen, die sich von den Regeln und Vorschriften dieser Theorie so frustriert fühlen wie ich es tat, sollten wissen, dass es noch andere Wege gibt, den seltsamen Prozess der Trauer zu verstehen. Du machst es nie falsch.

Tag der Beerdigung

Ich trage ein Oberteil von Bay Trading, braun, eine gedeckte Farbe, aber nicht schwarz; eine seidig glänzende schwarze Strickjacke darüber, dazu eine schwarze Bootcut-Hose aus geripptem Jersey. Ich trage die goldene Halskette, die er mir in der Türkei geschenkt hat (von der ich jetzt weiß, dass ich sie irgendwann danach verloren habe). Ich trage die dicken »Fuck off«-Stiefel mit Plateausohle, in denen ich damals herumgestampft bin. Sie sehen aus wie die Schuhe der Spice Girls, aber mehr in Richtung Gothic und Camden. Alle in der Schule ziehen mich damit auf, aber ich mag sie, weil sie anders sind, und so fühle ich mich jetzt auch: anders. Ich überlege mir, was ich an dem Tag anziehen soll, als ginge ich abends aus, und ich fühle mich seltsam dabei; es ist ein bestimmter Anlass, ein ganz schrecklicher sogar, und er erfordert eine Rüstung.

All Hallows by The Tower (tatsächlich beim Tower of London), an dieser Stelle steht seit 675 nach Christus eine Kirche, die älteste Kirche der Stadt London. Auf der anderen Straßenseite ist ein Stück Land, wo man in früheren Jahrhunderten Verräter:innen gehängt, gefoltert und geviertelt hat. William Penn, der später Pennsylvania gründete, wurde hier getauft; John Quincy Adams, der sechste Präsident der Vereinigten Staaten, heiratete hier; und mein Vater, ein Unternehmensberater, wird hier beerdigt – eine Kirche der Londoner City für einen Mann, der so viel Waliser Akzent hatte, wie es jemand aus Nordlondon nur haben kann.

Das Innere der Kirche ist schlicht, so wie man es von einer Kirche erwartet, die die Reformation in der Stadt überlebt hat: klares Glas, polierte Böden, aber man fühlt sich erhabener, wenn man drinnen ist, als ob sich die Kirche ihrer eigenen Geschichte bewusst ist. Jeden Sonntag kamen wir hierher, bis meine Mutter die lange Anfahrt und die fehlenden Freund:innen satthatte und uns stattdessen in die örtliche Kirche brachte. Als ich dadurch das Land der Vorstadtpredigten kennenlernte, hatte ich etwas, mit dem ich vergleichen konnte. Erst da wurde mir klar, von welchem Rang die Predigten in All Hallows waren. Nachdem mir früher jeden Sonntag die liturgische Entsprechung einer Westend-Show vergönnt gewesen war, war ich von nun an gezwungen, ein Gemeinde-Laientheater durchzustehen.

Wenn ich versnobt klinge, dann war ich es auch, denn ich war verwöhnt. Der Pfarrer von All Hallows hatte die Beerdigung von Judy Garland geleitet, er hatte in Hollywood gearbeitet, bevor er hierherberufen wurde. Er wusste, wie man die hinteren Reihen des Raumes erreicht, er gab einem das Gefühl, dass Gott wirklich durch ihn kommunizierte. Ich war Zeugin. Unsere örtliche Kirche war süß, wie Tee mit Milch, aber All Hallows war pures Koffein. Sie warfen zu Ostern die Original-Creme-Eier von Cadbury und ließen sie von der Gemeinde fangen, und zu Weihnachten kam ein echter Esel den Mittelgang hinauf. Es spielte keine Rolle, welchen Glauben man hatte oder wie tief man glaubte, man hatte eine tolle Zeit. Ich liebte diese Kirche. Ich liebte diese Version des Christentums – eine großartige Show, mit Einbeziehung des Publikums, mit Schokolade und eingestreuten Gags.

Mein Großvater Herbert (von allen Bertie genannt) hat dabei geholfen, Geld für eine neue Behindertentoilette im Kirchenfoyer zu sammeln, und er hat die Leute immer stolz hineingeführt, um sie ihnen zu zeigen. Er führte sie mit einem Augenzwinkern hinein: »Ich will Ihnen zeigen, wofür ich gearbeitet habe …« Er konnte seine Freude darüber nicht verbergen, dass die Großen und Mächtigen der Londoner City sich über diese neue Toilette freuen *mussten*.

Nach dem Gottesdienst blieben die Leute noch da und redeten miteinander. An manchen Wochenenden war es wie eine Party – mein Dad knüpfte Verbindungen, mein Großvater vergaß, dass er genau das nicht mehr tun musste. Ich lief umher, streifte an den weichen Laura-Ashley-Röcken vorbei und versuchte, noch einen Keks zu ergattern, bevor mir ein weiteres Creme-Ei gereicht wurde. Das hört sich vielleicht so an, als ob ich mir das ausdenke, aber es ist alles wahr.

An diesem Tag, dem Tag der Beerdigung im Jahre 1998, ist die Kirche voll. Die Leute drängen sich in den Kirchenbänken, stehen an den Seiten, immer noch unter Schock, immer noch ungläubig. Wir sitzen vorn, ich schaue nicht hinter mich, starre nur auf meine Kirche, unsere Kirche, unsere lustige, theatralische Kirchenwelt, die jetzt voll von Beerdigung und Trauer und Verlust ist. Seine Laufschuhe liegen auf dem Sarg, »eine nette Geste«, sagen alle. Eine Frau, die sie kennen, singt ein Lied. Sein Freund, der früher Schauspieler war, hält eine Rede. Er hält die Zeitung dieses Tages hoch, oder auch von Dads Todestag, ich weiß es nicht mehr, aber es stand etwas über den Weltraum oder den Mond drin, und alle waren sich einig, dass das sehr passend war. »Es hätte ihm gefallen«, meinten alle.

»Greif nach dem Mond, träume groß, Kleine.« Hat er das gesagt? Schon damals, so kurz danach, fingen die Dinge an zu verschwimmen.

Ich sehe an meiner Hose hinunter, studiere jeden Streifen des schwarzen Stretchstoffes. Ich trage sie ein Jahr darauf zur Arbeit, bei meinem Samstagsjob in der örtlichen Bäckerei (kostenloses Gebäck nach 18 Uhr, ich weiß nicht, ob ich darüber je hinweggekommen bin). Ich trage das gedeckte braune Oberteil und die seidige Strickjacke auch in den Ferien in Spanien. Eines Abends meint ein Junge: »Dein Oberteil gefällt mir«, und ich antworte: »Danke, ich habe es bei der Beerdigung meines Vaters getragen.« Ich konnte nie lügen, auch wenn es einfacher und viel weniger seltsam gewesen wäre, wenn ich es getan hätte.

In der Kirche, als alle gehen, erklingt Frank Zappas »Peaches en Regalia«, ein Instrumentalstück, das mein Dad liebte. Es ist so laut und dröhnt aus den Lautsprechern, dass es ein wenig unpassend wirkt – die alte, solide Kirche im Gegensatz zu dieser freien und wilden Musik. Es passt zu ihm, mit beiden widersprüchlichen Seiten ist er groß geworden.

Meine Freund:innen sind hier, die von meinem Bruder auch. Nach dem Gottesdienst versammeln wir uns alle im hinteren Teil der Kirche. Es fühlt sich an wie eine Party, niemand will so recht gehen, zu viele Hallos sind zu sagen. Ich halte mich zurück und höre zu, weil ich Angst habe, etwas falsch zu machen oder den Erwachsenen gegenüber etwas Dummes zu sagen. Ein Verwandter, den ich noch nie gesehen habe, spricht mit mir. Für mich ist er einfach nur ein alter Mann. Er ist traurig, dass mein Vater tot ist. Ja, ich auch. Ich bin auch traurig.

Weil so viele bei dieser Beerdigungsparty sind, haben wir einen Bus gemietet. Er darf direkt an der Kirche parken. Das beeindruckt mich, und ich verspüre ein merkwürdiges Gefühl der Aufregung, als wir in den Bus einsteigen. Komisch, ich wische es weg, dieses weitere »falsche« Gefühl. Wir hatten es nie geschafft, da zu parken – Dad hatte sich immer darum bemüht, an dieser Stelle einen Parkplatz zu bekommen –, und doch sind wir jetzt hier; ein seltsames, banales Privileg, wenn man tot ist: tolles Parken.

Als der Bus zurücksetzt, weg von der Kirche und auf die Straße, schaue ich wieder auf meine Hose, den gerippten Stoff, die Streifen, die hinauf und hinunter laufen. So muss ich nicht dabei zusehen, wie der Sarg in den Leichenwagen geschoben wird. Leichenwagen. Alle sagen ständig dieses Wort. »Wir fahren nicht im Leichenwagen mit, das ist zu viel«, sagt Mama.

Wenn du mich gefragt hättest, was danach passiert ist, hätte ich es viele Jahre lang nicht sagen können. Der Tag endet dort mit einer Leerstelle, bis zu dem Moment später, wo es in einem Pub Eiersalat-Sandwiches und weitere Verwandte gibt. Eine Dame in Leopardenmuster (ungewöhnlich für meine Familie) trägt einen riesigen Hut und Lippenstift – sie lacht, und mein Großvater spricht mit ihr. Ein winziges Fitzelchen seines beeindruckenden Charmes und auch seiner Sprüche ist noch in ihm, aber nichts von dem, wie er mal war … gar nichts. Sie ist eine Cousine, zweiten oder dritten Grades. Das höre ich im Pub am häufigsten: »Oh, das ist eine Cousine.« Ich esse zu viel Kuchen, weil mich niemand aufhält.

Jahre später will ich die Leerstellen ausfüllen. Jemand befragt mich nach seiner Einäscherung, und auf einmal weiß ich genau, was ich beiseitegelegt habe. Ich kann mich nicht mehr daran erinnern. Seltsam, wenn man nicht einmal weiß, dass man von einer Erinnerung nichts wusste, bis man in die

Schublade greift, um sie zu suchen, und sie ist nicht da. Ich wusste, dass er eingeäschert wurde. Wohin sind wir mit dem Bus gefahren? Vor dem Pub? Keine Erinnerung … nur eine Leere. Ich starre in die leere Schublade in meinem Aktenschrank-Gedächtnis. »Was ist damals passiert, bitte?«

Ich warte.

»Bist du sicher?«, scheint mich die Schublade zu fragen.

»Ja, ich bin mir sicher.«

»Okay«, sagt die Schublade, als hätte sie nur darauf gewartet, dass ich sie frage.

Und dann ist sie wieder da, die Einäscherung – schrecklich, schmerzhaft. Aus einem bestimmten Grund hatte ich sie gelöscht. Ich wollte nicht, dass dieser Teil des Tages überlebt. Ohne den ganzen Trubel, nur die Familie und ein paar Freunde, ein Krematorium im Norden Londons (eines, das alle in Anspruch nehmen): helle Bänke, neues Holz, sehr sauber. Kein Prunk, der von der Wahrheit ablenkt. Viel zu real. Das war der schlimmste Teil. Als er ging, als der Sarg … der Vorhang, als es sich anfühlte, als hätten sie ihn mitgenommen. Als ob es endgültig vorbei wäre. Ein Riss, ein roher Schnitt in meiner Seele. Dann nur noch Trauer. Nur noch wir, auf der anderen Seite des Vorhangs – ein schreckliches Schauspiel, in dem nicht gelacht wird.

Es hat mich schockiert – was man alles vergessen kann, woran die Augen vorbeigehen. O ja, *da* ist der Tag. Das Ende? Das Lebewohl? Nein, das gibt es nicht, es endet mit einem Buffet und ein paar Leuten, die sich unterhalten. Es endet nicht damit, dass er weggeht. Er ist nicht weggegangen. Er ist nur nicht hier, er ist woanders. Er starb, als ich fünfzehn war, aber er ist noch nicht tot.

Welle – 1998

SOMMER

So vieles ist verschwommen. Ein Sonnenbrand auf einer Schulter von vor Jahren. Die Tage, Wochen, Monate nach seinem Tod fließen ineinander. Ich kann mich kaum an die Woche unmittelbar danach erinnern. Wann habe ich angefangen, in Mums Bett zu schlafen? Wann bin ich wieder zur Schule gegangen? Wann habe ich die Prüfungen gemacht, die mich nicht mehr interessierten?

Trauer wird oft als Wellenbewegung beschrieben. Eine passende Art, etwas zu beschreiben, worüber man keine Kontrolle hat. Trauernde stehen wie Knut der Große an der Küste. Sie bellen die Wellen an, schreien sie an, sagen ihnen, dass sie dieses Ufer beherrschen, aber die Wellen hören nicht auf sie. Manche Wellen sind schlimmer als andere, manche brüllen.

HERBST

Ich erinnere mich, wie ich nach Hause komme, zur Teestunde, allein. Die Einsamkeit macht es möglich, dass ich weine. Ich will das nicht vor Leuten tun, niemand darf wissen, wie schlecht es mir geht. Zu riskant. Nicht sicher. Reiß dich zusammen, Lloyd. Reiß dich zusammen, bis du nach Hause kommst. Verdreh nur die Augen, krempele deinen Rock hoch. Ist dir doch egal, ist dir doch egal. Sie denken, du scherst dich nicht drum. Jetzt, allein zu Hause nach der Schule, weine ich und schluchze und schluchze und weine. Es ist mir nicht peinlich, dass meine Nase läuft, zu heulen wie ein Wolfskind, zu wehklagen wie eine trojanische Frau.

So fühlte sich Kummer mit fünfzehn an – ein Chaos, zu viel. Nur das konnte ich jetzt in mich reinlassen: Trauer. Da war kein Platz mehr für mich, für das, was ich war, für das, was ich sein wollte. Jetzt war ich nur noch Trauer. Die Trauer war ich.

Ich heulte, niemand konnte mich hören. Ich saß auf unserem Sofa und schrie zur Decke, in die Ecke über dem Bücherregal – falls er dort wie ein Geist schwebte, ein toter Dad Casper mittleren Alters. »Wo zum Teufel bist du?«, schrie ich.

Hör auf, Cariad. Hör auf, Cariad. Hör auf mit diesem Mist. Das ist zu viel, das ist einfach zu viel.

Ich riss mich zusammen, schleppte mich durch den Flur in die Küche, umklammerte mein Tablett mit der niedlichen Waldszene darauf – Igel auf Futtersuche, Brombeeren, und meine Hände zitterten. So viel Wut. Meine Hände juckten. Ich nahm das Glas und den Teller mit den Sandwichkrümeln vom Tablett. Zerstörung, aber nicht zu viel. Keine Zerstörung, die nicht wiedergutzumachen war. Ich drückte das blöde Tablett so fest, meine Knöchel wurden weiß. Ich warf das Tablett auf den Boden. Es zerbrach. Ein großes Stück brach schräg davon ab. Ein einziges großes Stück. Einen Atemzug lang fühlte ich mich besser, und dann, nein, das war eher peinlich, beschämend. Ich war beschämt über meinen Mangel an Kontrolle. Jetzt war ein Tablett kaputt, jetzt könnte jemand darauf kommen, dass ich traurig war. Das war potenziell gefährlich. Wenn sie wüssten, dass ich traurig war, müsste ich vielleicht darüber reden. Ich wollte aber nicht reden, ich wollte nicht über etwas reden, was nicht wirklich passiert war. Er war nicht gestorben, er kann nicht gestorben sein, denn das ergibt keinen Sinn, also muss er einfach nur unterwegs sein.

Aber du hast ihn gesehen, Cariad, du hast ihn gesehen …
»Wo zum Teufel bist du? Bist du hier?«

Ich habe aufgeräumt, die Küche zu einem entspannten Ort ohne ausufernde Gefühle gemacht. Ordentlich, still, kontrolliert. Alles war gut. Später erzähle ich meiner Mutter, dass das Tablett vom Sideboard gefallen ist. Sie wirft mir einen vielsagenden Blick zu.

Jetzt bin ich taub, verletzt und betäubt. Das Heulen weicht dem Frieden. Es ist eine Erleichterung. Aber wenn es passiert, fühlt es sich an, als würde es nie aufhören. Die Wogen glätten sich für kurze Zeit; das ist die Zeit, sich stark zu machen, Felsen in deinem Herzen zu bilden, damit du das nächste Mal das Krachen und Tosen des Schmerzes aushalten kannst. Keine Ahnung, wann oder wo. Versuche, das aufzusparen, bis du nach Hause kommst. Drück dir deine Nägel in die Handflächen, wie du es während der Matheprüfung tust, um dich davor zu bewahren, zu weinen und zuzugeben, dass du die Lösung nicht kennst. »Wo zum Teufel bist du?«

WINTER
Eine Reise nach Neuseeland, um Weihnachten aus dem Weg zu gehen, um Verwandte zu sehen, die wir noch nie gesehen haben. Nachkommen meiner Großtante Phyllis, der Tante meines Vaters – Lloyds auf der anderen Seite der Welt. Es ist eine Reise, ein Urlaub! Es ist, wie es immer war: Wir reisen und sehen viele Dinge. Du bist nicht dabei, aber vielleicht hast du noch einen Call, ein Meeting, kommst darum später an. Es fühlt sich gar nicht so falsch an, es fühlt sich abwesend an, nicht tot.

Sie sind so freundlich, so rücksichtsvoll, wir sind so weit

weg. Ich treffe meine Großtante Anne, Schwester meines Großvaters. Sie ist lustig und intelligent und erzählt mir von Großtante Kitty, der ersten Frau in Bridgend, die Hosen trug. Das Gespräch mit ihr lässt mich innerlich strahlen, ich fühle mich zu Hause. Ich fühle mich zu Hause bei meiner Familie. Das laute, feurige Ich, ich passe hierher. Irgendwo gehöre ich hin. Ich bin nicht nur wie du, es gibt auch Frauen wie mich. Lloyds. Warum habe ich das nicht gewusst? Warum ist das eine neue Information?

Es ist ein paar Tage vor Weihnachten, wir wohnen in einem Sommerhaus, einem Batch, wie sie es nennen. Es gibt Pavlova von der Größe deines Kopfes, und ich weiß nicht so recht, warum, aber wir sehen *Xena, der Kriegerprinzessin* dabei zu, wie sie im Sonnenschein Weihnachtslieder singt. Mein Bruder und ich sind verwirrt, aber wir lachen viel, wir grillen und gehen zum Bungeespringen, und es ist Urlaub.

Es gibt einen Anruf, ich bin im Wohnzimmer und dann nicht mehr – ich bin im Schlafzimmer auf dem oberen Bett, ich weiß nicht, wie ich hierhergekommen bin. Ich kann mich nicht erinnern, dass ich in das Zimmer gegangen bin. Großvater ist tot. Bertie, Herbert, sein Vater, ist gestorben. Jetzt weine ich unkontrolliert, vor allen Leuten, als ich versuche, auf dem Etagenbett aufzustehen. Aber das ist mir egal. Es ist mir egal. Denn jetzt ist er weg. Er, der so gut reden konnte, der Charmeur, der Redner, der das Kriegsgefangenenlager überlebte, der die Brücke am Kwai gebaut hat, der Anwalt, Kavalier, der uns so fest zusammengehalten hat – der dein Vater war und der mir so viel bedeutet hat. Ein weiterer Felsen in meinem Leben ist weggebrochen.

Ich weine so sehr, das ganze Haus weint, wir sind alle irgendwie mit ihm verwandt. Alle weinen. In ein paar Tagen ist Weihnachten, und mein Bruder vergisst es und verschläft es. Er glaubt uns nicht, als er am Nachmittag endlich aufwacht und wir es ihm erzählen. Wir müssen den Fernseher einschalten, um zu beweisen, dass Weihnachten ist. So seltsam ist diese Welt jetzt. Du bist weg, er ist weg. Was hat das alles für einen verdammten Sinn? Ich höre jetzt auf, dich zu suchen. Ich weiß nicht, wo du bist, das ist mir klar. Nichts ergibt einen Sinn.

Jahre später lese ich, dass man nun jede Jahreszeit ohne sie durchleben muss. Man muss sehen, wie die Blätter fallen, wie die Kälte und das Grau kommen, wie die neuen Blumen erscheinen und dann die Sonne spüren – alles ohne sie. In jeder Jahreszeit sagt dir dein Gehirn, dass sie dies nicht gesehen, dies nicht gerochen und diese Wärme nicht gespürt haben. Sie sind weg.

Sie sind verschwunden.

Kapitel 2:
Große Erwartungen
Wie soll sich Trauer verhalten?

Nachdem wir nun verstanden haben, dass Trauer kein linearer Prozess ist, dass es erst aufwärts und dann abwärts geht und dann wieder an den Anfang zurückschnellt wie ein schlecht gespieltes Flipperspiel, möchte ich tiefer in unsere Kulturgeschichte der Trauer einsteigen. Welche Vorstellungen über Trauer gab es vor der Einführung der fünf Phasen? Was hat unsere Erwartungen an die Art und Weise, wie wir trauern, noch geprägt?

Ich möchte dir Gwendolen Lightcraving vorstellen. Da ist sie; wehmütig steht sie in der Tür ihres schicken Stadthauses, während dichter Nebel im Lampenlicht der Straße auftaucht. Im Nebel steigt Gwendolen die Haustreppe hinunter, wobei sie sich bemüht, mit ihren schwarzen Spitzenhandschuhen das bereits feuchte Eisengeländer nicht anzufassen. Auf dem Kopfsteinpflaster schreitet sie über eine Pfütze, in der sich die grauen Wolken des trüben Himmels spiegeln. Leichter Nieselregen setzt ein, als sie in ihre Pferdekutsche steigt. Sie zieht ihren schwarzen Schleier herunter, der ihr Gesicht bedeckt, trocknet ihre Augen mit einem schwarzen Spitzentaschentuch, hebt ihren weiten schwarzen Rock an, rafft die vielen schweren Stoffschichten und steigt ein. Sie klopft an das Dach, und ein grimmig dreinblickender Kutscher mit Zylinder zieht die Zügel an, während sie langsam die gepflasterte Straße hinunterfahren.

Danke. An die Schüler:innen: Bitte beantwortet die folgende Frage, nachdem ihr den obigen Text gelesen habt. Ihr habt fünf Minuten, um die Prüfung zu bestehen. Ist Gwendolen:

a) eine Fleischerin

b) ein Jedi

c) EINE VIKTORIANISCHE WITWE

Die Antwort lautet … C! Ja! Glückwunsch; fünf Shilling-Punkte und ein kräftiges Hurra! Ihr habt erkannt, dass Gwennie eine viktorianische Witwe ist, wahrscheinlich auf dem Weg zur Beerdigung ihres Mannes, der zweifellos an der Cholera gestorben ist, während er eine Fabrik besuchte, die ihm gehörte, und dabei infizierte Stiefelpoliturluft einatmete. (Gwennie wird herausfinden, dass er sich beim Glücksspiel bis über beide Ohren verschuldet hatte; sie wird nicht in der Lage sein, die Schuldner zu bezahlen, und muss daher ins Arbeitshaus gehen, um für sein unmoralisches Verhalten zu büßen. Gebt nicht mir die Schuld, sondern Gordon Lightcraving – er war der Schurke.)

Über die Verwüstungen, die die beiden Weltkriege des 20. Jahrhunderts hinterlassen haben, ist viel geschrieben worden. Die meisten von uns sind mit der Haltung vertraut, keine starken Gefühle den Toten gegenüber zu zeigen, sich zusammenzureißen und weiterzumachen, was während dieser Kriege an der Tagesordnung war. Und davor? Davor gab es ein Zeitalter, das den Ton für diese stoische Haltung dem Tod gegenüber vorlegte. Es war das viktorianische Zeitalter.

Trauer und Trauern wird auch heute noch grundlegend von Queen Vic und ihrem großen, schweren schwarzen Kleid geprägt. Die Witwe Königin Victoria blieb nach dem Verlust ihres Mannes, Prinz Albert von Sachsen-Coburg und Gotha, bis zu ihrem eigenen Tod vierzig Jahre später in voller Trauerkleidung. Ihre Einstellung zur Trauer und die Rolle, die die viktorianische Gesellschaft bei der Kontrolle und Regulierung dieses emotionalen Zustands spielte, werden auch heute noch oft als »normal« akzeptiert und nicht als eine Haltung, die wir schlicht übernommen haben. Von der Beerdigung über die Etikette der Trauerfeier bis hin zu dem Zeitraum, in dem wir trauern dürfen, stammt ein Großteil unseres Trauerwortschatzes aus dem 19. Jahrhundert. Die Förmlichkeit und die gesellschaftlichen Erwartungen im Zusammenhang mit der Trauer wurden im Zeitalter des Kolonialismus, des Kapitalismus und der Einführung des süßen Puddings in Großbritannien festgelegt. Wenn wir nun damit beginnen, die zahlreichen Hinterlassenschaften dieser Epoche zu analysieren und zu dekonstruieren, sollten wir auch untersuchen, inwieweit einige unserer Sterbe- und Trauertraditionen überkommen sind und nicht mehr zu uns passen.

Im Gegensatz zu den fünf Phasen, die unseren privaten Trauerprozess kontrollieren, waren die Viktorianer daran interessiert, den öffentlichen Prozess der Trauer zu steuern. Wenn du dich jemals für deine Trauer geschämt hast, weil sie so durcheinander war, wenn du daran gezweifelt hast, ob deine emotionalen Reaktionen nach einem Todesfall »richtig« waren, oder wenn dir gesagt wurde, dass du nach einer bestimmten Zeit wieder glücklich zu sein hast, dann wirst du feststellen, dass die Ursprünge dieser Ansichten im 19. Jahrhundert liegen. Trauernde werden noch heute von diesen Schatten heimgesucht. Sie sind ebenso ein Relikt aus vergangener Zeit wie unser seltsamer Wunsch, im Dezember Tannenbäume ins Haus zu holen und sie mit Lametta und Lichterketten zu schmücken.[17] Noch immer umweht ein viktorianischer Duft von Bergamotte und Rosen unsere Trauer, der sich nicht abschütteln lässt.

Im Gegensatz zu den fünf Stadien, die nach einer Schleife suchten, um die Fäden der Trauer zusammenzubinden, versuchten die Viktorianer, die Trauer mit Regeln und Vorschriften zu kontrollieren. Es war ihnen egal, welche Phase man durchlief, Hauptsache, man beendete sie innerhalb der vorgegebenen Zeit. Und diesen Regeln sind wir auch heute noch verpflichtet. Die meisten von uns haben schon einmal an einer stillen, düsteren Beerdigung mit schiefem kirchlichem Gesang und schwarz gekleidetem Publikum teilgenommen, auf die jeder viktorianische Fabrikant stolz gewesen wäre. Wenn wir an einer Beerdigung teilgenommen haben, die von diesen Normen abweicht – bei der bunte Kleidung erwünscht ist, bei der Popmusik gespielt wird und bei der Witze in der Trauerrede gemacht werden –, spüren wir den Schauer des Traditionsbruchs. Der/die stille, respektvoll Trauernde, die schwarze Kleidung und sogar durchaus die von Pferden gezogene Bestattungskutsche sind in unserem modernen Leben noch immer erkennbare Merkmale.[18] Und so wie wir wissen, wie eine

---

17 Ja, tut mir leid, die Viktorianer haben auch die PR für Weihnachten gemacht. Man muss Deutschland und dem Heidentum für das Winterfest im Wohnzimmer danken.

18 Ich habe in diesem Jahr bereits zwei Beerdigungen mit Pferdekutschen gesehen, und ich lebe nicht in East London oder in der Vergangenheit.

Beerdigung auszusehen hat, gibt es eine Art und Weise, wie sich unserer Erwartung nach die Trauer verhalten sollte, einen Zeitplan, von dem wir annehmen, dass die Trauer ihm folgt, und der unmittelbar mit dem Zeitplan der Viktorianer:innen für »korrekte Trauer« verbunden ist. Viele von uns im Club werden dir bestätigen, dass wir oft den anhaltenden, stillen Druck verspürt haben, Fortschritte machen zu müssen, fröhlich und nicht mehr traurig über den Tod, nachdem uns die Gesellschaft eine »angemessene« Zeitspanne zugestanden hat.

Die Viktorianer:innen lebten nicht in einem Vakuum, sondern reagierten auf das, was vor ihrer Zeit gewesen war. Viele ihrer Regeln und Vorschriften zu Tod und Trauer sind noch auf das Chaos früherer Jahrzehnte zurückzuführen (von Grabräubern bis hin zu buchstäblich überquellenden Friedhöfen; mehr über die lebenslustigen Leute zur Zeit König Georgs später …). Jetzt können wir, nachdem wir verstanden haben, was wir den Leuten von damals zu »verdanken« haben, viele ihrer eher rigiden Ideen hinwegfegen. Wenn wir lernen, unseren eigenen verworrenen Trauerpfad zu akzeptieren (hilft es, wenn du dir eine Art Pigpen-ähnliche Staubwolke vorstellst, die dich immerwährend begleitet? Du weißt schon, der schmutzige Junge aus den Peanuts, der Charlie Brown sehr ähnlich sieht, nur eben total verschmutzt ist und dem die Haare zu Berge stehen), erkennen wir, dass dieses Gefühlschaos, das wir erleben, normal ist. Es ist kein zeitlich festgelegter, sondern ein gelebter Prozess. Und doch werden diejenigen, die ihn nicht erlebt haben, immer noch Vorstellungen darüber haben, wie wir uns fühlen *sollten*, und zwar aufgrund vieler antiquierter Ideen, wie sich trauernde Menschen verhalten sollten. (Nebenbei, wir benehmen uns nicht alle wie Queen Vic, und das ist auch gut so.)

Die Außenwelt mag uns ein wenig seltsam ansehen: »Trauern Sie immer noch? *Nach einem ganzen Jahr?* Ist bei Ihnen alles ... in Ordnung?«, oder am anderen Ende der Skala: »Du weinst nicht mehr jeden Tag? Na, dann bin ich ja froh, dass du endlich darüber hinweg bist.«[19]

Wir wissen, dass wir nicht nach einem Ende für unsere Trauer suchen müssen, also befreien wir uns auch von dem Stigma, uns »unangemessen« zu verhalten, und belassen es bei einer Wahrheit, einem Chaos, das ganz und gar unser eigenes ist. Dann haben wir die Freiheit, uns einzugestehen, dass ein zivilisiertes Verhalten bei unkontrollierbaren Gefühlen einfach unmöglich und zum Scheitern verurteilt ist. Warum haben wir so viel Angst davor, das Durcheinander zuzulassen, das unsere Trauer nun mal ist?

Die Viktorianer:innen standen auf den Tod. Sie mochten ihn so, wie wir 15-sekündige Videos von Großeltern mögen, die Hip-Hop-Moves lernen. Natürlich war der Tod in der Welt der Viktorianer:innen auf eine Weise präsent, die man sich heute nur schwer vorstellen kann. Bei ihnen war die Lebenserwartung niedrig, die Kindersterblichkeit hoch, Krankheiten waren weit verbreitet, und die Wichtigkeit von guter Hygiene wurde gerade erst entdeckt. Im Gegensatz dazu haben wir durch die Medizinisierung eine Distanz erreicht, die uns vor den hässlichsten Zügen des Todes schützt. Davon hätten sie nur träumen können. Die Todesfälle, die sie erlebten, ereigneten sich oft zu Hause – real, tragisch und hautnah. Der Tod war auf erschreckende Weise unkontrollierbar.

---

19 Ja, nur ist mein Vater immer noch tot, also bin ich immer noch traurig. Seltsam, ich weiß.

Wie bei so vielen Elementen der viktorianischen Gesellschaft, von der Kanalisation über das Bildungswesen bis hin zur Wissenschaft, gab es den Drang, aus dem Chaos eine Ordnung zu schaffen, einen Weg zur Ruhe zu finden. Diese Ruhe begann mit den Bestattungen. Aus Gründen des Respekts und zur Eindämmung von Krankheiten mussten Leichen auf eine Weise beerdigt werden, wie es zuvor nicht der Fall gewesen war. Die Viktorianer:innen begannen, nicht nur den Tod, sondern auch die Rituale rund um den Tod zu regeln. Vielleicht konnte man die Trauer ebenso gut unter Kontrolle halten wie die Leichen? Warum nicht auch Vorschriften über die erforderliche Dicke von Trauerkarten und die Dauer der Trauer einer Witwe einführen?

Das kulturelle Bild einer angemessenen Beerdigung – eine würdige Witwe, ein respektvoller Gottesdienst, die Bilder, auf die wir immer noch zurückgreifen – macht nicht unbedingt das aus, was Trauer schon immer gewesen ist. Wir sind nicht schon immer von der Erwartung ausgegangen, dass das Trauern still und respektvoll abläuft. Für die Viktorianer:innen war der Prozess der Beerdigung und der Trauer wichtig, nicht nur aus Respekt vor den Toten, sondern auch aus moralischen Gesichtspunkten. Sie konnten die Toten nicht von der sie umgebenden Zeremonie trennen, das Emotionale nicht vom Materiellen. Es ist leicht einzusehen, dass wir diese Erwartungen nur übernommen haben und nicht verstehen, warum sie so wichtig oder festgelegt sind.

Die Zeit vor dem Beseitigen der Unordnung dessen, was sich bis zum Ende des 19. Jahrhunderts angesammelt hatte, die Jahrzehnte also vor Queen Vic und ihrem schönen schweren, großen schwarzen Kleid, waren tatsächlich eine Zeit des

Totenchaos. Es kommt einem so vor, als ob das viktorianische Zeitalter viele der Trauertraditionen auslöschte, die ihm vorausgingen. Wir verstehen deshalb die Art und Weise, wie vor dieser Zeit getrauert wurde, so schlecht, weil der Tod ein weniger geregelter Prozess war. Für die Menschen im 18. Jahrhundert waren der Pomp und die Zeremonie zwar wichtig, aber sie wurden nicht kontrolliert und in eine Uniform gepresst. Man war eher daran interessiert, dass die Menschen begraben wurden, und zwar schnell: Die Menschen starben (viele und oft) an ansteckenden Krankheiten. Die Aufgabe der Bestatter bestand darin, die Leiche mit Respekt zu beseitigen und die Ausbreitung der Krankheit, an der sie gestorben waren, einzudämmen. Die meisten gewöhnlichen Menschen wurden einfach in Leichentücher gewickelt und von männlichen Verwandten zum Friedhof getragen (Frauen wurden oft gebeten, in einiger Entfernung beizuwohnen, damit die Zeremonie nicht durch ihr Weinen oder ihre Ohnmachten gestört würde).[20]

Im Jahr 1831, nur sechs Jahre vor dem Beginn von Victorias Regierungszeit, brach in Großbritannien eine Choleraepidemie aus, der über 52.000 Menschen zum Opfer fielen. Dies und die wachsende Bevölkerung führten dazu, dass sich die Friedhöfe schnell füllten. In der Hoffnung, das Problem der »zu vielen Leichen« zu lösen, beschloss man, mehrere Erwachsene in dasselbe Loch zu stecken, ohne sie richtig zu bedecken, was man als »Gesundheits- und Sicherheitsalbtraum« bezeichnen könnte. Um das Problem der sich sta-

---

20 Na ja, wieder einmal die wunderbar verlässliche Langlebigkeit des Patriarchats.

pelnden Leichen in den Griff zu bekommen, entschieden sich die Behörden, mehr Kirchen und mehr Friedhöfe zu bauen. Auf dem Lande funktionierte das, aber in den Städten, wo es an Platz mangelte, wurden die Toten weiterhin übereinandergestapelt. Anstatt tiefer in die Erde zu graben, war es einfacher, den Boden anzuheben. In einigen Kirchen wurde der Boden sogar bis zu den Fenstern angehoben, um all die Toten unterzubringen (plötzlich ergeben all die Horrorfilme, in denen die Toten aus ihren Gräbern auferstehen, einen Sinn, denn irgendwann singt man das Trauerlied »All Things Bright and Beautiful« und sieht vor dem Mosaikfenster den toten Kopf von Onkel Harry auftauchen).

Wenn du ein/eine Viktorianer:in wärest, würdest du das natürlich regeln wollen. Es war eine Sauerei. Die Trauer ist schon schlimm genug, ohne dass die Leichen auf den Friedhöfen auftauchen wie Chipstüten, die aus einem überfüllten Schrank mit Knabberkram herausquellen. Um diesem Chaos entgegenzuwirken, wurden große neue städtische Friedhöfe abseits der Kirchen angelegt. Es waren geordnete Plätze, die als angenehme und friedliche Aufenthaltsorte konzipiert waren, wo die Toten in Würde ruhen konnten. Wenn du jemals über die Friedhöfe von Kensal Green, Norwood, Abney Park, Highgate oder Brompton Park in London, St. James's in Liverpool und die Necropolis in Glasgow gewandert bist, kannst du dir vorstellen, wie ruhig und friedlich diese großartigen Anlagen damals auf die Menschen gewirkt haben müssen. Wenn es dort funktioniert hat, dann könnten die Menschen doch genauso gut organisiert sein, oder?

Die Viktorianer haben reguliert, Gesetze erlassen, aufgeräumt und reformiert, wo immer sie konnten. Wie muss es für Gwendolen, die viktorianische Witwe, gewesen sein?[21] Bereite dein Witwenkostüm und -equipment, deine schwarze Spitze, den Schleier, die Schärpe, Pferde, Trauerkarten, Trauermantel, Trauerkappe, Trauerwachs, Trauerkränze, Trauerpudding (ja, Pudding), Armbänder, Umhang, Sarg, Kerzen vor und verneige dich in verzücktem Leid, denn ab jetzt geht sie los, die *Tiefe Trauer*.[22] Gwendolen hätte nicht einfach irgendetwas Schwarzes tragen und auf das Beste hoffen können.[23] Sie hätte jedes Mal einen vollständig neuen schwarzen Dress kaufen müssen (für jeden Todesfall, den sie erlebte – und davon gab es in ihrem Leben wahrscheinlich eine ganze Reihe).[24] Krepp war der dazu benötigte Stoff, da er sich nicht gut mit anderen Kleidungsstücken kombinieren ließ,[25] was bedeutete, dass Gwennie nun einen speziellen Trauerdress besaß, der sich nicht mit anderem in ihrem Kleiderschrank zusammen tragen ließ. Schmuck musste aus Agtstein bestehen, einem schwarzen Stein, der nicht allzu heiter aussieht – oder, wenn Gwennie Lust gehabt hätte, hätte sie sich dafür entscheiden können, das Haar des Verstorbenen zu einer Brosche oder Halskette flechten zu

---

21 Tagsüber trauert sie, nachts bekämpft sie das Straßenverbrechen. Sie ist *The Widow* (mit Matt Damon in der Hauptrolle, jetzt in den Kinos).

22 *Tiefe Trauer*, Fortsetzung von *The Widow*.

23 Die Viktorianer:innen haben das Tragen schwarzer Kleidung nicht erfunden, um die Toten zu betrauern. Man trug aus dem Grund Schwarz, weil man glaubte, der/die Trauernde sei für die Toten unsichtbar, wenn er/sie sich schwarz verhüllte – ein Schutz gegen unerwünschten Besuch von einem/einer wirklich langweiligen toten Verwandten, nehme ich an.

24 Sei froh, dass du für den Gedenkgottesdienst einfach deine Anzughose anziehen und die Tomatensoßenflecken darauf schnell auf dem Klo wegputzen kannst.

25 Genau wie das Oberteil, das du nie anziehst, weil es nicht zur Jeans passt.

lassen.[26] Auch von den Männern wurde erwartet, dass sie zu jeder Beerdigung einen nagelneuen schwarzen Anzug samt Krawatte, Handschuhen und Hut trugen; in speziellen Knigge-Ratgebern wurden sogar die entsprechenden Längen und Breiten für schwarze Seidenhutbänder beschrieben. Details, meine Liebe, Details. Der Wunsch und das Bedürfnis, diese Rituale zu erfüllen, war so groß, dass Trauerkaufhäuser wie Gothic-Primarks nur so aus dem Boden schossen. Jay's of Regent Street (AdÜ: diese Firma gab es bis weit ins 20. Jahrhundert) in London war eines der berühmtesten – mit einer Vielzahl von Etagen, auf denen man seine Trauer auf die richtige Art und Weise ausstatten konnte.

Eine »anständige« viktorianische Beerdigung begann mit zwei »Mutes«, die vor der Haustür standen – angeheuerte, angemessen gekleidete, aber stumme Trauergäste, die später den Leichenzug anführten. Sie trugen mit Krepp überzogene Zeremonienstäbe und Gehröcke und Zylinder (seltsamerweise waren diese leuchtend rosa – ein WITZ ... Sie waren natürlich auch schwarz). Sogar der Türklopfer des Hauses sollte mit Krepp bedeckt sein: schwarz für den Tod eines Erwachsenen, weiß für einen jüngeren Menschen. Trauer war öffentlich, laut und demonstrativ. Jeder sollte wissen, dass man leidet.

Vergessen wir nicht die Kleidung der Toten. Sind dir deine Angehörigen wichtig? Möchtest du nicht, dass sie bis in alle Ewigkeit im richtigen Bett ruhen? Gut, dann zücke deinen Geldbeutel, denn du brauchst einen stabilen Sarg – aus gutem Holz, mit weißem Satinfutter, Matratze, Kissen,

---

26 Die Version aus dem 19. Jahrhundert von »Ein Bild des/der Verstorbenen auf dem Sperrbildschirm des Smartphones haben«.

Laken –, überzogen mit feinem schwarzem Tuch; die Nägel und Griffe sollten versilbert sein. Schwarze Straußenfedern für die Pferde; seidene Schals, Handschuhe, Hutbänder und Umhänge für die Kutscher. Ein bürgerliches Begräbnis war eine Extravaganz,[27] die leicht weit über 1000 Pfund kosten konnte, das Grab für den Sarg noch nicht mitgerechnet.

Kein Wunder, dass Charles Dickens, als er 1870 starb, sich in seinem letzten Willen gegen dieses gewichtige Ritual wehrte. In seinem Testament hieß es, er wolle »auf günstige, schlichte und streng private Weise beerdigt werden; dass keine öffentliche Bekanntmachung über Zeit oder Ort meiner Beerdigung getätigt werde; dass höchstens drei einfache Trauerwagen eingesetzt werden; und dass diejenigen, die meiner Beerdigung beiwohnen, kein Tuch, keinen Umhang, keine schwarze Schleife, kein langes Hutband oder andere derartig empörende Absurditäten tragen«.[28] Wurde seinem Wunsch entsprochen? Nein, Tiny Tim, natürlich nicht. Dickens wurde gegen seinen letzten Willen im Poets' Corner der Westminster Abbey beigesetzt. Sein Grab wurde drei Tage lang offen gelassen, damit jedermann/jedefrau es besichtigen konnte. Er galt als eine zu bedeutende Persönlichkeit des öffentlichen Lebens, als dass er in seiner Heimatkathedrale in aller Stille beigesetzt worden wäre, wie

---

27 Tagelang Särge ausstatten, und jetzt ab auf den Friedhof damit! *Geist, husch davon*. (Ich würde mir auf jeden Fall ein Geister-*RuPaul's Drag Race* (AdÜ: US-Talent-Show, in der der nächste US-amerikanische Drag-Superstar gekürt wird) ansehen, und ich bin mir ziemlich sicher, dass ich da nicht die Einzige wäre).

28 https://theconversation.com/charles-dickens-newly-discovered-documents-reveal-truth-about-his-death-and-burial-130079.

er es festgelegt hatte. Die Viktorianer:innen wussten um die Macht eines Begräbnisses, um die Aussagekraft eines Todesrituals über den Einfluss und den Status des/der Verstorbenen (ein Thema, das uns auch heute noch sehr beschäftigt).

Diese Besessenheit von korrekten Ritualen und vorgeschriebener Trauerkleidung bedeutete, dass es für Familien mit geringem Einkommen eigentlich nicht möglich war, die Erwartungen zu erfüllen. Es wurden Bestattungsvereine gegründet, in denen Familien jede Woche ein paar Pennys beiseitelegten und diese dann mit denen anderer armer Familien zusammenwarfen, um sicherzustellen, dass zu gegebener Zeit eine angemessene Beerdigung durchgeführt werden konnte. Diese Ersparnisse hatten Vorrang vor Lebensmitteln oder Miete, denn ein Armenbegräbnis bedeutete, dass die Seele auf ewig umherwandern musste und im hundertprozentig sicheren Jenseits keinen Frieden finden würde.

Die viktorianischen Regeln erstreckten sich auch auf die Zeit, in der man Trauerkleidung tragen musste, eine Zeit, die je nach Beziehung zum/zur Verstorbenen variierte.[29] Von Witwen wurde erwartet, dass sie zwei Jahre lang Schwarz trugen. Gwendolen hätte zwölf Monate lang nicht an der Gesellschaft teilnehmen dürfen, da die erste Phase der tiefen Trauer ein Jahr und einen Tag nach dem Tod ihres Mannes dauerte. Erst danach konnte sie in die zweite Phase der Trauer übergehen, in der sie ihren schwarzen Schleier abnehmen und sich vielleicht erlauben konnte, Grau oder – *nach-Luft-schnap-

---

29 Im Jahr 1861 brach Königin Victoria mit dieser Regel und verwandelte die Pause bis zu ihrem Tod im Jahr 1901 in »Ewige Trauer«, obwohl sie (Fun Fact) darum bat, in Weiß beerdigt zu werden – ich denke, wir alle brauchen nach einer Weile eine Abwechslung.

pend-und-am-Spitzentaschentuch-schnuppernd* – Violett zu tragen. Die zweite Phase dauerte neun Monate und wurde von einer dreimonatigen Halbtrauer gefolgt. Wäre Gwendolen aus finanziellen Gründen gezwungen gewesen, in diesen zwei Jahren erneut zu heiraten, hätte sie bereits am Tag nach der Hochzeit wieder in die Trauerphase eintreten müssen. Was für eine Spaßbremse für die nächste Ehe. (»Ja, ich liebe dich auch, Darling, aber erinnerst du dich an Gordon, meinen ersten Mann? Oh, er war reizend. Ich habe sein Haar hier, wenn du es sehen willst, Darling. Darling?!«)

Die Viktorianer:innen hatten feste Trauerzeiten für *alle* deiner Angehörigen: »für Kinder, wenn sie über zehn Jahre alt sind, sechs Monate bis zu ein Jahr; für Kinder unter diesem Alter drei bis sechs Monate; für Säuglinge sechs Wochen und mehr«.[30] Für Brüder und Schwestern sechs bis acht Monate; für Onkel und Tanten drei bis sechs; für Cousins und Cousinen oder angeheiratete Onkel und Tanten sechs Wochen bis drei Monate; für entfernte Freund:innen oder Verwandte drei Wochen und mehr. So präzise, als ob man Trauer in Wochen und Monaten messen könnte. Wir wissen, dass das nicht möglich ist, wir wissen, dass es absurd ist, von jemandem zu erwarten, dass er/sie sich an einen so strengen Kodex hält, aber haben wir ihn abgeschafft oder auch nur die Bedingungen erweitert?

Wir leben immer noch mit einer »angemessenen Dauer der Trauer« – einem amorphen Datum nach dem Tod, nach dem wir (durch höfliches Lächeln oder Themenwechsel)

---

30 *The Workwoman's Guide: Containing Instructions to the Inexperienced in Cutting Out and Completing Those Articles of Wearing Apparel, &c.* … , Simpkin, Marshall & Co., 1838, S. 122.

ermutigt werden, nicht mehr darüber zu sprechen. Es gibt einen Punkt, an dem die Gesellschaft von uns verlangt, dass wir unsere Betroffenheit nicht mehr so deutlich zeigen. Dieser Zeitpunkt wird nicht mehr starr auf einem Kalender vermerkt, aber wie jede/jeder Trauernde bestätigen kann, ist es für Außenstehende oft eine Überraschung, dass man nach einem Jahr »immer noch« traurig ist. Dann wird man sanft überredet und zu einem Punkt hingeleitet, an dem man sprechen kann, ohne dass einem sofort die Tränen kommen (»Ach ja, so traurig … Aber er hatte ein gutes Leben … Er hätte gewollt, dass du wieder glücklich bist …«, und so weiter). Dies sind die letzten Überbleibsel der viktorianischen Trauer. Wir verurteilen Trauernde, die sich weigern, ihre Trauer zu unterdrücken, weil vor 150 Jahren jemand aufgeschrieben und festgehalten hat,[31] wie lange diese Trauer dauern sollte, neben der Länge eines schwarzen Seidenhutbandes, und beides wurde als gleich wichtig angesehen.

REVEREND RICHARD COLES
Man hat das unbestimmte Gefühl, dass es schlechtes Benehmen ist, wenn man nicht die flotte, muntere Person ist, oder? … Ich glaube, es gibt eine Art Ungeduld mit der Trauer, weil sie langweilig ist. Trauern ist langweilig. Leid ist langweilig.

KAYLEIGH LLEWELLYN
Ich wollte Normalität, ich wollte wieder lachen und mit meinen Freund:innen im Pub sitzen, und ich machte mir

---

31 Vermutlich ein Mann. Tut mir leid, Leute, aber wahrscheinlich ist es so.

so viele Gedanken darüber, was die Leute von mir denken würden, wenn sie wüssten, dass ich so viele Todesfälle hinter mir habe, und mich dann im Pub lachen sehen. Sie würden mich für kalt halten, sie würden denken, dass mir die Menschen egal sind, sie würden mich für herzlos halten, sie würden mich für verrückt halten …

Wir haben ein Gespür dafür, wann die Gesellschaft der Meinung ist, dass wir »weitermachen« sollten – wir spüren es auf jeden Fall, wenn wir unser emotionales Konto in der Gesellschaft überzogen haben. Wir alle wissen von Natur aus, wann Tränen peinlich sind und hastige Entschuldigungen zur Folge haben, anstatt uns zu erlauben, ohne Schuldgefühle in Tränen auszubrechen. In der Trauer schämen wir uns für unsere Gefühlsausbrüche wegen »nichts« – aber ist es denn nicht in Ordnung, bei Sainsbury's zu weinen, weil einem der Lieblingsjoghurt der Verstorbenen begegnet ist? Weil es ihr Lieblingsjoghurt war, sie aber tot ist und man ihn nicht mehr kaufen kann, ohne sich dämlich zu fühlen. Ist das nicht menschlich? Dass einem die Tränen kommen und über die Wangen laufen, weil … man eben trauert. Weil jemand gestorben ist und nicht mehr da ist.

Wir können uns nicht aussuchen, wann diese Momente eintreten, wir können sie nicht für eine private Sphäre aufsparen. Dürfen wir es uns erlauben, ein Häufchen Elend zu sein, wenn die Welt möchte, dass wir im vierten Gang loslegen? Wenn wir wegen einer Kleinigkeit weinen und jammern, dann ist es eben so; manchmal sind es die kleinsten, alltäglichsten Dinge, die uns aus der Fassung bringen. Wenn wir Jahre später und ohne erkennbaren Grund immer noch das heftige Brennen unseres Kummers spüren, ist das in Ordnung. Wenn wir an einem Krankenhausbett oder bei einer Beerdigung über die Absurdität des Ganzen lachen, ist das keine Respektlosigkeit, sondern Schock und Verwirrung und manchmal auch die schlichte Freude über die sehr realen Dinge, die einfach geschehen, während ein Mensch stirbt oder gestorben ist.

Das kulturelle Bild einer ordentlichen Beerdigung, einer würdigen Witwe, eines respektvollen Gottesdienstes – so hat sich Trauer nicht immer abgespielt. Es ist in Bezug auf die britische Geschichte ein relativ neues Phänomen, dass man erwartet, wie sich Trauer zu verhalten hat. Und es sind genau diese Erwartungen, die zu Scham im Zusammenhang mit Trauer führen können – Scham darüber, dass man nicht so schnell weitermachen kann, wie andere es erwarten, dass man nicht so traurig ist, wie man sein sollte, dass man lacht, bevor andere meinen, dass man in der Lage sein sollte, Freude zu empfinden – alles Ansichten, die daher rühren, dass man Trauer als einen festen Zustand und nicht als eine individuelle Erfahrung betrachtet. Welche Befreiung könnten wir erleben, wenn wir uns von dieser Vorstellung einer festen Trauer lösten, einer Trauer, die sich nicht mit uns entwickelt hat?

Trauer ist kein Selbstläufer. Sie lässt sich nicht in Phasen oder Jahreszeiten einteilen. Wir verlieren unsere Trauer aus den Augen, wenn wir nach dem suchen, was richtig, was moralisch ist oder was von uns erwartet wird. Und wenn wir unsere Trauer aus den Augen verlieren, verlieren wir uns selbst aus den Augen, was wir wirklich fühlen; was uns schwerer verstehen lässt, wie wir ein Leben um den Schmerz herum aufbauen können.

Man könnte jedem/jeder Trauernden heutzutage nachfühlen, wenn er/sie sich nach einer Zwangstrauerzeit sehnte. Es wäre doch schön, der Welt zu sagen, sie solle einen ein Jahr lang in Ruhe lassen, oder? Aber das Problem mit dieser »Regel« ist natürlich ihre angeborene Herrschsucht. Wenn man die Trauerzeit einschränkt, bleibt kein Raum für Flexibilität. Die Regel legt fest, dass die Trauer für alle gleich sein muss. Eine Vorschrift, die besagt, dass man ab heute wieder lächeln darf, ist natürlich absurd. Trauer verhält sich nicht so. Wenn wir doch nur versprechen könnten, dass das erste Jahr hart ist und danach alles halb so schlimm wird. Der viktorianische Impuls zu regeln, zu messen, hat für sie als Ingenieure und Industrielle gut funktioniert, aber die Trauer verhält sich nicht wie eine Brücke oder eine Eisenbahn.

*

Dennoch gibt es Elemente des viktorianischen Modells, für die wir eine gewisse Nostalgie empfinden können. Es entstand eine Gesellschaft, die die Trauer hochhielt. Trauer wurde mit besonderer Kleidung, besonderem Vokabular und Briefpapier bedacht. Es war eine Gesellschaft, die verstand, dass Trauer ein wirklich schmerzhafter Prozess ist, der Raum und Symbolik braucht. Heute haben wir die Formalitäten, die diesen Symbolen einen Sinn gaben, über Bord geworfen. Man schickt uns Blumen, und wenn die Blüten verblüht sind, erwartet man, dass sich auch unsere Gefühle verändert haben. Wir tragen in aller Regel keine schwarzen Armbinden mehr;[32]

---

[32] Natürlich gibt es Ausnahmen: Schwarze Armbinden werden immer noch regelmäßig bei Sportveranstaltungen und militärischen Zeremonien ge-

andere Menschen haben also keine Ahnung, dass wir trauern oder leiden. Wir hüllen unser Haus nicht in schwarzen Krepp und Schmerz und mieten »Mutes«, die stummen Klagenden. Die übrige Welt hat keine Ahnung, wen wir verloren haben und wie lange das her ist. Wir haben uns wohl das Urteilsvermögen der Viktorianer:innen bewahrt, aber wir haben ihren großen Sinn für Trauer abgelegt, die Ehrfurcht vor und das deutliche Signalisieren von Trauer, das uns jetzt helfen könnte.

Der Wunsch, der Welt mitzuteilen, dass es einem heute nicht gut geht, kam in Gesprächen mit Gästen in meinem Podcast immer wieder zur Sprache. So viele von uns (mich eingeschlossen) konnten sich an eine Zeit erinnern, in der wir uns wünschten, die Menschen hätten gewusst, dass wir noch trauern, ohne dass wir es ihnen hätten sagen müssen. Wir haben so viel darüber gesprochen, dass sich eine sehr brillante Künstlerin, Camille Bozzini, bei mir gemeldet hat. Sie wollte Anstecker entwerfen, die wie eine schwarze Kreppschleife an der Haustür funktionieren sollten, etwas, was die Welt wissen lässt, dass man trauert. Wir arbeiteten zusammen an vier Entwürfen. Der erste war ein runder Anstecker mit der Aufschrift »Please be kind, I'm grieving« (Bitte seid nett, ich trauere), eine Hand, die nach einer anderen greift, in Pastellfarben; der zweite zeigte ein Gespenst mit einem Hut, auf dem oben »DDC« (Dead Dad Club – Club der toten Daddys) und unten »I'm in the Club« (Ich bin im Club) stand. Ein dritter zeigte

---

tragen. Sie sind nach wie vor präsent, und ich denke, die meisten von uns erkennen ihre Bedeutung, ohne jemals selbst getragen zu haben. Aber die Idee, nach dem Tod eines Familienmitglieds eine solche Armbinde zu tragen, wenn man zum Einkaufen geht, ist nicht mehr das Erste, was uns in den Sinn kommt, wenn wir uns an jemanden erinnern und ihn ehren wollen.

ein Gespenst mit einer Blume auf dem Hut und der Aufschrift »DMC« (Dead Mum Club – Club der toten Mums) – »I'm in the Club«. Schließlich gab es noch einen wunderschönen, einfachen Blumenkranz mit der Aufschrift »I'm in the Club«. Später fügten wir noch einen DSC-(Dead Sibling Club – Club der toten Geschwister) und einen DPC-Anstecker (Dead Partner Club – Club der toten Partner) hinzu.

Diejenigen, die die Symbolik der Anstecker verstanden, konnten dem/der Träger:in die Hand reichen und sagen: »Mir geht es genauso, es tut mir leid, ich hoffe, heute ist ein guter Tag.« Die Anstecknadeln waren jedes Mal ausverkauft, wenn wir eine Serie davon auflegten. Ich habe sie in die ganze Welt verschickt. Eine Lehrerin kaufte 30 Stück, um in der Schule einen Vorrat für alle Schüler:innen zu haben, die sie brauchten. Eine Zuhörerin mailte, dass sie in einem Zug auf dem Weg nach Brighton gesessen hatte und einem Mitreisenden der Anstecker mit dem Blumenkranz aufgefallen war, den sie trug, und sie kamen ins Gespräch über ihre Verstorbenen – es kam zu einem Austausch über ihre Trauer, nur wegen des Ansteckers. Wir hatten ein Accessoire geschaffen, mit dem diejenigen, die es wünschten, stolz sagen konnten: »Ich trauere. Ich schäme mich nicht, ich werde das nicht verstecken, es ist ein wichtiger Teil von mir.«

Zuerst war ich überrascht, wie viele Leute einen Anstecker wollten, wie viele Nachrichten ich erhielt, in denen die Menschen um Nachschub baten. Und dann erinnerte ich mich daran, wie gern ich selbst einen solchen Anstecker gehabt hätte. Wie sehr ich mir wünschte, dass die Gesellschaft stärker darauf aufmerksam gemacht worden wäre, wie dünn meine Haut an bestimmten Stellen war. Im 21. Jahrhundert gibt es nur noch so wenige Symbole, so wenige großartige viktorianische Möglichkeiten, um zu sagen: »Ich fühle mich gerade ziemlich beschissen.« Ich bin sicher, dass es im 19. Jahrhundert viele Witwen gab, die sich ihrer Berge von Trauerröcken entledigen wollten, aber ich bin auch sicher, dass es Witwen gab, die sich damit trösteten, dass die Welt in diesem Moment nicht mehr von ihnen erwartete als Melancholie. Als Gwendolen ihr Leben in Schwarz gehüllt lebte, hat vielleicht jemand in einem Geschäft mehr darauf geachtet, ihren Blick zu erhaschen und zu lächeln; ein Freund machte sich vielleicht die Mühe, ihre Hand zu drücken, als sie sich trennten, weil sie verdammt noch mal wussten, dass dies ein trauernder Mensch war.

Hinter jeder Bestellung für einen Anstecker stand dieselbe Geschichte – die Sehnsucht, dass Trauer öffentlich zur Kenntnis genommen wird, ohne dafür weinen oder schreien zu müssen. Als ich die Nachrichten las, eine nach der anderen, wurde mir die außergewöhnliche Verbundenheit zwischen all diesen Menschen auf einmal so klar – dass es sich eben nicht um bloßen Handel oder »nur« um einen Anstecker handelte. Es war ein starkes Symbol für den »Club«, eine physische Verkörperung des Gefühls, in der Trauer nicht allein zu sein.

Unsere Trauer ist das, was wir von der Person zurückbehalten haben. Es ist der Beweis für sehr vieles. Dafür, wie wir sie geliebt haben, wie wir mit ihr gemeinsam gekämpft haben, welche Verletzungen wir erlitten haben, welche Liebe wir noch immer empfinden. Unsere Trauer verdient einen Platz in unserer Gesellschaft. Einen Raum, nicht etwa morbide, beängstigend oder kontrolliert, sondern eine moderne Manifestation dessen, was die Viktorianer:innen wussten: dass Trauer Zeit braucht. So viele meiner Gäste sprachen von dem Gefühl der Frustration, der Wut, dass die Menschen nicht wissen, wie man sich fühlt, dass sie nicht wissen, dass man trauert.

SIMON THOMAS
TV-Moderator und Autor. Simons Frau Gemma starb 2017 sehr unerwartet und schnell an Blutkrebs.
Ich erinnere mich noch lebhaft daran, wie ich dieses Schnellrestaurant betrat und sich das normale Alltagsleben direkt vor mir abspielte: der Lärm von Kindern, die sich um diese ätzenden Bildschirme stritten, die sie bei McDonald's ins Mobiliar eingearbeitet haben, das Brutzeln der Fritteuse, einfach die Szenen und Geräusche eines normalen Freitagabends.

Aber für mich war es ein absoluter Affront. Es war ein öffentlicher Affront, den ich empfand, denn ich befand mich innerlich an dem verwirrendsten, kaputtesten, schrecklichsten, beängstigendsten Ort, den ich je »betreten« habe, und doch war es ein normaler Freitagabend in einem McDonald's, und ich war so kurz davor loszuschreien. Ich war haarscharf davor, einfach zu brüllen: »Was zum Teufel ist los mit euch?«

Es ist so leicht, sich in der Trauer isoliert zu fühlen. Untersuchungen des Gehirns haben gezeigt, dass der Bereich, der aktiviert wird, wenn man depressiv ist, auch der Bereich ist, der aktiv ist, wenn man trauert. Trauer isoliert dich physiologisch von allen anderen – das Gefühl, dass niemand dich versteht, dass niemand versteht, was du durchmachst, ist real. Genau das sagen deine Gefühle dir, und in gewisser Weise haben sie recht. Niemand versteht die völlig einzigartige

Natur deiner Trauer. Diese Trauer ist etwas ganz Einzigartiges für dich und diesen einen Menschen; deine Beziehung zu diesem Menschen war wie keine andere, und auch deine Trauer ist völlig anders als die aller anderen.

Es ist leicht, sich auf die Absurdität der viktorianischen Traueretikette zu konzentrieren, und doch betonten ihre Regeln, Vorschriften und Kontrollen ständig, wie wichtig der Tod war. Heute können wir erkennen, wie hilfreich es wäre, der Trauer in der Gesellschaft einen Raum zu geben, in dem man, wenn man gefragt wird, wie es einem geht, ohne Verlegenheit sagen kann: »Ich trauere.« Damit die anderen verstehen, was das bedeutet. In gewisser Weise finde ich es schade, dass wir keine schwarzen Schleier, keine schwarzen Schleifen an den Haustüren, keine von allen Leuten respektierte Trauerzeit mehr haben, die der Trauer Ehre erweist. Ich möchte, dass die Menschen wissen: »Er ist tot, er ist gestorben. Ich bin noch da, ich stehe noch aufrecht, aber meine Trauer ist noch da, sie ist Teil meiner Geschichte.« Ich möchte anderen Menschen die Hand reichen, wenn ich sehe, dass sie ebenfalls trauern, und sagen: »Ich auch, ich bin auch einen Weg gegangen, der dem deinen sehr ähnlich ist, und ich habe einige der schlimmsten Abschnitte überstanden. Du kannst mir den Namen der Verstorbenen sagen, du kannst weinen, du kannst in Trauer sein – und ich werde bleiben. Ich werde zuhören. Ich weiß, dass es einen Club gibt, und ich bin ein stolzes Mitglied davon.«

Lassen wir die Schuldgefühle, die Scham, die »Trauertermine« und die starren Regeln beiseite,[33] aber behalten wir

---

33 Aber wir sollten den Trauerpudding beibehalten – das hört sich doch ziemlich gut an.

die Bedeutung unserer Tode und unserer Trauer bei. Teilen wir anderen Menschen mit, dass wir jemanden kannten, dass wir jemanden geliebt haben und dass er/sie gestorben ist. Heute ist ein Jahrestag, heute ist ein Geburtstag, heute ist einfach ein Tag, an dem ich die Verstorbenen vermisse. Wenn wir uns einen gewissen Freiraum für unsere Trauer gönnen, können wir die Scham verlieren, etwas »falsch« oder »unangemessen« zu tun. Wir können barmherziger sein, als es die Viktorianer:innen waren – um über einen Stichtag hinaus zu trauern, um so lange zu trauern, wie wir es brauchen.

Springen wir also aus der Kutsche und picken wir uns das heraus, was heutzutage und jetzt für uns funktioniert, was nützlich ist. Lasst uns »laut« trauern. Niemand soll sagen: »Es ist zu viel, es ist zu lange her, die Zeit ist um.« Wenn Gwennie zwei Tage nach der Beerdigung lächeln, sich die Haare blond färben und nach Paris ziehen will, dann nur zu, Gwennie. Trauer zeigt sich in unserem Leben auf außergewöhnliche Weise. Je eher wir aufhören, irgendetwas von ihr zu erwarten, und stattdessen anfangen, auf das zu hören, was sie von uns braucht, desto leichter wird es für uns werden, sie zu tragen.

Immer weiter, immer weiter

Trost
Weichgekochtes Ei. Auf dem Boden liegen. Waschmaschine beobachten.
(aus meinem Tagebuch, das ich bei Miss Selfridge kaufte, 18. Oktober 2000)

Ich glaube, es ist Nacht, draußen ist es dunkel, aber es könnte auch einfach nur Winter sein. Ich bin in der Küche meiner Mutter, oder meiner Küche, die sie damals noch war. Sie hatte sie noch nicht umgebaut. Sie hatte die Wand noch nicht eingerissen, was sie schon immer vorgehabt hatte. Was sie schließlich tat, Jahre später. Danach fühlte es sich nicht mehr wie unser Haus an, es wurde zu ihrem Haus.

Seit wir 1989 eingezogen waren, hatte sie nichts verändert, außer dem Fußboden. Beigefarbenes Linoleum mit weißer Umrandung, um schicke braune Marmorfliesen anzudeuten, was nicht gelang. Sie hatte einen billigen Zuschnitt gekauft, der nicht in den Raum passte und eine Blase mit Überschuss produzierte, die schließlich in sich zusammensank und rissig wurde; sie bildete eine große Verwerfungslinie quer über den Boden.

Mum und ich essen im Moment nicht wirklich etwas. Ich will nichts essen, es ist, als ob mein Magen nur Kummer und Traurigkeit verdaut, und Essen ist ein Extra, das er nicht verträgt. Das Einzige, was mein Magen verträgt, ist Tomatencremesuppe von Heinz. Abends teilen wir uns eine Dose dieser tomatenroten Köstlichkeit und ein getoastetes, in zwei Hälften geschnittenes Brötchen. Ich belege meine Hälfte mit Schinken und meine vegetarische Mutter ihre mit Käse und laktosefreiem Aufstrich (obwohl niemand in unserem Haus allergisch auf Milchprodukte reagiert). »Das ist ja noch erträglich«, denke ich, während ich esse. Ich weiß, dass ich irgendwann mal knapp über 44 Kilo gewogen habe, denn ich stelle mich aus Neugier auf die Waage und stelle fest, dass das nicht viel ist. Aber ich fühle mich nicht wie ein normaler Mensch, also ist das in Ordnung. Ich bin nicht magersüchtig, aber ich erkenne die Gefahr, dass ich mich zu stark in Richtung Selbstkontrolle bewege und die Ruhe genieße, die ich empfinde, wenn ich nichts esse und mir erlaube, mich von meinen Gefühlen auffüllen zu lassen statt von Nahrung. Ich spüre, wie ich immer mehr dazu neige, die Antworten im Hunger zu suchen, anstatt mich meinem Schmerz zu stellen.

Draußen ist es dunkel. Ich bin in der Küche, aber es gibt keine Suppe, also koche ich ein Ei in unserem Eiertopf. (Man weiß den elterlichen Eiertopf erst dann richtig zu schätzen, wenn man von zu Hause auszieht und feststellt, dass man einen braucht und keinen hat.) Der Topf meiner Mutter ist mit einem braunen und gelben Retro-Blumenmuster aus den 1970er-Jahren verziert. Sein einst schwarzes Inneres ist fast weiß vom vielen Eierkochen. Ich gieße Wasser in den Topf. Ich koche ein Ei. Dann stelle ich fest, dass die Waschmaschine an ist. Sie schleudert und dreht sich im Kreis, immer im Kreis – das liebe ich. Ich gieße kaltes Wasser über das Ei, schäle die zerbrechliche Schale, ziehe die Haut ab und lasse mich dann auf den Boden gleiten. Ich liege auf dem Boden, sehe zu, wie sich die Wäsche im Kreis dreht, und esse mein Ei – so glücklich war ich schon lange nicht mehr.

Damals wusste ich nicht, warum, aber jetzt weiß ich, dass es daran lag, dass ich nicht nachdachte. Zum ersten Mal seit Langem hatte mein Gehirn eine Pause eingelegt. Die Waschmaschine war besser als eine Soap, es gab nichts, womit ich mich identifizieren konnte, was mich in den Bann gezogen oder aufgeregt hätte, nur einen gläsernen Kreis, der sich ständig bewegte, der sich drehte und drehte, der Dinge reinigte und inmitten all des unerträglichen Schmerzes etwas zustande brachte.

Um Gottes willen, lasst uns auf dem Boden niedersitzen
und traurige Geschichten über den Tod von Königen er-
zählen.[34]
Richard II.

(*Ich bin mir sicher, er tat das nicht mit einem gekochten
Ei; hätte sich aber vielleicht besser gefühlt, wenn er es getan hätte.)

Siebzehn

Ich bin siebzehn, als ich einen Wochenend-Selbsthilfekurs
belege. Ich komme aus einer Familie, in der Selbsthilfekurse
ziemlich beliebt sind. Meine Eltern liebten Selbsthilfeseminare. Wir haben immer Familienseminare besucht. Einmal
ließen sie sich auf eine Selbsthilfetherapie-Organisation ein,
die so fragwürdig war, dass sie von der *Daily Mail* als Sekte
bezeichnet wurde. Sie redeten gern, arbeiteten die Dinge
durch und besprachen sie mit Leuten, die in LA ausgebildet
worden waren. Ich bin dazu erzogen worden, zu reden, zu
analysieren und Verantwortung für mich selbst zu übernehmen, selbst in der Trauer. Ich bin dazu erzogen worden zu
denken: »Was kann *ich* tun? Wie kann ich das in Ordnung
bringen?«

Meine Mutter macht einen Wochenend-Selbsthilfekurs
mit dem Titel »Erkenntnis«. Ich beschließe, daran teilzuneh-

---

34 William Shakespeare, König Richard II., 3. Akt., 2. Szene.; dt. von Hanno
Bolte et al., Reclam, Stuttgart 1976; englisch-deutsch

men, weil es so aussieht, als könnte es … alles in Ordnung bringen (den Kummer und auch mich).

Es sind zwei Abende und ein ganzes Wochenende in einem großen Konferenzraum in Primrose Hill. Ich bin umgeben von verlorenen Seelen, liebenswerten, freundlichen, verlorenen Seelen. Alle möglichen Arten von Verlorenheit. Sie sind viel älter und versuchen, Antworten auf all die Fehler und Risse zu finden, die ihnen im Leben widerfahren sind. Ich bin die Jüngste, abgesehen von einem anderen Mädchen, das sechzehn ist und sehr unter dem leidet, was das Leben ihm zugemutet hat. Die anderen Teilnehmenden staunen über uns, die Teenagerinnen: Was für ein Glück für uns, dass wir *jetzt* Antworten fänden; wie sehr sich unser Leben verändern würde! Aber wir sind gebrochene Mädchen. Sie ist mit Narben von Selbstverletzungen übersät, ich bin innerlich voller Selbsthass. Wir sind gebrochene Mädchen mit einer Zukunft, meinen die anderen wohl.

Wir sprechen über Gefühle im Zusammenhang mit Liebe, Freude, Erfolg, Geld, Angst, Ablehnung, Hoffnung – was das alles bedeutet. Die Leiterin hatte Krebs, aber jetzt hat sie keinen mehr, und sie wollte schon immer einen roten Sportwagen, und sie hat darüber nachgedacht, und jetzt hat sie einen. Es klingt albern, aber Albernheit ist nicht im Raum; es ist ein Raum, der vor Hoffnung strotzt, der vor Hoffnung geradezu überquillt. Das erinnert mich an meinen Vater. Er war so hoffnungsvoll. Er hatte eine Energie, die schien, als würde sie irgendwohin führen – es war nicht sicher wohin, aber irgendwohin, wo es interessant war.

Ich spreche mit der Gruppe nicht wirklich über meine Trauer. Ich sage: »Mein Vater ist gestorben«, und ich wechsle das Thema – auf die Hoffnung, die wunderbare Hoffnung. Was werden wir jetzt tun? Jetzt, wo wir alle wissen, wer wir sind?

Am Montag in der Schule erzähle ich meiner besten Freundin die Neuigkeit: »Ich bin geheilt! Ich weiß, ich habe die Antworten!«

»Du siehst auch so viel besser aus«, sagt sie.

»Mir geht's auch besser«, denke ich, »ich bin darüber hinweg!«

Endlich. Ich bin über seinen Tod hinweg, und es geht mir gut, das ist eine große Erleichterung. Ich bin durch damit. Dieses Trauerding ist endlich vorbei, und ich kann mich entspannen und ein Leben führen. Ich bin überglücklich. Ich bin durch damit.

Ich habe eine Kerze für dich angezündet

Ich habe in Polen eine Kerze angezündet,
In Wien,
In der Tschechischen Republik,
In Brasilien,
In Rom,
In Venedig,
In Verona (viel Auswahl in katholischen Ländern).
Ich habe eine Kerze an einem Schrein in Indien angezündet,
Ich habe eine Kerze in der Kathedrale in Paris angezündet,
In einer schlichten Kirche in Norwegen,
In einer kleinen Kirche in Schweden,

In London, in der Kirche, in der deine Beerdigung stattfand,
In Kirchen, die auf angelsächsischen Grabstätten und römischen Tempeln errichtet wurden,
In Christopher Wrens gotischen Hinterlassenschaften überall in der Stadt habe ich sie angezündet.
In Spanien,
In Liverpool,
In Ungarn,
In Tunesien,
In New York habe ich sie angezündet. Kleine weiße Wachskerzen.
Ich zahlte 20 Pence, 50 Pence, 1 Euro, 1 Dollar, 1 Diram, ich steckte alle Münzen, die ich hatte, in den Geldbehälter und entzündete die Flamme der anderen Kerzen, die anderen Erinnerungen.

Ich drückte sie fest in den Halter. Ich habe sie so hineingedrückt, dass niemand es wagen wird, sie zu bewegen.
Ich habe sie für dich angezündet. Um zu sagen: »Er war hier. Er war verdammt noch mal hier.«

Diese Kerzen erlöschen, aber sie waren hier, ich weiß es, weil ich sie angezündet habe.

Kapitel 3:
Modernes Trauern

Wie trauern wir heute?

Wo stehen wir heute mit der Trauer? Wie passt die Trauer in unsere digitale Welt? Hat sie sich durch die Weite des Internets verändert, durch die unzähligen Möglichkeiten, das Abbild einer Person zu erfassen und aufzuzeichnen, oder durch die Tatsache, dass ein Social-Media-Profil auch nach dem Tod der Person weiterleben kann? Was bedeutet es, um jemanden zu trauern im Zeitalter von R.I.P.-Trollen, Facebook-Gedenkseiten und von Kanye, der ein Hologramm von Kims totem Vater als Liebesgabe erstellt?[35] (AdÜ: Der US-amerikanische Rapper Kanye West war zeitweilig mit Kim Kardashian liiert.)

Zuerst bin ich durch *Griefcast* auf diese neue Welt der Trauer aufmerksam geworden. Digitale Trauernde (wie ich sie nenne) luden mich hin und wieder ein, auf ihr Handydisplay zu schauen, um mir das Foto ihrer verstorbenen Person zu zeigen, als ob das normal wäre. Ich sage das so, wie nur ich, eine analoge Trauernde, es sagen kann. Mein Vater starb 1998, als das Internet noch nicht die Welt war, in der wir lebten, fünf Monate, bevor Google gegründet wurde, sechs

---

35 Wenn du nicht weißt, wovon ich spreche, schau es dir an, denn es ist wirklich zu seltsam, um es zu beschreiben.

Jahre vor Facebook, sieben Jahre vor YouTube. Wir sind auf einen neuen Planeten umgezogen, von dessen Existenz er nicht einmal ahnte.

Offiziell zählt mich mein Geburtsjahr zu den Millennials, aber da ich in den frühen Achtzigern geboren wurde, stehe ich mit einem Bein im Metaversum und mit dem anderen auf dem lauten, klobigen Planeten der Verbindungsaufbaumodems. Ich erinnere mich noch an das Leben vor den sozialen Medien, ich erinnere mich noch daran, dass ich vom Konzept des kabellosen Internets überwältigt war (ich lief mit einem Laptop durch mein Haus und rief: »Hier habe ich immer noch Empfang!«). Ich bin ein Relikt aus dem 20. Jahrhundert. Ich wurde in die Welt von VHS, Kassetten und handgeschriebenen Briefen hineingeboren. Meine Trauer ist nicht in der digitalen Sphäre gespeichert. Für mich sind die Gegenstände und Erinnerungen, die meinen Vater präsent halten, nur physisch vorhanden – ein Glaspilz, den er mir im Urlaub geschenkt hat, ein Polaroid von mir auf seinen Schultern, eine Festnetztelefonrechnung mit der Aufschrift »Wir müssen reden! Dad x«, mit seinem großen, geschwungenen D, geschrieben mit Filzstift. Mein Kummer ist altmodisch, mechanisch, veraltet. Wenn man den Namen meines Vaters googelt, findet man nichts.

Ich habe noch einmal gegoogelt, als ich dieses Buch schrieb, um sicher zu sein. Ich habe an mir selbst gezweifelt. Vielleicht ist er in dieser anderen Welt, in der wir jetzt alle leben, noch da? … Aber nein. Sein Leben und mein Kummer sind nur in analogen Erinnerungen enthalten. Alles, was ich digital besitze, ist da, weil es von seinem analogen Original übertragen wurde und immer noch den Datumsstempel in roten Zahlen in der rechten Ecke hat. Er hat kein Zuhause in der digitalen Welt. Ich kann seine Textnachrichten nicht lesen und seine Sprachnachrichten nicht abhören. Seine Stimme ist ein fremdes Land; dort wird alles auf andere Weise aufgezeichnet.

Ich hatte keine Ahnung, wie altmodisch meine analogen Erinnerungen waren, bis ich anfing, mit digitalen Trauernden zu sprechen, und sie mir ihren Reichtum an Erinnerungsmöglichkeiten beschrieben. Mir wurde klar, wie viel sich seit seinem Tod verändert hatte; wie viele Möglichkeiten wir heute haben, um unsere Erinnerungen an die Toten zu horten. Diese digitalen Trauernden mussten nicht jeden Schnipsel und jedes Relikt dieser Person in ihrem Gedächtnis speichern – sie hatten ein Back-up-Laufwerk oder sogar nur ein Smartphone mit einem 32-GB-Speicher. In diesem kleinen Gerät, das sie überallhin mitnahmen, konnten sie Nachrichten, E-Mails, Text- und WhatsApp-Nachrichten, Sprachnotizen, Fotos, Videos, Social-Media-Profile und Websites speichern. Das Internet enthielt unendlich viele Fragmente der betreffenden verstorbenen Person. Vielleicht haben sie ihre Trauerreise auf einer speziellen Website oder App geteilt, sodass Freunde und Freundinnen jede Phase des Prozesses mitverfolgen und aufzeichnen konnten; oder die verstorbene Person hat möglicherweise einen Blog geschrieben oder einen Podcast aufgenommen, in dem sie erklärt, wie sie sich auf ihrem Weg zum Tod gefühlt hat. Bei so vielen Möglichkeiten, die Erinnerungen aufzuzeichnen, kann man sich entspannt zurücklehnen.

Die Fülle der Erinnerungen, die den digitalen Trauernden zur Verfügung steht, hat mich verwirrt. Ich kam mir vor wie eine alte Oma, die sich an ihren Strohhut klammert, wenn ein neumodisches Auto vorbeirast, und in den Staub ruft: »O mein Gott, die fahren ja wirklich schneller, als Pferde laufen!« Die digitalen Trauernden hatten alles: Ihre Toten (so schien es mir) waren zugänglich, verfügbar, wann immer sie sie brauchten. Ich war zutiefst neidisch auf diesen Zugang. Immer noch eine Handynummer zu haben, die man anrufen kann, um dann nur den Anrufbeantworter zu hören, eine Instagram-Seite zu besuchen, um sie lebendig zu sehen. Was sie hatten, erschien mir wie Magie. Sie hatten einen digitalen Kummer, von dem ich nur träumen konnte.

Wenn ich aber keine digitalen Überreste hatte, die ich zusammenfügen konnte, was hatte ich dann? Irgendwo im Haus meiner Mutter, in den Tiefen des Dachbodens, in einem verblassten und staubigen Karton, befand sich eine VHS-Aufnahme vom achtzehnten Geburtstag meines Bruders. Wenn ich mir die Mühe gemacht hätte, eine Leiter zu holen, auf den Dachboden zu steigen, im Stillen auf die Spinnen zu schimpfen, das Video auszugraben, bei eBay einen VHS-Player zu kaufen, ihn anzuschließen, ihn zum Laufen zu bringen und dann die Kassette einzulegen, hätte ich es abspulen und meinen Vater sehen können. Ich hätte eine verwackelte Aufnahme gesehen, die mit einem Camcorder aus den 1990er-Jahren gemacht wurde, und eine Karthalle zeigt – hundert blaue und rote Reifen, die aufgestapelt wurden, damit dieser Ort weniger aussieht wie eine umgebaute Lagerhalle beim North Circular, mein Bruder im Teenageralter und seine Freunde, die in grünen Rennanzügen fläzen, die ihnen das Gefühl geben sollen, Formel-1-Fahrer zu sein und nicht die Jungs, die sie sind. Ab und zu tauche auch ich auf. Ich bin vierzehn, und mein Haar ist flauschig und gebürstet, weil mir noch niemand gesagt hat, dass man das mit lockigem Haar nicht machen sollte. Ich lächle und freue mich, dass ich dabei bin, bei diesen großen Jungs und kleinen Erwachsenen. Die Kamera schwenkt über die Bahn, Karts rasen, krachen ineinander; Aufnahmen von einigen der Jungs, die Bier trinken und versuchen, entspannt zu wirken, aber offensichtlich begeistert sind von dieser Abwechslung von der Normalität der Londoner Vorstadt. Im Hintergrund taucht mein Vater auf, mit tiefschwarzem Haar und zurückweichendem Haaransatz, und blickt auf die Rennstrecke. Er spielt sich nicht für die Kamera auf, er albert nicht herum. Er schaut sich die Rennen an und lächelt. Manchmal tritt er gegen die Jungs an und lässt ihnen keine Chance. Am Ende der Session gibt es eine Siegerehrung, bei der die besten Ergebnisse verlesen werden, und mein Vater gewinnt. Er nimmt den ersten Platz auf einem kleinen Siegertreppchen ein, neben meinem Bruder, der auf dem zweiten Platz steht. Ein Mann, der seit seinem siebzehnten Lebensjahr Auto fährt, hat beschlossen, seinen Sohn an dessen Geburtstag zu schlagen.[36] Sie geben meinem Vater eine Flasche mit billigem Champagner, und er schüttet ihn über allen aus. Es wird gelacht und gescherzt, eine Sprache, die ich nicht ganz verstehe. Mein Vater benahm sich bei Veranstaltungen, an denen Freunde von uns teilnahmen, oft peinlich; er war der festen Überzeugung, dass es seine Aufgabe als Elternteil (und, wie es mir schien, sein Lebensinhalt) sei, seine Kinder zu blamieren. Nur haben

---

36 Falls du dich fragst, wie wettbewerbsorientiert meine Familie ist und warum ich nicht mehr Monopoly spielen darf.

mein Bruder und ich nicht darüber gelacht. Wir haben uns wirklich geschämt, wenn er es tat. Aber an diesem Tag benahm er sich den Jungs gegenüber gut, er spielte sich nicht auf. Er wirkte entspannt. Ich glaube, an diesem Tag fühlte sich sein Teenager-Ich glücklich.

Ich weiß, dass ich genau das gesehen hätte, denn schließlich bin ich auf den Dachboden gegangen und habe die VHS ausgegraben. Eine digitale Übertragung später konnte ich mir den komplizierten Besuch auf dem Dachboden sparen und den Film einfach auf meinem Laptop ansehen. Mein Vater auf einem MacBook Air, nicht einmal an ein Verlängerungskabel angeschlossen. Er hätte sich darüber sehr gefreut. Zwanzig Jahre später sah ich mir das Video an und stellte fest, dass ich mich genauso gut daran erinnerte, dabei gewesen zu sein, wie an das Video selbst. Ich hatte es mir als Teenagerin angesehen, kurz nachdem er gestorben war. Ich hatte es neben dem Fernseher gefunden, und bevor ich wusste, was ich tat, hatte ich es in den Rekorder gelegt und auf Play gedrückt. Es war schmerzhaft, ja herzzerreißend, ihn dort auf dem Bildschirm zu sehen, weil ich wusste, dass ich ihn in der Realität nicht mehr sehen konnte. Es fühlte sich fast gruselig an. Etwa ein Jahr später schaute ich es mir wieder an, als ich beim Sortieren von Videos von *Red Dwarf* und *Blackadder* seine vertraute Schrift mit Bleistift auf dem weißen Etikett einer VHS bemerkte. Danach wurden er und das Video weggeräumt. Ich wollte nicht mehr darüberstolpern. Aber es stellte sich heraus, dass ich es mir so stark ins Gedächtnis eingeprägt hatte, dass ich es bei Bedarf einfach in meinem Kopf abspielen konnte. Ich hatte jedes Detail dieses Videos verinnerlicht, denn das war alles, was ich hatte, wenn ich ihn lebend wiedersehen wollte: ihn und mich, ohne Trauer und mit Wuschelkopf.

Zuerst war ich neidisch auf die digital Trauernden, vor allem, wenn ich mein analoges Erinnerungsalbum mit ihrem verglich: das Gefühl der Galle, das in der Trauer noch extremer wird – wenn es sich anfühlt, als hätte jemand anderes *mehr* gehabt: *mehr* Zeit, *mehr* Sorgfalt, *mehr* Hoffnung, *mehr* Glück – *mehr* Erinnerungen. Aber als dieses Gefühl nachließ, konnte ich erkennen, dass das, was ich wirklich fühlte, Trauer war, ein Gefühl des Verlustes, weil ich nicht die Art von Erinnerungen hatte, die die digitale Welt erlaubte.

Ich bedaure sehr, dass mein Vater das digitale Zeitalter nie wirklich erlebt hat – er hätte es sehr geliebt. Er war besessen von Kommunikation. Er richtete in unserem Haus ein Intranet ein, damit er, mein Bruder und ich uns in einer Art Prototypversion von MSN gegenseitig Nachrichten schicken konnten. (Wir benutzten es nicht oft, riefen nur: »Tee ist fertig«, und ärgerten uns, dass wir nicht gehört wurden.) Er hatte einen Pager, ein Autotelefon, einen Palm Pilot (elektronischer Organizer) und diese seltsamen sechseckigen Magnete, die an einer Tafel klebten und mit denen man Ideen brainstormen konnte (diese Erinnerung ist mir geblieben, weil er mich eines Nachts aufweckte, um sie mir zu zeigen, als ob ich, eine verschlafene Zehnjährige im Teddybär-Nachthemd, mit ihm zusammen eine Strategie entwickeln würde). Wenn er auf WhatsApp gestoßen wäre, wäre er vielleicht regelrecht explodiert. Ich kann mit absoluter Sicherheit sagen, dass er, wenn er nach 2000 noch gelebt hätte, genau der Idiot gewesen wäre, der für jedes neue iPhone Schlange gestanden hätte. Er hätte Instagram und Twitter gehabt. LinkedIn hätte ihm wirklich Spaß gemacht.

Aber er hat es nicht ins neue Jahrtausend geschafft, und so habe ich nur die klobigen analogen Versionen unseres gemeinsamen Lebens. Ich muss mir vorstellen, wie ich auf seinen Schultern sitze und er in seinem »World Runners«-Pullover strahlt, denn das Polaroid, auf dem dieser Moment festgehalten wurde, ist so stark verblasst, dass ich es von meiner Pinnwand abgenommen habe – ich konnte nicht mehr ertragen, wie es verschwindet, wie es verfällt, was physische Gegenstände ja immer tun. Ein weiterer Verlust, ein weiterer Kummer. Manchmal stoße ich auf die alte Telefonrechnung, auf die er mir eine Nachricht geschrieben hat, und schaue sie mir einfach an. Und ich erinnere mich daran, dass wir uns über Dinge im Haushalt unterhielten und kommunizierten, nichts Besonderes – nur dass ich seine Tochter war und das Telefon zu oft benutzte. Das scheint nicht wirklich etwas Bedeutendes, aber manchmal denke ich, dass diese Banalität es kraftvoller macht als alles, was das digitale Zeitalter bieten könnte.

Ich glaube wirklich, dass es für mich weniger Gelegenheiten gibt, von Dingen gepeinigt zu werden, die mich an ihn erinnern, weil meine Trauer im Chaos einer analogen Welt verwurzelt ist. Wenn ich ihn finden will, wenn ich die Wunde öffnen will, braucht es Zeit, Mühe und eine Menge (tatsächlichen) Staub. Ich schreibe dies, um meine analogen Freunde und Freundinnen zu beruhigen, dass unsere Notlage auch Vorteile hat. Und natürlich sind unsere Erinnerungen nicht weniger gültig, nur weil sie so altertümlich sind. Erinnerungen müssen nicht virtuell, in HD- oder 4K-Qualität vorliegen, um von Bedeutung zu sein. Die Gegenstände, die dir lieb und teuer sind, die Fragmente, die du von deinem/deiner Verstorbenen gesammelt hast, sind deiner Liebe und Wertschätzung würdig. Manchmal werden sie als »Übergangsobjekte in der Trauer« bezeichnet, da sie während des Trauerprozesses eine größere Bedeutung für uns bekommen. Unsere/unser Verstorbene:r ist irgendwie darin enthalten, so wie ein Kind eine Decke hat, die es daran erinnert, dass es in Sicherheit ist. Winzige Dinge können Liebe enthalten, eine Kindheit, eine Zeit, bevor der Tod zu unserem Wortschatz gehörte. Ich habe den Glaspilz, den er mir geschenkt hat, als ich ein Kind war – grünblaues Glas mit einem regenbogenfarbenen Strudel, der aussieht wie ein Ölfleck auf der Oberfläche. Türkei? Malta? Ich erinnere mich daran, wie ich in den Laden ging, einen Tagesausflug von unserem Pauschalurlaubshotel entfernt. Ich erinnere mich daran, dass ich es zwischen den vielen Regalen mit Glassouvenirs sah und dachte, es sei das Schönste, was ich je gesehen hatte, und erzählte ihm das. Er bot mir an, es zu kaufen. Er hörte mir zu, ausnahmsweise mal konzentriert, und er kaufte es für mich. Ich war überwältigt: Jetzt besaß ich das schönste Stück der Welt. Es steht heute auf meinem Schreibtisch und erinnert mich daran: Du hattest einen Vater und wurdest geliebt. Je länger ich trauere, desto mehr wird mir klar, dass viele der Erinnerungen genau das sind: eine Erinnerung daran, dass du geliebt wurdest und dass du im Gegenzug geliebt hast, auf welch komplizierte Art und Weise das auch immer zum Ausdruck kam. Die Dinge, die ich besitze, passen wahrscheinlich in einen Schuhkarton – gerade genug, um die Erinnerung an einen toten Vater nach 20 Jahren zu bewahren. Nicht viel, aber wenn ich ehrlich bin, ist es genug.

REVEREND RICHARD COLES

Man hat diese schreckliche Angst, dass sie verblassen und man sich nicht mehr an ihre Stimme oder ihren Gang erinnert ... David liebte Eau de Cologne und hätte einen ganzen Duty-Free-Shop damit aufmachen können, und nach seinem Tod fand ich immer noch eine weitere Flasche nach der anderen. Sie stehen jetzt auf einem Regal in meinem Badezimmer, und ich nehme einen Spritzer von einem seiner Eau de Cologne, bevor ich ins Bett gehe, und irgendetwas an seiner Herbheit und auch am Abklingen des Duftes hilft mir.

Alles, was ich bei der digitalen Trauer sehen konnte, war die wundersame Fülle. Aber nachdem ich mit digital Trauernden gesprochen hatte, wurde mir klar, wie naiv es war zu glauben, »mehr« sei »besser«. Die Sprachnotizen, die E-Mails, die Profilseiten haben die Trauer ja nicht »geheilt«. Die Person war immer noch nicht da. Der Schmerz ist auch mit Likes, Reels und superschnellen Breitbandanschlüssen immer noch präsent. Als ich mit heutigen Trauernden sprach, begann ich die Komplikationen dieser neuen Welt zu verstehen. Es ist schon schwer genug, sich als lebender Mensch in den sozialen Medien zurechtzufinden, ganz zu schweigen von jemandem, der zugleich um einen Toten trauert.

NIKESH SHUKLA

Schriftsteller. Nikeshs Mutter starb 2010, als er 30 war.
Über Nacht verwandelte sich die Facebook-Seite meiner Mutter in einen Schrein von Leuten, die Nachrichten hinterließen. Sie wussten nicht, was passiert war.

Sie wussten nicht einmal, dass sie Krebs hatte, denn das war erst zwei Wochen her. Am Tag nach dem Tod meiner Mutter mussten meine Schwester und ich herausfinden, wie wir ihr digitales Leben beenden konnten, was wirklich schwierig ist. Wir mussten einen Weg finden, ihr Facebook-Konto abzuschalten, weil wir das Gefühl hatten, dass wir damit nicht umgehen konnten. All diese Emotionen waren zwar wunderbar, aber es bedeutete auch, dass wir am Tag danach plötzlich eine Menge Leute anrufen mussten, obwohl wir dazu noch gar nicht bereit waren.

ESHAAN AKBAR
Stand-up-Comedian und Podcaster. Eshaans Mutter verstarb, bevor er seine Comedy-Karriere begann.
Ich weiß ganz genau, dass ein Teil von mir meine Mutter am Leben erhält. Ein Jahr nachdem ich mit der Comedy angefangen hatte, wurde ich unter Vertrag genommen – ich hatte ein paar tolle Auftritte, tolle Gelegenheiten, Dinge, von denen ich nie gedacht hätte, dass ich sie einmal machen würde. Als ich die gute Nachricht hörte, griff ich zum Telefon, um es meiner Mutter zu sagen – sie ist immer noch unter meinen Favoriten aufgeführt –, und die Tatsache, dass ich immer noch diese sofortige Reaktion habe, bedeutet, dass es etwas gibt, was ich noch nicht ganz verarbeitet habe.

Der Begriff »Thanatechnologie« – die technologische Kontrolle über Tod und Trauer – wurde erstmals Anfang der 1990er-Jahre von der Thanatologin Dr. Carla Sofka geprägt.[37] Sie untersuchte, wie das Internet uns allmählich auf neue Art und Weise beim Trauern half. Je mehr wir ins 21. Jahrhundert eintauchen, desto mehr streiten sich die physische und die digitale Welt um den Vorrang. Das Internet ist nicht mehr nur ein Ort, den wir gelegentlich besuchen: Es ist ein Ort, an dem wir Tag für Tag leben. Wenn jemand stirbt, stirbt er in der realen Welt und in der digitalen Welt.

Kurz nachdem die Journalistin und Schriftstellerin Deborah Orr im Oktober 2019 gestorben war, löschte Twitter ihr Konto. Damit war nicht nur ihr Vermächtnis an Kommentaren auf der Plattform verschwunden, sondern auch die DMs zwischen Freunden und Freundinnen – ein jahrelanger Austausch, alberne Nachrichten, Aufzeichnungen ganzer digitaler Freundschaften – wurden ebenfalls ausgelöscht: tot, online wie im Leben. Ich habe schon früher Bücher mit Korrespondenz und Briefen verschlungen, die zwischen berühmten Menschen – Schriftsteller:innen, Wissenschaftler:innen – ausgetauscht wurden, und fand Freude daran, voller Neugier in ihre Gedanken hineinzuschlüpfen. Die Tatsache, dass diese Briefe überlebt haben, dass sie vor der Mülltonne oder dem Feuer gerettet wurden, erschien mir immer wie ein Wunder. Aber die Rettung erfolgte in der Regel durch jemanden, der/die den/die Verfasser:in kannte. In der digi-

---

37 Die Thanatologie, die Lehre vom Sterben, vom Tod, vom Verlust und von der Trauer, ist nach dem griechischen Gott Thanatos benannt, der Personifizierung des Todes (man denke weniger an schwarzen Mantel und Sense als mehr an Flügel und starke Arme). (Nebenbei bemerkt: Zur Zeit der Römer sah er eher aus wie Amor, nur mit gekreuzten Beinen und einer nach unten gehaltenen Fackel. Meiner Meinung nach ist Trauer nicht gleich Liebe, und ein auf dem Kopf stehender Amor macht viel mehr Sinn.)

talen Welt wird uns allmählich klar, wie wenig Inhalte wir *besitzen*. Erinnerungen sind zum Eigentum der jeweiligen Plattform geworden, auf der sie veröffentlicht wurden; wenn sie entfernt werden, kann man oft nur sehr wenig tun, um sie zu bewahren. Wie werden wir uns an die großen Schriftstellerinnen und Kommunikatoren des digitalen Zeitalters erinnern? Wird man in einer Museumsausstellung einfach das Twitter-Passwort eingeben und dann scrollen können?

Je mehr unser Leben digital vernetzt wird, desto mehr leben wir auf diesen Plattformen und trauern schließlich auf ihnen. Der Tod eines/einer Prominenten wird schnell von einem entsprechenden Twitter-Hashtag begleitet – so erfahren viele von uns heutzutage von einem Todesfall. Und dann das Entsetzen, wenn jemand in der Seitenleiste als »empfohlener Beitrag« angezeigt wird und man verzweifelt klickt, nur um sicherzugehen, dass der oder die Betreffende nicht tot ist. Wenn ein Todesfall in den sozialen Medien bekannt gegeben wird, bevor diejenigen, die der Person nahestanden, davon erfahren, kann das extrem schockierend und schmerzhaft sein. Dr. Sofka führt ein Beispiel aus den Vereinigten Staaten an, wo vier Highschool-Schüler bei einem Autounfall ums Leben kamen.[38] Als eine der Mütter in der Notaufnahme des Krankenhauses ankam, ohne zu wissen, was mit ihrem Sohn geschehen war, wurde sie von dessen Lehrer begrüßt. Der Unfall war in den sozialen Medien gemeldet worden, und die Mitschüler:innen hatten daraufhin eruiert, wer im Auto gesessen hatte, indem die Betreffenden ihnen als Einzige nicht zurückgeschrieben hatten. Die Namen verbreiteten

---

38 https://socialworkpodcast.blogspot.com/2017/02/digital-death.html

sich in den sozialen Medien, und viele Menschen erfuhren auf diese Weise, wer gestorben war, darunter eben auch der Lehrer des Jungen, der sich auf den Weg ins Krankenhaus gemacht hatte, noch bevor die Mutter wusste, was passiert war.

Es lässt sich nur schwer feststellen, ob diese Art, vom Tod einer Person zu erfahren, den Schmerz eines Menschen lindert oder verschlimmert – aber es ist ohne Frage eine unglaublich schnelle Art, schwierige und tragische Nachrichten zu übermitteln, und zugleich eine, mit der wir immer noch umzugehen lernen. Die digitale Trauer ist einfach noch so neu. Wir sind es nicht gewohnt, auf diese Weise zu trauern, und wir müssen unseren Weg finden, indem wir im Verlauf dessen viele Fehler machen.

Einer der Schrecken des Internets ist das Trolling, eine Form des Mobbings, die so schlimm sein kann, dass sie sogar schon dazu geführt hat, dass sich Menschen das Leben genommen haben, nachdem sie online fertiggemacht wurden. Ein Element dieser schrecklichen Praxis ist das R.I.P-Trolling, bei dem Menschen Witze, Sticheleien und schreckliche Kommentare über eine verstorbene Person machen. Facebook-Gedenkseiten können von R.I.P.-Trollen übernommen werden, die sich über das Aussehen der verstorbenen Person lustig machen, und Hashtags werden mit Memes überschwemmt, die sich über die Art und Weise des Todes der Person oder die Trauer, die andere online teilen, lustig machen. Im Jahr 2011 wurde ein britischer Internet-Troll sogar zu einer Haftstrafe verurteilt,[39] weil er Memes und You-

---

39 https://www.theguardian.com/uk/2011/sep/13/internet-troll-jailed-mocking-teenagers

Tube-Videos von Teenager:innen erstellt hatte, die unter tragischen Umständen ums Leben gekommen waren.

Weil diese Art von Online-Verhalten immer mehr zugenommen hat, haben große soziale Medienunternehmen ihre Richtlinien für den Umgang mit Tod und Trauer geändert – Richtlinien, von denen ursprünglich niemand dachte, dass sie mit Trauer zu tun haben könnten. Facebook hat seine Richtlinien nach einem besonderen Fall im Jahr 2012 erheblich verändert. Zuvor hatte Facebook es jedem/jeder erlaubt, ein Konto zu sperren und in den Gedenkzustand zu versetzen, indem man dem Unternehmen eine Todesanzeige schickte. In dem Fall aus dem Jahr 2012 konnte die Mutter eines 15-jährigen Mädchens, das in Deutschland von einem Zug erfasst und getötet worden war, nicht mehr auf das Konto ihrer verstorbenen Tochter zugreifen, da bereits jemand anderes erfolgreich den Gedenkmodus dafür beantragt hatte.[40] Die Mutter zog vor Gericht, weil sie befürchtete, dass ihre Tochter vor dem Unfall gemobbt worden war, und nachsehen wollte, wer dem Mädchen vor seinem Tod Nachrichten geschickt hatte. Zunächst gewann sie den Fall, doch später entschied ein Berufungsgericht, dass das Recht auf private Daten Vorrang vor den elterlichen Rechten habe. Die Eltern legten daraufhin ebenfalls Berufung ein[41], und das Urteil wurde mit der Begründung aufgehoben, dass der Vertrag, den das Mädchen mit Facebook geschlossen hatte, mit seinem Tod endete – eine Komplikation, mit der wohl nie-

40 https://mashable.com/article/facebook-memorials-can-be-improved/
?europe=true#BHU1sSO8caqx
41 https://www.bbc.co.uk/news/world-europe-44804599

mand in der Familie gerechnet hatte, als sie als Teenagerin das Konto eingerichtet hatte.

Es sind Situationen wie diese, die uns zwingen, die digitale Welt als genau das zu betrachten: als eine eigene Welt. Zwei meiner Podcast-Gäste sprachen über ihre Erfahrungen, als sie über Facebook mitbekamen, dass ihre Eltern gestorben waren. Keiner von ihnen hatte zu diesem Zeitpunkt Kontakt zu ihnen – einer hatte sich von seinem Vater entfremdet, der andere war adoptiert und hatte gerade erst seine leibliche Mutter kennengelernt. Beide Gäste sprachen von dem Schock, als sie an einem Ort, an dem sie normalerweise den Update-Status von Schulfreunden und -freundinnen erwarten würden, erfuhren, dass ein Elternteil gestorben war. Sie waren darauf einfach gar nicht vorbereitet. Facebook wurde nicht geschaffen, um die Aufgabe eines Wartezimmers im Krankenhaus zu übernehmen, aber es ist genau das geworden, und noch mehr: ein Marktplatz, auf dem jede/jeder, die und den man jemals getroffen hat, Informationen austauscht, frivole und wichtige zugleich.

Eine weitere Änderung der Facebook-Richtlinien in Bezug auf Tod und Trauer besteht darin, dass die Nutzer:innen eine Person benennen können, die ihre Seite im Falle ihres Todes als »Nachlasskontakt« betreut. Der Nachlasskontakt kann die Seite des/der Verstorbenen in eine Gedenkseite umwandeln, auf der diejenigen, die dich bereits »kennen«, Erinnerungen und Fotos teilen können, oder er/sie kann die Seite offen lassen, fast so, als wärst du noch am Leben, damit die Leute dich sogar als Freund:in hinzufügen können. Wenn du dich dafür entscheidest, jemanden als Kontaktperson für deinen Nachlass zu benennen, wirst du ihn/sie wahrscheinlich auch darüber informieren. Die Anerkennung der Rolle der sozialen Medien in unserem Leben könnte daher die überraschende Folge haben, dass wir darüber nachdenken, was nach unserem eigenen Tod geschieht. Selbst die Aufnahme eines Gesprächs über Nachlasskontakte könnte einen weiteren, vielleicht größeren Austausch über Testamente oder Beerdigungen auslösen. Allein die Tatsache, dass wir diesen Gedanken in unserer digitalen Psyche zulassen, wird uns hoffentlich dazu ermutigen, über unseren »digitalen Staub« nachzudenken – ein Ausdruck, der von der ersten Thanatologin Dr. Sofka geprägt wurde.

Es ist nicht bekannt, wie viele Menschen sich für den Nachlasskontakt-Service angemeldet haben oder überhaupt davon wissen.[42] Wenn wir im Hier und Jetzt nicht über unsere Wünsche für unsere Beerdigung oder unsere Pflege am Lebensende sprechen können, sind wir dann bereit zuzugeben, wie viel digitales Leben wir nach einem Todesfall vielleicht noch verwalten müssen? »Es ist einfacher, Informationen in unserem ›digitalen externen Gedächtnis‹ anzusammeln, als sich die Mühe zu machen, sie zu löschen«, mahnt Professor Viktor Mayer-Schönberger, ein Experte für digitale Daten. »Das Vergessen ist teuer und schwierig geworden, während das Erinnern billig und einfach ist.«[43] Für viele digital Trauernde ist das keine Hypothese: Sie müssen sich schon

---

42 https://www.independent.co.uk/life-style/social-media-what-happens-when-you-die-instagram-facebook-twitter-gmail-pinterest-a8706126.html.

43 Viktor Mayer-Schönberger zitiert in C. J. Sofka, I. N. Cupit und K. R. Gilbert (Hg.), *Dying, Death, and Grief in an Online Universe: For Counselors and Educators*, Springer, 2011 (Kindle Edition), S. 5.

jetzt in dieser fremden neuen Welt mit all ihren Komplexitäten zurechtfinden.

Für die Hinterbliebenen hat das digitale Zeitalter jedoch auch durchaus seine Vorteile. Es gibt jetzt eine riesige Online-Trauer-Community, die die neuen digitalen Trauernden unterstützt. Seit ich 2016 mit *Griefcast* begonnen habe, ist eine Fülle von weiteren Online-Trauer-Accounts in den sozialen Medien entstanden, die den Menschen in ihrer Trauer helfen wollen. Sie bieten oft farbenfrohe Grafiken, leicht lesbare und verdauliche Slideshows darüber, wie man zum Beispiel mit anderen über seinen Schmerz sprechen kann, wie man mit Weihnachten umgeht, wie man mit der Trauer über einen Lockdown umgeht, wie man den Vatertag oder den Muttertag begeht. Andere teilen einfach Geschichten, Bilder, Fotos, Memes, Kritzeleien. Wenn du den Hashtags #grief #griefjourney #griefandloss #griefsucks folgst, kannst du auf ähnliche Konten zugreifen. Jeden Monat sehe ich, wie die Zahl der schön gestalteten Accounts mit fürsorglich durchdachten Infografiken immer weiter anwächst. Hier gibt es eine Gemeinschaft von Menschen, die sich nicht scheuen, über die Gefühle und Ängste zu sprechen, die sie plagen. Digital Trauernde können sich entscheiden, ob sie in diese Welt eintauchen oder sie verlassen möchten. Eine Trauernde der Generation Z, mit der ich sprach, sagte, sie habe sich ihr ganzes Leben lang im Internet bewegt, sodass es ihr leichtfiele zu wissen, wann sie es verlassen müsse, auch die digitale Trauer-Community. Es besteht natürlich immer die Gefahr, riesige und komplizierte Leidenszustände auf leicht verdauliche Slideshows und Illustrationen zu reduzieren. Trauer ist kein Inhalt; sie ist ein

Prozess, mit dem wir lernen zu leben, und der nicht einfach mit einer fetten Schrift und einer grellen Farbgebung aufgelöst werden kann.

Aber die Macht des Digitalen kann heilsam sein – sie kann es uns ermöglichen, von jedem Ort der Welt aus an einer Trauerfeier teilzunehmen, auf einer Gedenkfeier zu sprechen oder sich sogar von einem sterbenden geliebten Menschen zu verabschieden. Wie wir während der Covid-19-Pandemie gesehen haben, wären ohne Technologie so viele letzte Worte verpasst worden, was eine ohnehin schon unfassbar schmerzhafte Situation noch traumatischer gemacht hätte. Im Jahr 2021 führte die Church of England eine Online-Umfrage durch, aus der hervorging, dass sieben von zehn Menschen, die im vergangenen Jahr den Tod eines/einer Angehörigen miterlebt hatten, nicht an der Beerdigung teilnehmen konnten und dass 40 Prozent die Beerdigung per Livestreaming im Internet verfolgt hatten. Ein Twitter-Post, der zeigte, wie iPads für eine Intensivstation in den USA vorbereitet wurden – mehrere Bildschirme auf Ständern, die aufgereiht waren, um digitale Abschiedsgrüße zu übermitteln –, ging im Dezember 2020 um die Welt.[44] Es war ein eindrucksvolles Bild der Trauer im digitalen Zeitalter und der Macht, die uns die Technologie verliehen hat, eine Funktion, die vor der Pandemie niemand vorausgesehen hätte. Wir alle können uns jetzt bei Zoom einloggen und nicht nur eine Beerdigung, sondern auch das Sterben eines Menschen verfolgen. Man kann die letzten Worte aufzeichnen, damit kleine Kinder sie später, erwachsen geworden,

---

44 https://twitter.com/roto_tudor/status/1334534101265682434?s=20

sehen können. Man kann einen Tod und eine Zeit festhalten, die früher durch das natürliche Altern des Gedächtnisses verloren gegangen wären.

EMILY DEAN
Schriftstellerin und Rundfunksprecherin. Emilys Schwester Rachael sowie ihr Vater und ihre Mutter starben alle innerhalb von drei Jahren.
Rach musste den ersten Weihnachtstag im Krankenhaus verbringen, und ich dachte: »Das wird nicht gut ausgehen.« Am ersten Weihnachtsfeiertag nahmen wir also die Mädchen mit dorthin – und es ist lustig, dass ich davon ein Video gemacht habe, denn ich dachte noch, als ich die Kleine, sie war erst elf Monate alt, so ansah: »Es gefällt mir, dass ich das im Kasten habe.« Auch wenn es ein bisschen düster ist und meine Schwester OP-Kleidung trägt – meine ganze Familie ist da, und sie sind jetzt alle tot, denn meine Mutter und mein Vater sind sehr bald nach meiner Schwester gestorben –, ist es doch schön für die Mädchen, das zu haben …

Kürzlich habe ich zu ihrer älteren Tochter Mimi, die jetzt fünfzehn ist, gesagt – und ich war ein wenig nervös, als ich es sagte: »Ich habe ein Video von Mami im Krankenhaus mit dir und deiner Schwester. Ich habe mich bisher nicht getraut, es dir zu zeigen, weil ich dachte, dass du es vielleicht nicht sehen willst, es ist irgendwie ganz schön traurig.«

Aber sie sah mich an und sagte: »Ich möchte es wirklich gerne sehen.«

Emilys Mut, diesen Moment festzuhalten, rührt mich immer noch – dass sie in der Lage war, klar zu denken und über die Krankheit hinaus in die Zukunft zu blicken. Manchmal kann die digitale Welt viel mehr Heilung bieten statt Schmerz. Ich bin so froh und dankbar, dass die trauernden Jugendlichen von heute mehr haben, um sich an ihre Verstorbenen zu erinnern, als ich, auch wenn mir meine Überreste wertvoll geworden sind. Ein Leben, in dem ein Kind immer wieder auf die Play-Taste drücken kann – nicht nur bei *einem* Video, sondern bei vielen Aufnahmen –, in dem es immer wieder zu diesem Bild zurückkehren kann und sich fragen kann: »Sehe ich jetzt so aus wie sie? Wer waren sie?«, ist Teil einer hoffnungsvollen Zukunft.

Im Jahr 2020 starb plötzlich eine liebe Freundin. Als ich durch meinen Posteingang scrollte, stieß ich unvermittelt auf unsere letzte Korrespondenz. Ich brach erneut zusammen, als ich diese E-Mails sah. Ich las sie ein zweites Mal, verfolgte unsere Gespräche und lächelte über ihr Schreiben. Ich war geblendet von unserer Ahnungslosigkeit in Bezug auf das, was als Nächstes passieren würde. Dann legte ich sie wie kostbare Briefe in den Posteingang, um sie sicher aufzubewahren. Ich hatte mich noch nie wirklich damit auseinandergesetzt, aber ich wusste, dass ich sie nicht ins Archiv verschieben konnte, noch nicht, und sei es nur, um das Gefühl zu haben, dass ich immer noch nach unten scrollen und Hallo sagen konnte. Es tut weh, wenn ich zufällig ihren Namen auf meinem Computer sehe, aber es wärmt auch mein Herz, wie es nur die Trauer kann, wenn ich mich an einen so wunderbaren Menschen erinnere. Ich bin froh, dass ich die Erinnerung an sie behalte, auf meinem Bildschirm und in meiner Küche, wo der kleine walisische Liebeslöffel (AdÜ: holzgeschnitzter Löffel mit Liebessymbolen), den sie mir geschenkt hat, in einem mit Stiften gefüllten Becher steht. Ab und zu sehe ich sie digital oder analog und erinnere mich daran, dass sie einmal hier war und was für ein wunderbarer Mensch sie war.

NIKESH SHUKLA

Eines Tages suchte ich etwas von meiner Mutter und fand diese Einkaufsliste, die sie geschrieben hatte, eine ganz banale Einkaufsliste: Vollkornkekse, Zucker, was auch immer, Nudeln. Aber es hatte etwas sehr Beeindruckendes, ihre Handschrift zu sehen, ihre Handschrift, beteiligt an etwas so Banalem wie dem Einkauf ... Eines Tages dachte ich: »Ich werde genau diesen Einkauf tätigen.« Ich machte also den Einkauf meiner Mutter und hatte dann den ganzen Kram.

Dann erinnerte ich mich daran, dass wir an unserem Hochzeitstag ein Buch mit Rezepten geschenkt bekommen hatten – meine Schwiegermutter hatte jede/jeden in unseren beiden Familien gebeten, ein Familienrezept aufzuschreiben, und sie hatte alle Familienrezepte zusammengetragen. Darunter waren auch zwei Rezepte von meiner Mutter, und ich dachte mir: »Ich muss aus all den Lebensmitteln, die ich gekauft habe, etwas machen. Also werde ich etwas Gujarati-Hausmannskost ausprobieren.« Ich habe versucht, etwas zu kochen, und hätte dabei fast das Haus abgebrannt, aber inmitten des Rauchs und des ausgelösten Feueralarms gab es einen Moment, in dem meine Küche wie die Küche meiner

Mutter roch, nur für eine Sekunde – und das versetzte mich wirklich an einen anderen Ort.

Moderne Trauer ist immer noch genau das – Trauer –, und obwohl sie Möglichkeiten zu bieten scheint, von denen wir Trauernden in der Vergangenheit nur träumen konnten, bleibt dennoch die Tatsache bestehen, dass digitale Trauer eben Trauer ist. Was die digitale Welt bieten kann, ist nur ein weiterer Ort, um diese Trauer zu verarbeiten. Denn egal, ob man sich an ein Stück Papier oder an eine Reihe von Tweets klammert, man versucht immer noch, an der Person festzuhalten. Digitale Trauer bietet dir sicherlich eine bessere Ton- oder Bildqualität, aber sie gibt dir nicht das, was du wirklich suchst: sie, und zwar lebendig. Denn ob analog oder digital: Was wir suchen, ist eine Möglichkeit, sie bei uns zu behalten. Genau das ist es, worum es bei dem allen geht – eine Suche nach ihnen, nachdem sie gegangen sind: zurückgelassen mit ihrer Abwesenheit und auf der Suche nach ihrer Präsenz.

Nimm also diese Erinnerungen mit: Nimm dir, was du brauchst, und lebe weiter. Indem du dir erlaubst, einen Teil von ihnen präsent zu halten – sei es in Briefen, die du aufbewahrst, oder in Sprachnachrichten, die du für immer speicherst –, erlaubst du dir, zu leben und gleichzeitig zu trauern. So ist es, und doch musst du ohne sie weiterleben, wie auch immer du damit klarkommst. Es ist in Ordnung auf die Weise, wie du es tust. Die Freude darüber, dass die Verstorbenen auf vielerlei Arten noch bei dir *sind*, kann bleiben, wenn du dich daran erinnern musst, wenn du dich daran erinnern willst: Sie waren da.

Sie waren hier.

Sie waren hier.

Welle – 2001, Brighton

Meine Mutter setzt mich ab. Wir packen meine Kisten aus dem Auto aus, und es fühlt sich unwirklich an, als würde man einen US-amerikanischen Film über Jugendliche sehen, die aufs College gehen. Mein kleines Zimmer, in einem neuen Gebäude am Rande des Campus – vor dem Fenster weiden Kühe. Ich bin aufgeregt, aber ich habe keine Ahnung, was hier passiert. Ich habe den alten Kassettenrekorder meines Vaters mitgenommen, mit dem ich mir ein *Harry-Potter*-Hörbuch anhöre, und eine Gitarre, auf der ich drei Akkorde spielen kann. Ja, was sagt ihr dazu? Ich bin ziemlich cool.

Als sie aufbrechen will, umarmt sie mich, und wir werden plötzlich beide traurig. »Ich geh jetzt besser, sonst fange ich noch an zu weinen«, sagt sie lachend. Es wird uns beiden plötzlich klar. Sie geht nach Hause, allein. Er ist nicht da. Es wird uns beiden immer wieder klar. Oh, er ist nicht da, schon wieder.

Die Leute stellen viele Fragen über die Familie, und ich weiche ihren Fragen aus. Im Herbstsemester spiele ich in einem Theaterstück mit, und ein Junge aus der Besetzung fragt mich, als wolle er eine ehrliche Antwort. Ich sage, dass mein Vater tot ist. Er starrt mich an. Er spricht über seinen Verlust; er lässt seine Schultern sinken und starrt mich an. Ich weiß, was er jetzt denkt: »Sie versteht es. Sie versteht es.«

Aber ich verstehe es nicht. Ich kann seinen Kummer nicht verstehen. Ich möchte es aber. Eines Tages besuche ich ihn in seinem kleinen Zimmer, und er nimmt etwas ein, und wir hören den *Romeo + Julia*-Soundtrack, und ich fühle mich wie betäubt. Mir geht es gut, aber er hat mir Angst gemacht. Sein

Schmerz ist sehr nah an der Oberfläche. Ich wusste nicht, dass dieser Schmerz dort sein kann; ich will nicht, dass meiner das auch kann. Ich muss ihn in den Griff bekommen und begraben, damit er nicht herauskriechen kann, wenn ihm danach ist.

Ich gehe nicht mehr zu ihm. Ich fühle mich schlecht, und er ist verärgert. Aber ich weiß nicht, wie ich sagen soll: »Dein Schmerz ist zu sichtbar für mich« (ohne wie ein Arschloch zu klingen). Also sage ich nicht viel.

Lektion gelernt. Nicht zu viel reden. Zeig niemandem, wie schlimm das Chaos ist.

Ein Jahr später beziehe ich ein kleines Zimmer in einem Haus, wie eine Erwachsene. In den Ferien kommen die Freunde meines Mitbewohners aus dem Norden zu Besuch – Jungs, mit einem großem J, starkem Akzent, und Bierdosen stehen plötzlich überall im Haus herum. Sie sind witzig und dumm und machen so viel Spaß. Das Ganze fühlt sich jetzt eher wie eine Sitcom an, in ihrer Nähe bin ich fast entspannt. Dann fängt einer von ihnen an, Deine-Mutter-Witze zu reißen. Alle steigen ein, immer mehr schreckliche Witze, einer nach dem anderen; sie brüllen vor Lachen darüber, wie ekelhaft sie sein können. Ich werde schroff. Je mehr sie meine abwehrende Reaktion bemerken, desto mehr provozieren sie mich. Ich versuche, mit demjenigen zu sprechen, mit dem ich knutsche (jede bekam einen Jungen zum Knutschen, also war es fair). Ich sage: »Sie ist alles, was ich habe, verstehst du das nicht? Ich kann die Witze nicht ertragen, weil ich niemanden sonst habe.«

Er reagiert freundlich, aber verwirrt. Er sagt ihnen, sie sollen mich in Ruhe lassen, aber sie tun es nicht. »Es ist ein Witz!«, sagen sie immer wieder. »Nur ein Witz, Cariad.«

Warum kann ich darüber nicht lachen? Keiner sieht mich so an, als ob er eine Ahnung hätte. Keiner versteht, was ich meine, wenn ich sage, dass mir so wenig geblieben ist.

Deshalb muss ich vorsichtig sein. Wenn du deine Gefühle auf dem Boden liegen lässt, können die Leute darauf herumtrampeln. Pack sie also sorgfältig weg. Sprich nicht mit denen darüber, die sie nicht verstehen. Sprich nicht mit denen darüber, die Schmerzen haben. Sei vorsichtig mit dem Kummer, Cariad. Wickle ihn ein und lege ihn sorgfältig beiseite.

Jahre später bin ich Mutter, Schriftstellerin und schließlich auch in Therapie. Der Junge aus dem Norden, mit dem ich geknutscht habe, ist ein Freund geworden, unsere Vergangenheit eine peinliche und ferne Erinnerung. Wir sind jetzt erwachsen, und er ist sehr krank. Ich schicke ihm eine Karte, weil ich ihm sagen will, dass es mir leidtut, dass er das nicht verdient hat. Wir treffen uns und reden, und er ist so lustig und albern wie damals, sogar mit Krebs. Er entschuldigt sich. Ich weiß, was er denkt, er hat es verstanden. »Wir wussten es nicht«, sagt er. »Wir wussten nicht, was du gemeint hast; wir hatten keine Ahnung.« Ein kleiner Muskel in meinem Rücken entspannt sich. Ich hatte recht, sie wussten es nicht. Ich durfte damals ruhig empfindsam sein.

Sag es der früheren Cariad, lauf zurück und sag es ihr. Schrei es durch die Jahre: »Das ist Scheiße! Es ist wirklich schwer!« Aber dann fühle ich mich dumm und schäme mich dafür. Für das ganze Durcheinander, das ich in mir gehalten habe und das nun an jeder Ecke austritt. Schmerzen überall auf dem Boden, als ob ich mich eingenässt hätte. Ich wünschte, ich wüsste, wie ich mich beherrschen könnte, dieses Durcheinander, diesen Schmerz. Würg, dieser Schmerz.

Dinge, die ich nicht tue, weil du gestorben bist

Drachenfliegen (Mum hat mir das Versprechen abgenommen)
Mit einem Streit ins Bett gehen
Weggehen, ohne mich zu verabschieden (von allen, falls sie
sterben, oder falls ich sterbe)
Drogen nehmen
Mich zu sehr betrinken
Vatertagskarten kaufen
Männer mittleren Alters besonders ernst nehmen
Gut damit umgehen, wenn Männer mittleren Alters mich
ignorieren
Es zu schätzen wissen, von Männern mittleren Alters gesagt
zu bekommen, was ich tun soll
Dich anrufen und fragen, wie etwas funktioniert
Meine Grammatik korrigieren lassen
Mich dafür schämen, wie wenig du dich für dich selbst ge-
schämt hast
Mit dir streiten
Dich kennen
Darauf vertrauen, dass alles gut wird

Welle – 2002, Brighton

Ich sitze am Ufer und starre auf die Wellen. Es sind buchstäblich Wellen der Trauer, die endlos und wütend auf mich
zukommen, immer und immer wieder. Ich starre sie an. Wie
können sie es wagen? Wie klein ich bin. Wie unbedeutend
ich vor dem tatsächlichen Hintergrund der Erde bin. Ein

Fleck, ein Punkt, ein winziger Mensch, der die Wellen anschreit.

Ich bin inmitten von etwas so Schrecklichem und weiß nicht mehr, wie ich hierhergekommen bin.

Es regnet, wenn auch nicht richtig. Die Luft ist feucht, und mein Haar kräuselt sich zu einem Wirrwarr aus Draht und Wolle. Ich halte einen weißen Regenschirm in der Hand, der das Licht durchlässt, aber heute gibt es nur graue Düsternis. Der Himmel scheint davon zu vibrieren.

Ich stapfe den lächerlich steinigen Strand hinunter. Ich setze mich an den seltsamen Holzzaun, der den Strand in winzige Kieselsteinquadrate unterteilt. Ich werfe mit Steinen, so heftig, wie ich kann, aber ich bin schlecht darin. Sie fliegen nicht weit genug, oder sie plumpsen einfach ins Wasser. Ich will kein »Plopp« wie im Comic; ich will, dass meine Faust zu einem riesigen Hammer wird, der das Meer so hart trifft, dass es Tsunamis bis nach Eastbourne schickt. Ich will, dass die Erde weiß, dass ich damit nicht einverstanden bin. Ich schreie. Ich höre mich selbst, bevor ich weiß, dass ich es bin. Es ist niemand in der Nähe, und ich erkenne im Stillen, dass es mir nicht gut geht, weil ich das Meer anschreie, und das ist doch wirklich ein bisschen verrückt, oder? Ich schreie laut. »Wo bist du? … Wo zum Teufel bist du?«

Ich schluchze. Ich setze mir den Regenschirm auf den Kopf, sodass ich vermutlich aussehe wie ein kleiner weinender Pilz. Trotzdem dringt der Nieselregen unter den Schirm, und der Regen und die Tränen auf meinem Gesicht verschwimmen zu einer Einheit. Selbst während ich dies schreibe, verschwimmt die Erinnerung wie Tinte, die auf einer feuchten Seite verläuft. Ich habe einen schrecklichen Schmerz, der sich in diesem Moment in meinem Bauch festsetzt. Es ist sehr wahrscheinlich der Beginn des Reizdarmsyndroms, das ich die nächsten zwanzig Jahre haben werde. Es tut weh, und ich weine, bis ich schließlich wieder damit aufhöre. Es sind keine Tränen mehr da, ich kann keine mehr herausdrücken. Meine Kehle tut weh. Ich komme mir dumm vor, als ich meine letzten würgenden Geräusche höre. Keiner sieht mich, der Strand ist zu nass für andere Besucher.

Ich fühle mich wie betäubt, als wäre ich krank gewesen und hätte etwas erbrochen. Ich lasse es am Strand zurück und überlasse es den Wellen. Sie können meinen ganzen Schmerz und mein Geschrei haben; sie können alles verschlingen und auf den Grund des Meeres ziehen.

Ich gehe den Hügel hinauf zu meiner Wohnung. Auf dem Weg dorthin treffe ich Leute, die ich kenne. »Ah, hallo! Wie geht's?«, sagen sie ganz fröhlich.

Ich lächle. »Hey! Ah, ja, mir geht's gut, danke!«

Was für eine Lüge. Was für eine Show. Ich lache und wechsle ein paar Worte über den Regen und marschiere winkend davon, meine Hände zittern immer noch.

Kapitel 4:
Personalisiere deine Trauer
Wer warst du, als es geschah?

> »Und was vergangen ist, ist vergangen, und nichts anderes bedeutet Zeit, und Zeit ist nur ein anderer Name für den Tod.«[45]
>
> C. S. Lewis, *Über die Trauer*

Hendon, 1998. Das ist schon eine deprimierende Aussicht. Meine Mutter hat für mich eine Jugendtrauerberaterin gefunden, und die hat mir eine Sitzung angeboten. Ich bin nicht begeistert. Ich bin so bereitwillig wie ein Krebs, der höflich gebeten wird, den Rumpf eines Bootes zu verlassen. »Geh doch mal hin«, meint sie. »Wenn es dir nicht gefällt, musst du ja nicht mehr hingehen.«

Sie wartet im Auto und schenkt mir ein Lächeln, während ich mürrisch die Autotür zuschlage. Man hört mir meine Gedanken regelrecht an: »Das wird natürlich ziemlich beschissen«, man braucht mich nur anzusehen.

Das Gebäude selbst ist braun. Das Dach ist braun, die Mauern sind braun, die Ziegel sind braun. Ziegel aus der

---

45 Clive Staples Lewis, Über die Trauer, Insel, Frankfurt 1999, S. 42

Thatcher-Zeit, dünn und traurig – das Gegenteil von den gemütlichen, heimeligen roten Ziegeln des alten London. Im Inneren wechselt die Wandfarbe zu Beige. Ich begebe mich in einen institutionell anmutenden Empfangsbereich, in dem die Stühle mit einem merkwürdig kratzenden dunkelbraunen Stoff bezogen sind. Er ist über und über gesprenkelt und erweckt den Eindruck, als sei er mit Fusseln bedeckt. Ich fühle mich gezwungen, ihn abzubürsten.

Dieser Ort, dieses Gebäude, diese Sitzung ist meine Kluft. Die Kluft, in die ich gefallen bin, weil ich fünfzehn bin. Wenn mein Vater nur ein paar Monate länger mit dem Tod gewartet hätte,[46] wäre ich sechzehn gewesen und hätte mich für die Trauerbegleitung für Erwachsene geeignet. In den späten Neunzigern gab es nicht viele Trauerberatungsstellen für Menschen, die als Kinder galten. Glücklicherweise sieht das heute ganz anders aus. Heute gibt es Wohltätigkeitsorganisationen, die sich auf kindliche Trauer spezialisiert haben, Bilderbücher, Redner:innen, TED-Vorträge, Podcasts – eine Vielzahl von Diensten, die Kindern helfen, mit dem Tod umzugehen, ein Netzwerk, das einen auffängt, wenn man aufgefangen werden will. Aber 1998 gab es kein Internet, keine Möglichkeit, andere zu erreichen. Wir hörten durch Mundpropaganda und im Stillen verbreitete Gerüchte, dass der Vater von Rebecca aus der Klasse 11SJ ebenfalls gestorben war (aber sie wollte nicht darüber sprechen). Andere Leidtragende zu finden war schwierig. Aber es gab wenigstens Hendon und meine großartige Mutter, die versuchte, etwas für mich zu finden, an dem ich mich festhalten konnte, selbst als sie in ihrer eigenen Trauer versank.

---

46 Unverschämt.

Ich bin hier, in dem braunen Gebäude an einer Schnell-
straße, um mit einer Dame darüber zu sprechen, was mir
passiert ist. Nur will ich natürlich nicht mit ihr reden. Ich bin
fünfzehn. Ich will nichts tun, was mich verletzlich macht. Ich
will ihr sagen, dass sie sich verpissen soll, und dann zwanzig
Benson&Hedges-Gold-Zigaretten rauchen.[47]

Die Frau ist nett, und sie hat diese Therapiestimme, die
zwar nervt, aber auch entspannt. Wir gehen in einen Raum,
und sie bittet mich, mich auf einen winzigen Stuhl zu setzen.
Er ist so lächerlich klein, weil er für ein Kind ist. Ein echtes
Kind. Ich bin zwar klein, aber nicht so groß wie eine Achtjäh-
rige. Ich setze mich, und meine Knie sind in meinem Gesicht.
Sie setzt sich zu mir auf einen genauso winzigen Stuhl, sodass wir jetzt beide unsere Knie im Gesicht haben. Ich halte
das für unnötig. Ich weiß, dass ich in diesem Land als Kind
gelte, aber sie doch nicht. Es ist eine Geste der Solidarität, das
ist mir klar, doch es bestärkt mich nur in meinem Entschluss:
Ich gehöre nicht hierher. Zwischen uns steht ein ähnlich winziger Tisch mit einem Puppenhaus darauf. Daneben liegen
abgerockte Buntstifte und überall im Raum verteilt trauriges
Lernspielzeug aus Holz (natürlich braun und schmutzig vom
Gebrauch durch andere traurige Kinder). Die Luft fühlt sich
nicht bedrohlich an, ohne Freude oder Traurigkeit. Ich weiß,
dass das ein Trick ist. So kriegen sie dich. Sie wollen dich mit
all dieser Ödnis und Langeweile einlullen, damit du weinen
musst, um dich daran zu erinnern, dass du lebst.

Ich bin bereit, diesen Kampf zu gewinnen. Ich weiß, dass

---

47 Früher, vor den E-Zigaretten, haben wir einfach Zigaretten geraucht. Mehr
Nikotin, weniger fruchtiger Geruch. Kann das aber nicht empfehlen.

es ein Kampf ist, denn ich habe gehört, wie sie sagten, dass er gegen den Krebs »gekämpft« oder sogar seinen »Kampf« verloren habe. Heutzutage würde ich das als grob unsensibel bezeichnen – eine verkürzte Art, über eine unheilbare Krankheit zu sprechen –, aber mein fünfzehnjähriges Ich hat es aufgesogen und ist nun bereit, in *Street-Fighter*-Manier gegen die Trauer zu kämpfen. Ein beigefarbenes Zimmer und eine traurige Spielküche aus Holz können nichts ausrichten gegen meine Waffen, auch wenn die Therapeutin für solche Teenager-Wehranlagen ausgebildet ist.

Zuerst versucht sie es mit dem Therapietrick des Schweigens. Es ist furchtbar, unerträglich. Ich rutsche auf meinem winzigen Stuhl hin und her. Aber dann spricht sie doch (ich werte das als ein Zeichen von Schwäche) und stellt mir eine Frage. Wie fühle ich mich heute? Oh, ich kann damit umgehen. Cariad 1 Punkt, nette Dame 0 Punkte.

Ich bin Fragen gewohnt. Das ist ganz einfach. Ich habe gelernt, aggressiv genug zu sein, um es so aussehen zu lassen, als wäre es die Mühe nicht wert, und doch wortgewandt genug, um es so klingen zu lassen, als ginge es mir gut. Ich sage: »Ich will nicht hier sein.«

Und sie sagt: »Das ist in Ordnung.«

Das verwirrt mich. Ich erwarte, dass man mir eine Standpauke hält, damit ich jemandem sagen kann, dass er/sie sich verpissen soll (denn ärgerlicherweise ist mein Vater gestorben, und ich kann das nicht mehr zu ihm sagen). Sie stellt immer weiter Fragen. Wie es mir ergangen ist … »Wie ist die Schule?« …

Ich murmle, ich bleibe vage, überzeugt, dass sie aus diesem Treffen nichts anderes herauslesen kann, als dass ich wahrscheinlich nach Hause gehen sollte. Natürlich ist sie gut geschult und holt bald die ganze Kavallerie hervor: eine Überraschungsfrage. Sie fragt mich, ob ich von ihm geträumt habe. (Cariad 1 Punkt, nette Dame 1 Punkt.) Das habe ich. Woher weiß sie das? Ist das normal? Mache ich etwas falsch? So viele Fragen, die ich gern stellen würde, aber mein Mund lässt mich die Wörter nicht formen. *Durchatmen.* Du kannst es ihr sagen, ohne etwas zu verraten.

»Ja, habe ich.«

Ich bin entschlossen, es dabei zu belassen, aber plötzlich kommen Details ans Tageslicht – als ob ich die Tür der Waschmaschine geöffnet hätte und mir Socken entgegensprängen, die in den Trockner getan werden wollten. Plötzlich spreche ich mit ihr – darüber, wie mein Bruder von ihm träumte und er in Licht getaucht war und etwas Nettes sagte, und wie meine Mutter von ihm träumte und er schwebte und ihr sagte, dass es ihm gut ginge. Als ich von ihm träumte, sah ich seinen toten Körper, vergilbt und steif, er hatte immer noch das grüne Sweatshirt an, das er trug, als er krank war. Seine Leiche lag auf der Veranda neben der Eingangstür, und wir mussten immer wieder daran vorbei, um zur Schule zu gehen, und sagten: »Gott, wir müssen etwas dagegen tun …«

»Ich habe weder eine Botschaft noch ein weißes Licht bekommen. Mache ich etwas falsch?« Ich falle mir selbst ins Wort. Mist! (Cariad 1 Punkt, nette Dame 2 Punkte.)

Ich habe niemandem von diesem Traum erzählt, weil ich mich damit furchtbar fühle. Furchtbar, furchtbar schuldig. Ich trauere wohl falsch. Ich bekomme keine Engelsbesuche, nur Träume von schlechter Hygiene. Sie ist nett und sagt: »Vielleicht gehst du damit praktischer um? Vielleicht ist das deine Art, es zu bewältigen.«

Und dann stellt sich ein seltsames Gefühl ein: Ich fühle mich besser. Ich bin erleichtert, dass ich es ihr gesagt habe und dass sie nicht gelacht oder mich verurteilt hat. Fast entspanne ich mich.

Dann spüre ich, dass sie sich freut, weil sie sieht, dass es geholfen hat. Ich gerate in Panik, das ist genug. Ich habe eine Mauer eingerissen und habe Angst, dass noch mehr dahinter hervorkommt.

In Wirklichkeit wünsche ich mir nichts sehnlicher, als mit ihr zu sprechen, mit irgendjemandem, ich sehne mich danach, dass jemand sagt: »Du musst jede Woche hierherkommen, du musst darüber reden, wir zwingen dich, das zu tun, weil du es brauchst, dir wird geholfen werden.« Ich möchte, dass jemand die Entscheidung für mich trifft. Stattdessen sitze ich hier und tue so, als wäre ich eine Erwachsene im Kinderzimmer, und sage ihr, dass ich nicht zurückkommen wolle. Das sei nichts für mich. Ich bräuchte es nicht.

Sie sagt, das sei in Ordnung. Sie ist ganz ruhig. Sie lässt mich gehen. Ich verlasse langsam den Raum und frage mich, ob sie mir nachrufen und sagen wird, dass ich zurückkommen muss. Nein, meine Darbietung von »Teenagermädchen, das trauert, dem es aber eigentlich ganz gut geht, vielen Dank« wurde akzeptiert. Mir war nicht klar, dass ich darüber reden wollen musste, dass es niemals funktionieren würde, jemanden dazu zu bringen, sich seiner/ihrer Trauer zu stellen, ohne dass er oder sie dazu bereit ist. Ich wusste nicht, dass sie in mir ein verängstigtes Kind sah, das mehr Zeit brauchte, und dass sie mich freundlicherweise gehen ließ, damit ich meinen Weg selbst finden konnte. Ich habe weder ihr noch sonst jemandem etwas vorgemacht. (Cariad 2 Punkte, nette Dame 3 Punkte.)

Ich steige in den roten Nissan Micra meiner Mutter mit dem Nummernschild, das seltsamerweise seine Initialen am Ende trägt. »Wie war's?«, fragt sie.

»Schrecklich«, sage ich. Ich mache mich über die nette Dame lustig, die auf winzigen Stühlen sitzt, und über das Zimmer und das Spielzeug, und dann erkläre ich, dass ich nie wieder hingehen werde. »Ich habe es versucht. Es war dumm. Beratung ist nichts für mich.« Schachmatt, es reicht, das Spiel ist vorbei, mir geht's gut. Ich habe das im Griff, ich werde selbst damit fertig. Wie eine Erwachsene.

Fünfzehn Jahre lang bin ich danach nicht mehr zu irgendeiner Art von Trauertherapie gegangen. Es war niemandes Schuld. Keine/keiner hat wirklich gewonnen oder verloren. Aber jetzt blicke ich zurück (dank der vielen Jahre der Erwachsenentherapie) und sehe mein kindliches Ich, das Mädchen, das seine Trauer noch nicht verstehen konnte. Was hätte es gebracht, mich zum Reden zu bringen? Ich musste über meinen Kummer sprechen wollen, nicht dazu gezwungen werden. Mit fünfzehn hatte ich nicht das Vokabular, um jemand anderem zu erklären, was passiert war, geschweige denn mir selbst. Die Pubertät ist für jeden eine schwierige Phase, und wenn dann auch noch der Tod dazukommt, wird es besonders heikel. Ich konnte weinen und mich bei meiner Familie oder bei Freunden und Freundinnen, denen ich vertraute, ausheulen, aber es würde noch viele Jahre dauern, bis ich in der Lage wäre, das Geschehene aufzulösen, bis der Schock genug verblasst wäre, um den Schaden zu erkennen.

Alle taten ihr Bestes, wenn man die Umstände bedenkt: ich, meine Mutter, die nette Dame. Manchmal ist es einfach noch zu früh, um den Schmerz in Worte zu fassen.

Es war schon unglaublich schwer, mit den Zwängen und der emotionalen Verwirrung einer Teenagerin klarzukommen, und dann kam zu diesen Herausforderungen noch die Trauer hinzu. Aber jahrelang habe ich das Alter, in dem ich war, als mein Vater starb, verdrängt – verzweifelt versuchte ich, mir selbst (und allen anderen) einzureden, dass der Tod des Vaters keine so große Sache sei, wenn man fünfzehn ist. Dass es genauso gewesen wäre, wenn ich fünfundzwanzig oder zweiunddreißig gewesen wäre – einfach ein Vater, oder? Aber mein Alter war *doch* wichtig. Denn er starb, als ich ein unreifer Mensch war. Ich war noch nicht erwachsen, und ich war kein Kind mehr. Ich war noch nicht fertig. Ich war mitten im Gespräch, sowohl mit mir selbst als auch mit ihm. Ich war zutiefst von meinem Kummer betroffen, und mein Kummer wurde wiederum von meinem Alter beeinflusst. Mein jugendliches Ich formte und begrenzte meine Trauer für eine lange Zeit: Meine Unfertigkeit definierte sie. Am Anfang war es eine wütende, ängstliche, verwirrte Trauer, denn so war ich damals. Mein Teenagerinnendasein wurde in die DNA meiner Trauer eingearbeitet.

Das ist nicht nur ein Privileg von Jugendlichen. Deine Trauer kann mit vielen Dingen zu tun haben: erwachsen werden, im mittleren Alter sein, älter werden, Eltern werden. Wenn du bereit bist, dich mit deiner Trauer auseinanderzusetzen – und das kann viele Jahre nach dem Todesfall sein –, kannst du dich dann fragen: Wer warst du damals? Was hat dich zu diesem Zeitpunkt geprägt? Es ist sehr wahrscheinlich, dass es in deinem Leben damals Faktoren gab, die deine Trauer geprägt haben. Das ist in Ordnung, es ist nicht falsch oder richtig – diese wertenden Urteile gelten niemals für die Trauer –, aber wenn du siehst, was deine Trauer geprägt hat, kannst du erkennen, welche Teile von dir vielleicht noch verletzt sind. Sei es, dass du gerade von zu Hause ausgezogen bist, dass du gerade schwanger geworden bist, dass du seit Jahren nicht mehr mit ihnen gesprochen hast. Kannst du dir eingestehen, dass du dich in diesem speziellen Raum befandest, als die Trauer über dich hereinbrach?

STEPHEN MANGAN
Die Gefühle kommen in Schüben, und genau das passiert meiner Meinung nach: Man setzt sich nicht einfach hin und lässt all seine Gefühle und seinen ganzen Schmerz heraus. Manchmal merkt man jahrelang nicht einmal, was es ist. Man weiß nicht, wie es sich auf einen ausgewirkt hat, wie es einen verändert hat, wie es einen geschädigt hat. Es dauert lange, bis es ans Tageslicht kommt, und es kommt in Schüben und plötzlichen Erkenntnissen und in kleinen Verleugnungen ans Tageslicht.

Wenn du im TGC (Teenage Grief Club[48] – Teenager:innen-Trauer-Club) bist, kommt dir meine Geschichte von der verpatzten Therapie vielleicht bekannt vor. Jahrelang dachte ich, dass ich mit meiner Trauer ziemlich schlecht umgegangen wäre, was schon peinlich genug war. Erst als ich mich mit

---

48 Todesangst und Albträume – und das schon, bevor wir wählen konnten!

anderen unterhielt, die als Kinder oder junge Erwachsene ebenfalls einen Verlust erlitten hatten, wurde mir klar, dass meine Reaktion nicht dumm, unsinnig, wenig hilfreich oder unverantwortlich war. Sie war erfreulicherweise normal. Eine schreckliche Beratungssitzung und von da an Selbstmedikation – alkoholisierte Gespräche, nächtliche Geständnisse, die Weigerung, professionelle Hilfe in Anspruch zu nehmen. Damals fühlte sich das alles sehr ungesund, einsam und sehr traurig an. Aber jetzt sehe ich, dass ich gar nicht anders konnte, als genau so zu handeln. Ich hatte das Privileg, eine Familie zu haben, mit der ich reden konnte, wenn ich wollte, aber selbst ihr gegenüber fiel es mir schwer, meine Gefühle in Worte zu fassen. Wir haben geredet – darüber, was passiert war, was es bedeutete, wer er gewesen war. Aber wie jede/jeder im Club weiß, gibt es einen Unterschied zwischen der Trauer, die man in der Familie ausdrücken kann, und der Trauer, die im Inneren verborgen ist und für die es keine Worte gibt. Ich hatte das Glück, dass ich Unterstützung hatte, doch immer noch habe ich wie wild um mich geschlagen. Im Laufe der Jahre wurde mir klar, dass ich meine Trauer nicht als Ganzes sehen konnte, solange ich nicht akzeptierte, wie sehr sie durch mein Alter beeinflusst worden war.

Später stellte ich fest, dass mein Trauerweg[49] sehr typisch

---

49 Jedes Mal, wenn ich »Trauerweg« sage, bitte ich dich um Entschuldigung; versuche, dir einen Sonnenuntergang vorzustellen, kleine Wellen, die das ruhige Meer sanft kräuseln, und eine schreckliche handgeschriebene Schrift, die dir sagt: »Folge deiner Trauer, und du wirst die Liebe finden.« Ich bin kein Fan von Trauermemes – es sei denn, du zählst das Meme dazu, das ich von Oprah gemacht habe, die mit ausgestreckten Armen sagt: »Herzlichen Glückwunsch, es ist Jahrestag, und du hast dich entsprechend angezogen!« – das wir aber nicht verwenden können, weil uns das Budget dazu fehlt.

war, vor allem für diejenigen, deren Umstände meinen glichen (Teenager:in, Krebs, Diagnose und kurz darauf der Tod). Es ist nicht ungewöhnlich, dass junge Menschen, die als Kinder/Jugendliche einen Verlust erlitten haben, erst in ihren Dreißigern wieder in der Lage sind, sich mit ihrer Trauer auseinanderzusetzen. In der Kindheit oder Jugend stehen wir unter Schock, und in den Zwanzigern versuchen wir, mit dem Verlust zu leben oder ihn zu ignorieren, und machen dabei schreckliche Fehler. Wenn wir dann in unseren Dreißigern sind, können wir (hoffentlich) zurückblicken und erkennen: »Aha, ein großer Teil dieses Schmerzes hat wahrscheinlich mit dem zu tun, was mir damals passiert ist. Ob ich wohl etwas dagegen tun kann?«

JOEL GOLBY
Schriftsteller und Journalist. Joels Vater starb, als er ein Teenager war, und seine Mutter starb, als er fünfundzwanzig war.
Ich glaube, ich habe nicht gemerkt, dass ich nicht sehr gut damit zurechtkam. Ich dachte, ich schaffe das schon. Ich dachte: »Ich bin so verdammt gut darin, eine tote Mutter zu haben – ich schaffe das.« Und dann, eines Tages, etwa zwei Jahre später, wurde mir klar, dass ich es nicht geschafft hatte und mich nicht damit auseinandergesetzt hatte – ich hatte es einfach irgendwie über mich ergehen lassen.

Ich behaupte nicht, dass die Trauer eines Teenagers stärker ist als die einer Fünfundzwanzigjährigen oder eines Zweiunddreißigjährigen, aber ich möchte doch behaupten, dass man umso länger an diesem Prozess teilnimmt, je jünger man zu dem Zeitpunkt ist, wenn die Trauer beginnt. Ich trage meine Trauer schon länger als viele andere, aber das bedeutet nicht, dass meine Erfahrung weniger oder mehr schmerzhaft ist. Ich habe gelernt zu sehen, dass wir alle in einem riesigen Club sind, nicht nur, wie groß er ist, sondern wie viele Räume er hat. Wie auch immer deine Trauer aussieht, ich denke, es kann helfen, die seltsamen und bizarren Grenzen deines Raumes und all der Räume, mit denen du verbunden bist, zu verstehen.

Wir alle haben winzige Schnittmengen, die wir miteinander teilen können. Ich bin im TGC, ich bin im Raum für Bauchspeicheldrüsenkrebs, ich bin in der Krebsabteilung (»Baldiger Tod nach der Diagnose«, der neben dem Raum »Mehr Zeit, aber langsamer Verfall« liegt). Wir haben jetzt viele neue Räume – einen Covid-19-Raum, einen Raum des Todes während einer Pandemie, einen Raum der Quarantäne-Trauer, einen Raum, in dem Rituale und Verabschiedungen distanziert, maskiert und per FaceTime durchgeführt wurden. Wir sind durch unsere Trauer auf vielfältige Weise miteinander verbunden, manchmal ist das hilfreich, manchmal ruft es Neid hervor, aber wir stehen immer auf derselben Seite. Wenn wir die Besonderheiten dieser Räume verstehen, die Dimensionen, die Freuden und die Grenzen jedes einzelnen Raumes, können wir unsere Trauer besser verstehen.

Wir urteilen oft hart über unsere eigene Trauer, weil wir nicht mit denjenigen sprechen, die unsere spezifischen Trauererfahrungen teilen; mit denen, die uns verstehen und die mitfühlen können. Ich habe es als unglaublich heilsam empfunden, mit Menschen zu sprechen, die verstanden haben, wie schnell der Bauchspeicheldrüsenkrebs jemanden dahinraffen kann, oder die auch wissen, wie es ist, als Teenager:in zu schnell erwachsen zu werden. Es ist heilsam zu wissen, dass andere den gleichen Schmerz wie wir selbst erlitten haben.

Wer warst du, als es passierte? Wie alt warst du? Was geschah damals mit dir? Wer war diese Person, über die der Kummer hereinbrach? Es kann hilfreich sein, dich zunächst zu fragen, welchen Aspekt deines Schmerzes du verharmlost. Bei mir war es mein Alter. Jahrelang dachte ich, nachdem ich aus der Beratung gegangen war und daraus eine dumme Geschichte gemacht hatte, ich hätte mich tatsächlich entschieden, nicht über meine Trauer zu sprechen. Die Wahrheit war jedoch, dass ich dazu noch nicht in der Lage war.

JESS MILLS
Sängerin, Autorin und Podcasterin. 2018 starb Jess' Mutter, die ehemalige Parlamentsabgeordnete Baroness Tessa Jowell, an einem Gehirntumor, kurz nachdem Jess zum ersten Mal Mutter geworden war.
Am schlimmsten war für mich die Tatsache, dass meine Mutter krank wurde und dann starb und sich das direkt mit meiner Mutterschaft überschnitt. Meine Tochter wurde am 28. Februar geboren, meine Mutter erhielt die Diagnose am 24. Mai, und das Jahr, in dem ich Mutter wurde, war im Grunde genommen vom Verlust meiner Mutter überlagert. Ich hätte nie ahnen können, wie sehr ich meine Mutter brauchte, als ich selbst Mutter wurde, und die Erfahrung, als frischgebackene Mutter von ihr bemuttert zu werden, gehört zu den kostbarsten und wertvollsten Momenten in meinem Leben.

JAMES O'BRIEN

Radiomoderator und Schriftsteller. James' sehr guter Freund Andy starb 2020 an einem Gehirntumor.

Ich habe einen wirklich guten Freund im Alter von fünfzig Jahren verloren, im Dezember 2020, am Ende des Lockdowns ... Ich werde im Januar fünfzig. Das ist das erste Mal, dass jemand aus meinem Freundeskreis verstorben ist ...

Man erwartet, dass man seine Eltern überlebt. Ich weiß nicht, ob ich erwartet habe, meinen Freund Andy zu überleben.

AMANDA PALMER

Sängerin und Schriftstellerin. Amanda sprach mit mir über ihre Erfahrungen mit der Trauer.

Die Trauer wartet auf sanfte Art. Ich habe das Gefühl, dass es Beziehungen gibt, die ich vor zwanzig bis fünfundzwanzig Jahren abgebrochen habe oder die abgebrochen wurden und um die ich immer noch trauere. Aber es ist eine sanfte, wogende Trauer, die sagt: »Ich gehe nirgendwo hin, ich bin immer noch da, aber ich werde warten, ich werde bleiben, ich werde diese bleibende Trauer sein, die sanft ausharrt, bis du endlich an dem Punkt der Reife bist, wo du mit dem umgehen kannst, was du verloren hast, was du getan hast, was du verpasst hast, was du verbockt hast.« Und ich habe auch das Gefühl, je älter ich werde, desto leichter werden all diese Dinge – meine eigene Fähigkeit, mir selbst zu verzeihen ...

Als ich dieses Thema weiterverfolgte, wurde mir klar, dass nicht nur das Alter des oder der Trauernden wichtig ist, sondern auch das emotionale Vokabular, das ihm und ihr zu diesem Zeitpunkt zur Verfügung steht. Da ich fünfzehn war, als es geschah, konnte ich es erst verarbeiten, als ich älter war. Das bedeutete, dass ich viele Jahre lang mit einer Trauer lebte, die ich nicht verstand. Das war verwirrend und schwierig, denn es bedeutete, dass sich mein Schmerz unlogisch anfühlte. Ein Großteil meiner Trauer bestand darin, dass ich einen Schmerz fühlte, den ich nicht artikulieren konnte. Ich musste erst herausfinden, mit welcher Art von Knoten ich es zu tun hatte, bevor ich ihn auflösen konnte.

Dein Knoten wird anders sein. Vielleicht warst du älter, hattest aber eine lange und schwierige Beziehung zu der Person, die gestorben ist. In diesem Fall ist deine Trauer vielleicht in einen Schmerz eingebunden, den du der Person zu Lebzeiten nie mitteilen konntest. Oder vielleicht musstest du unmittelbar nach dem Tod aus deinem Zuhause ausziehen, in welchem du die verstorbene Person gekannt hast, daraus besteht ein Großteil deiner Trauer – im Kummer um den Verlust dieses Zuhauses, dieses sicheren Raums. Vielleicht gab es nach dem Tod ein Zerwürfnis in der Familie, was dazu geführt hat, dass du nicht mehr mit deinen Angehörigen kommunizierst, sodass neben der Trauer um den Tod nun auch der Verlust des alten Unterstützungsnetzwerks zu beklagen ist.

Es gibt so viele Situationen, in denen zusätzlich zur Trauer noch andere Verluste empfunden werden können. Diese anderen Dinge, die den eigentlichen Schmerz darüber, dass die Verstorbenen nicht mehr da sind, umgeben, können als sekundäre Verluste oder sekundäre Trauer bezeichnet werden.[50] So kann es sein, dass man Mutter wird, während man seine eigene Mutter verliert; dass man umzieht, während man das Haus seiner Kindheit verkauft; dass man sich von einem/einer langjährigen Partner:in trennt, nachdem ein Geschwister gestorben ist. Es gibt noch andere Schmerzen, die wir zusätzlich zu dem Schmerz über den Tod der Person bewältigen müssen. Ich habe erst viele Jahre später begriffen, dass ich meine Jugend und einen Teil meiner Kindheit verloren hatte. Ich verlor die Fähigkeit, herumzurennen, mich zu betrinken und mich nicht darum zu scheren, was mit mir geschah – weil ich mir der Tatsache bewusst wurde, dass der Tod jederzeit eintreten kann. Es fiel mir schwer, mir einzugestehen, dass ich sowohl um den Verlust eines unbeschwerten Teenagerinnendaseins als auch um den Verlust eines Vaters trauerte. Es schien so frivol, über die anderen Dinge traurig zu sein – aber auch diese anderen Dinge machen einen Teil der Trauer aus.

FELIX WHITE
Musiker, Podcaster und Autor. Felix' Mutter starb an MS, als er siebzehn Jahre alt war.
Es gibt Teile von mir, die immer noch siebzehn Jahre alt sind … Ich habe ein Plattenlabel, und wir veranstalten alle zwei Monate diese tollen Abende. Im September hatte ich Geburtstag, und für einen dieser Abende gab es eine Torte, und da war dieser große, überfüllte Raucherbereich, und ich dachte nur: »Ich werde mich um-

---

50 Die brillante Website »What's Your Grief« (https://whatsyourgrief.com) bietet einige großartige Piktogrammbeispiele.

drehen und diese Torte in die Menge werfen, an meinem vierunddreißigsten Geburtstag.« Ich dachte darüber nach und fand: »Das sind verdrängte Taten eines Teenagers, der verzweifelt danach strebt, gelegentlich groß herauszukommen, ohne dass ich es will; der Junge, der mit siebzehn nicht mit Kuchen werfen durfte …«

Doch plötzlich denke ich: »Ich werde den Kuchen jetzt werfen.« Und das habe ich auch getan.

Ein weiterer hilfreicher Begriff, den man kennen sollte, ist die »aufgeschobene Trauer«. Bei aufgeschobener Trauer wird die Trauer manchmal jahrelang beiseitegeschoben, weil man zum Zeitpunkt des Todes etwas Dringendes zu erledigen hat. Das kann jedem und jeder Trauernden aus verschiedenen Gründen passieren, vor allem aber, wenn der Tod ein Schock ist, tragische Umstände ihn begleiten oder andere Dinge, die einfach sofort erledigt werden müssen – Schulden, Neugeborene, ein anderer Todesfall, eine schwere Krankheit. Die Trauer kann einen in jedem Alter überwältigen. Für junge Trauernde gibt es kein »Erwachsenenproblem«, an dem sie die Verzögerung festmachen könnten: Das Erwachsenwerden *ist* das Problem.

Diese Begriffe, sekundäre Trauer, aufgeschobene Trauer, können die Trauer nicht beheben (erinnere dich daran, dass wir nicht im Club sind, um sie zu beheben oder zu beseitigen, sondern um sie zu verstehen), aber diese Begriffe zu kennen kann dir bei deinem Trauerchaos helfen, es erleichtern. Der Grund, warum du dich betäubt fühlst? Du hattest nach dem Tod etwas so Großes zu bewältigen, dass du die Trauer noch nicht verarbeiten konntest. Vielleicht warst du schwanger, als dein Elternteil starb, und kümmertest dich um einen neuen Menschen, der dich brauchte. Du brichst in Tränen aus, weil deine Katze achtzehn Monate nach einem Großelternteil gestorben ist? Die Trauer hat gewartet und ergießt sich nun über diesen sekundären Verlust: eine Erinnerung daran, dass das, was du gerade erlebst, normal ist. Wenn du dich zur gleichen Zeit um einen anderen älteren Elternteil kümmern musst, fühlst du dich vielleicht distanziert, als ob die Trauer verschwunden wäre – und das ist in Ordnung, sie ist es ja. Es ist niemandes Schuld. So funktioniert Trauer nun einmal. Sie wartet auf einen besseren Zeitpunkt, wenn man bereit ist, diese Gefühle zu empfinden.

MARIAN KEYES
Autorin. Marians Vater starb, als sie in den Fünfzigern war.
Trauer ordnet die Realität neu. Sie ordnet alles neu, meine Gedanken über die Existenz. Alles ist umgestaltet, und ich glaube nicht, dass es wieder so werden kann wie vorher. Das sollte es auch nicht: Wir haben einen Einblick in etwas bekommen, was wir vorher nicht verstehen konnten.

Meine Trauer hat auf mich gewartet. Sie sickerte tröpfchenweise durch, und wenn es so weit war, räumte ich eilig das Chaos auf. Als ich bereit war, mich ihr richtig zu stellen – nun mit emotionaler Reife (und einer brillanten Therapeutin) –, tat ich es. Ich bedaure nicht, dass ich gewartet habe. Ich hatte ja nicht wirklich eine Wahl. Genauso musste meine Trauer sich verhalten.

Was braucht deine Trauer? Ist sie bereit, erforscht zu werden? Braucht sie mehr Zeit, bevor du sie beschreiben kannst? Jede Trauer ist so unterschiedlich und einzigartig wie die Beziehung, die du mit der verstorbenen Person hattest. Feiere die Einzigartigkeit, wenn du kannst. Das ist nichts Negatives, es ist einfach so; genau das hat deine Beziehung zu dieser Person ausgemacht.

JILL HALFPENNY

Schauspielerin. Jills Vater starb, als sie sechs Jahre alt war.
Wenn Leute sagen: »Mein Elternteil starb, als ich noch jung war, und um ehrlich zu sein, hat mich das nicht wirklich berührt«, bringt mich das irgendwie ins Schleudern, denn natürlich hat es das getan. Es ist eines der größten Traumata, die man als Kind erleben kann. Aber was man vielleicht getan hat, und das habe ich getan, ist, es so weit zu verdrängen, dass es ganz nach unten sackt, und dann fängt es an, sich in verschiedenen Verhaltensweisen zu manifestieren – ich war ein ängstliches Kind, ein furchtsames Kind.

SUSAN WOKOMA

Schauspielerin und Autorin. Susans Vater starb, als sie Anfang zwanzig war.
Was ich wirklich schwierig fand, war, dass ich vierundzwanzig war, als es passierte – denn ich war immer noch sehr jung, aber ich war gleichzeitig erwachsen ... Rückblickend erkenne ich, wenn ich älter werde, dass ich ins Schwimmen geraten war und ertrunken bin, ohne zu wissen, was ich da eigentlich tat. Ich dachte mir: »Gut,

ich habe diesen Freund und wohne in dieser Wohnung und sagte meinem Vater, dass ich selbstständig arbeiten würde. Alles klar, ich werde es dir zeigen.«

Also versuchte ich genau das zu tun, und ich habe mir keinen Penny von ihm geliehen, ich machte all diese unabhängigen Dinge ... Und dann verlor ich meinen Vater und fühlte mich wieder wie ein Kind, aber nun bin ich erwachsen.

Dein Trauerchaos ist ein Teil von dir, ein Teil deines Lebens und deiner Umstände. Dein Alter, deine Kultur, deine Religion, deine wirtschaftlichen Verhältnisse – es gibt eine ganze Reihe von Faktoren, die beeinflussen, wie du trauerst, ob du es sofort tust oder abwartest, ob es laut und emotional ist oder ob es dir schwerfällt, darüber zu sprechen. Wenn wir Trauer als eine Einheitsgröße behandeln, erweisen wir uns selbst einen gewaltigen Bärendienst. Deine Trauer gehört zu dir, die Beziehung, die du mit dieser Person hattest, gehört zu dir. Es ist in Ordnung, wenn du diese Trauer erst erforschst, um herauszufinden, was du brauchst.

Als ich mich schließlich meiner jugendlichen Trauer stellte, sah ich nicht das, was ich befürchtet hatte – ein beängstigendes, unwilliges Durcheinander –, sondern ganz im Gegenteil: eine ruhige Traurigkeit. Wie auch immer deine Trauer aussieht, vertraue darauf, dass du, wenn du bereit bist, in der Lage sein wirst, sie anzuschauen. Vielleicht brauchst du einen Fachmann oder eine Fachfrau, der oder die dir dabei die Hand hält, vielleicht brauchst du Zeit, aber du kannst es schaffen. Wenn du deine Trauer ehrlich betrachtest, wirst du beginnen, sie zu verstehen, du wirst wissen, was sie braucht, und du wirst einen neuen Weg finden, sie zu tragen. Du wirst sehen, wie du, gleich einem Baum auf felsigem Boden, gelernt haben wirst, deine Wurzeln um die Trauer herum zu schlagen. Und eines Tages wirst du dich selbst aufrecht halten.

PHILIPPA PERRY

Wenn wir zu zweit sind und eine Beziehung miteinander haben, sei es eine feste Beziehung oder eine reine Freundschaft, dann nimmt jemand, wenn er/sie geht, einen Teil von dir mit, und das hinterlässt eine Lücke in dir. Zum Beispiel eure gemeinsamen Witze, eure gemeinsame Geschichte, die Momente, die nur ihr beide zusammen hattet. Eure gemeinsamen Erinnerungen. Es ist, als würde man einen Teil von sich selbst verlieren, und einen Moment lang tut Trauer dann tatsächlich weh. Einer der Gründe, warum Trauer wehtut, ist diese Leere und dieses Loch in dir. Aber mit der Zeit wird es durch andere Dinge aufgefüllt.

Wenn du dieses Kapitel liest und dir die Vorstellung unwahrscheinlich, wenn nicht gar unmöglich erscheint, dass die Trauer jemals einen Ort des Friedens in deinem Leben finden wird, dann könnte das hier für dich interessant sein: die komplizierte Trauer (auch bekannt als prolongierte [anhaltende] Trauerstörung oder anhaltende komplexe Trauerstörung).

Komplizierte Trauer ist eine relativ neue und etwas umstrittene Entdeckung. Sie wurde erst vor einigen Jahren in die Internationale Klassifikation der Krankheiten der Weltgesundheitsorganisation und 2021 in das DSM (*Diagnostic and Statistical Manual of Mental Disorders*, im Wesentlichen die offizielle »Psychiatrie-Bibel«) aufgenommen. Einige sind immer noch der Meinung, dass Trauer ein zu schwieriger und nuancierter Prozess ist, um als Störung eingestuft zu werden.

Es scheint unmöglich, sich von dieser Art der Trauer zu erholen. Der Gedanke, dass es einem selbst Jahre später gut gehen könnte, kann einem dabei völlig aussichtslos erscheinen. Man schätzt, dass zwischen fünf und sieben Prozent der Trauernden eine komplizierte Trauer erleben. Sie kann aus einer Vielzahl von Gründen auftreten – ein sehr traumatischer Todesfall, eine Vorgeschichte von PTBS, Angstzustände, traumatische Kindheitserlebnisse, extreme Abhängigkeit von der verstorbenen Person in emotionaler oder finanzieller Hinsicht – oder einfach nur so. Oft wird sie als Depression fehldiagnostiziert, weil sie mit dem Gefühl übereinstimmt, dass das Leben trübe und sinnlos ist, aber im Gegensatz zur Depression beruht sie ausschließlich auf einer Trauer, die unüberwindbar scheint. Dr. Kathy Shear, Gründungsdirektorin des Center of Complicated Grief an der Columbia University School of Social Work, sagt, der Unterschied zur Depression bestehe darin, dass es sich um eine »Sehnsucht und ein Verlangen nach der verstorbenen Person und eine Beschäftigung mit den Gedanken und Erinnerungen an sie handelt; man konzentriert sich sehr auf die verstorbene Person und möchte sie wirklich zurückhaben«.

Selbst wenn die Trauer qualvoll ist, können doch die meisten Menschen zugeben, dass es im Laufe der Jahre Tage gibt, an denen es sich besser/leichter/heller anfühlt, dass es Zeiten gibt, in denen sie das Ende des Tunnels sehen, Glück empfinden oder sogar anerkennen, dass ihr Leben um eine sehr schmerzhafte Erfahrung herum weiterwächst. Bei komplizierter Trauer kann sich der Kummer genauso intensiv anfühlen wie zum Zeitpunkt des Todes. Der Schmerz scheint sich nicht zu lindern. Es kann schwierig oder unmöglich sein, überhaupt ein neues Leben aufzubauen. »Wenn wir uns an die Situation gewöhnen«, sagt Dr. Shear, »wird die Trauer auf natürliche Weise abklingen und in den Hintergrund treten, und genau das ist unserer Meinung nach bei der anhaltenden Trauerstörung anders, denn es geschieht nicht. Wir glauben, dass das Grundproblem darin besteht, dass die Person nicht in der Lage ist, sich an den Verlust zu gewöhnen.«

Dr. Shear und andere, darunter Holly Prigerson, Professorin für Geriatrie, Soziologie und Medizin und Direktorin des Cornell Center for Research on End-of-life Care, arbeiten daran, diese Art der Trauer besser zu verstehen. Dr. Prigerson hat die Einzelheiten der komplizierten Trauer benannt – eine äußerst wichtige Neuerung, denn sie bedeutet, dass diese Störung behandelt werden kann und dass die Krankenkassen die Kosten für die Behandlung übernehmen. Als ich für die BBC-Radio-4-Dokumentation *What We've Learnt About Grief* mit Dr. Prigerson sprach, wies sie auf die zahlreichen Folgen hin, die entstünden, wenn anhaltende Trauer nicht ernst genommen würde. »Das zentrale Kardinalsymptom der prolongierten Trauerstörung ist die Sehnsucht. Die Menschen protestieren: ›Nein, ich brauche diese Person wieder in meinem Leben‹«, erklärte sie. »Und empfinden die Menschen dieses Gefühl, nachdem jemand, den sie lieben, oder eine andere Person gestorben ist? Ja, das tun sie, aber nicht noch nach zwölf Monaten. Wenn man sich jeden Tag so intensiv fühlt, ist das nicht normal … Kurzum, es spielt keine Rolle, wie man zu diesen scheinbar harmlosen Symptomen kommt, es besteht ein erhebliches Risiko, dass die Symptome nicht verschwinden und sogar körperliche Folgen haben.«

Komplizierte/prolongierte Trauer ist relativ selten und kommt bei den meisten Menschen, die einen Trauerfall erleiden, nicht vor. Wenn du dich jedoch so fühlst, gibt es Therapien, die zwar noch im Entwicklungsstadium sind, aber ich habe mit Menschen gesprochen, die diese Art der »Behandlung von Trauer« als lebensverändernd empfunden haben. Andere sind der Meinung, dass die Kategorisierung eines emotionalen Zustands wie der Trauer schnell zu einer Medikalisierung führt – mit der damit verbundenen Befürchtung, dass ganz einfach Antidepressiva verschrieben werden, anstatt dass jemand traurig sein darf, weil jemand gestorben ist. Es ist ein komplexes Thema, aber ich kann dir nur raten, dir die Unterstützung zu suchen, die deiner Trauer gerecht wird.

*

TGC-CODA

Ich möchte an dieser Stelle zum Teenage Grief Club (TGC) sprechen. Bitte bleib, auch wenn du kein/keine Teenager:in bist, wir können alle von den Geschichten der anderen lernen.

Das meiste, was ich anfangs über Trauer las, war in zwei Kategorien eingeteilt: Hilfe für ein Kind und Hilfe für einen Erwachsenen – und vieles von dem, was ich las, ordnete die Teenager:innen der Kategorie der Erwachsenen zu. Der TGC ist ein kleiner Teil des Clubs, aber wie in allen seinen Nischen[51] fand ich auch hier tröstliche Gemeinsamkeiten, die meine Trauer-Schuldgefühle ein wenig erleichterten. Im *Griefcast* traf ich andere TGC-Mitglieder, die auch nur eine einzige Therapiesitzung besucht hatten, sich wie ein Riese in Liliput (AdÜ: Insel aus Jonathan Swifts Roman *Gullivers Reisen*) fühlten und deshalb nie wieder zurückkehrten; oder die die Toter-Vater-Karte nutzten, um in Ruhe gelassen zu werden; oder die auf Hauspartys nicht mehr zurechtkamen; oder nicht mehr darüber reden konnten, wer auf wen steht; jetzt wussten sie, was das Wort Tod wirklich bedeutet. Mir hat es geholfen, endlich mit anderen Mitgliedern zu reden – trotz unserer sehr unterschiedlichen Trauerfälle, Zugänge zur Trauer und Beziehungen zu den Toten. Wenn man eine Gruppe/einen Raum/einen/eine Trauergefährt:in findet, erkennt man, dass man die Trauer bewältigen kann – denn irgendwie leben ja auch andere Menschen damit.

Also, liebes TGC-Mitglied, falls auch du Schwierigkeiten hattest, diesen Raum zu finden, möchte ich dir ein paar Dinge mitteilen.

---

51 Nische ja, aber man sollte immer bedenken, dass im Vereinigten Königreich alle 22 Minuten ein Elternteil eines Kindes unter 18 Jahren stirbt – das sind rund 23 600 Todesfälle pro Jahr. Das bedeutet, dass jeden Tag etwa 111 Kinder einen Elternteil verlieren. Eines von 29 Kindern im Alter zwischen fünf und 16 Jahren hat einen Elternteil (oder ein Geschwister) verloren – das betrifft ein Kind in jeder durchschnittlichen Schulklasse. (Quelle: https://www.childbereavementuk.org/)

Die unangenehmen Dinge, die es mit sich bringt, Mitglied im TGC zu sein

1) À la Vogel Strauß

Du kennst sie nicht wirklich. Bis ein Elternteil krank und verletzlich wird, sind sie einfach da, wie das Sofa. Du unterschätzt, wie sehr du eines Tages vielleicht etwas über sie wissen wollen würdest, weil du zu sehr damit beschäftigt bist herauszufinden, wer *du* bist. Du bedauerst vielleicht, dass du sie nicht gefragt hast, warum (und wie) sie das Schullabor in die Luft gejagt haben oder wie es sich angefühlt hat, halluzinogene Pilze zu essen und mit dem Motorrad durch London zu fahren.[52]

2) Der Trick des Zauberers

Viele junge Trauernde haben vom Tischtucheffekt des Zaubertricks gesprochen. Sie hatten das Gefühl, dass jemand, während sie für eine Sekunde die Augen geschlossen hatten, das Tischtuch unter allem weggezogen hat. Als sie die Augen wieder öffneten, schien es, als ob alles im Grunde genommen gleich geblieben wäre, nur ein wenig aus dem Gleichgewicht geraten, nicht mehr *ganz* an seinem Platz.

Es hinterlässt ein mulmiges Gefühl, wenn Menschen einfach so sterben. Ich hatte immer das Gefühl, in einem Schwimmbad zu sein, und das Wasser war tiefer, als ich dachte. Ich wollte immer wieder mit meinem Fuß den Boden berühren, nur um dann entsetzt festzustellen, dass der Boden des Beckens gar nicht da war. Eine der jungen Trauernden, mit denen ich in meinem Podcast sprach, war die

---

52 Wahrscheinlich toll und sehr gefährlich.

Schriftstellerin und Schauspielerin Brona C. Titley. Als ihre Freundin Ciarra in ihren frühen Zwanzigern starb, beschrieb Brona es so, als würde man in einem Terrarium leben, und plötzlich wurde der Deckel angehoben, jemand nahm einen Menschen fort und schlug den Deckel wieder zu. Wir sprachen über den Schock und die Angst, so jung zu erfahren, dass der Tod einen so schnell einholen, ruinieren und zerstören kann; dass etwas oder jemand mehr Kontrolle über dein Leben hat als du selbst.

3) Der Freeze

Trauer hat die Macht, uns erstarren zu lassen. Nach der schnellen Diagnose und dem Tod meines Vaters stand ich unter Schock. Sein Tod hat meine innere Uhr angehalten – als ob auch meine Kindheit gestorben wäre und das Leben nun vorbeirauschte. Dabei wollte ich doch nur eine Sekunde lang das Tempo drosseln und versuchen, das Mädchen, das er kannte, zu bewahren. In Wahrheit kann man aber die Zeit nicht anhalten, man wächst weiter und lebt weiter. Aber dieses Trauma kann dazu führen, dass man gefühlsmäßig in dem Alter stecken bleibt, in dem man war, als es passierte. Später im Leben, wenn man wieder Stress ausgesetzt ist, kehrt man oft dorthin zurück.

Das ist eine universelle Wahrheit der Trauer: Es ist hart, das Alter hinter sich zu lassen, in dem man war, als sie einen kannten. Aber im TGC zu sein bedeutet, dass der Ort, an dem wir stehen geblieben sind, mitten in einem Transformationsprozess lag. Natürlich konnte ich mich nicht physisch einfrieren – selbstverständlich habe ich mich verändert, die Zeit existierte immer noch –, aber ich habe ein

Stück meines jugendlichen Herzens und Gehirns herausgeschnitten und weggeschlossen, um sicherzustellen, dass sie, die Jugendliche, die ihn kannte, nicht sterben würde. Und wenn das Mädchen, das er gekannt hatte, noch lebte, dann war er in gewisser Weise auch noch nicht ganz gestorben. Ein logischer Wahnsinn, den nur der Schmerz rechtfertigen kann.

Was war der Preis für dieses Opfer, dafür, dass ich mein fünfzehnjähriges Ich nie loslassen konnte? Jedes Mal, wenn mich die Zeit daran erinnerte, wie sehr sie sich verändert hatte, war ich erstaunt und verletzt. Schließlich wurde mir klar, dass ich die Fünfzehnjährige loslassen musste. Und ihn. Mir wurde klar, dass es mich erstickte, das Mädchen am Leben zu halten.

Das Tolle an der Mitgliedschaft im TGC
1) Der/die Surfer:in
Im TGC zu sein bedeutet, dass man viel Zeit hat, Dinge zu verarbeiten, mehr Zeit ohne sie als mit ihnen. Vielleicht erlebst du mehrere Trauerwellen, aber gerade wegen dieser Fülle wirst du sehr geschickt darin werden, sie zu erkennen. »Ah, da kommt schon wieder eine«, denkst du dir, während du losziehst, um drei riesige Tafeln Schokolade und etwas Rum zu kaufen und dich bei deinem Netflix-Konto anzumelden, um alle zehn Staffeln von *Friends* zu sehen. Das macht die Wellen im Moment nicht leichter, aber man lernt zu erkennen, dass sie nicht von Dauer sind, dass sie sich abschwächen, dass die Abstände zwischen ihnen länger werden können. Dass man sie überleben kann.

2) Die DDC/DMC*-Karte (*entsprechend auswählen)

Ich benutze sie heutzutage viel seltener, aber wann immer du die »Toter Vater/tote Mutter/Tote/toter Oma/Opa/Bruder/Schwester/Freund:in/Person, die du liebst«-Karte benutzen willst, solltest du das auch tun. Es gibt zu wenige Vorteile in diesem Club, um die, die er bietet, nicht zu nutzen. Am erfolgreichsten (und mit den meisten Schuldgefühlen) habe ich die Karte genutzt, um in der Schule nicht nachsitzen zu müssen. Um ehrlich zu sein, hätte mein Vater am Tag zuvor Geburtstag gehabt. Wir waren alle beim Rauchen erwischt worden, und mir drohte eine saftige Abreibung. Also meinte ich ganz locker: »Oh, tut mir leid, Miss, es ist halt nur so, dass gestern mein Vater Geburtstag gehabt hätte und ich mich ein bisschen beschissen fühle …« Sie starrte mich an – bis heute bin ich mir nicht ganz sicher, ob sie wusste, was ich da tat oder nicht – und schickte mich nach Hause (während die anderen Raucher:innen nachsitzen mussten). Es fühlte sich gut an. Es fühlte sich … angenehm an. Es war ein schönes Gefühl, aus dem ganzen Schlamassel herauszukommen. Nutz es mit Bedacht, aber ohne Schuldgefühle, wenn du es brauchst.

3) Das Feuer

Dieses Angebot ist zeitlich begrenzt, aber interessanterweise musst du nicht Mitglied im TGC sein, um in seinen »Genuss« zu kommen. Viele Trauernde, mit denen ich gesprochen habe, haben »das Feuer« erlebt. Es ist das Gefühl, nach einem Verlust unantastbar zu sein. Die innere, vorsichtige Stimme, die in den meisten von uns lebt – Sollte ich …? Ist es in Ordnung, wenn ich …? Wird es die anderen stören, wenn ich …? – verschwindet. Du brauchst dich nicht darum zu kümmern, was andere über deine Handlungen denken. Die Mutter des Schauspielers und Schriftstellers Robert Webb starb an Brustkrebs, als er siebzehn Jahre alt war. Er beschrieb seine Situation so: »Das für mich schlimmstmögliche Szenario trat ein, als meine Mutter verschwand, und das hat mich in gewisser Weise ermutigt.«

Man kann kaum vorhersagen, wie sich das Feuer manifestieren wird; es ist kein Gefühl, das man in netten Anekdoten zusammenfassen kann. Es ist eine völlige Veränderung der Sichtweise. Was auch immer vorher wichtig war, spielt plötzlich keine Rolle mehr. Deine normalen Sorgen verwehen wie Asche im Wind. Es ist dir egal, was die Leute denken oder sagen oder was du zu einer bestimmten Zeit tun solltest. Nichts ist von Bedeutung, denn sie sind tot, und deshalb ist auch nichts von Bedeutung.

Ich gehe (sehr unwissenschaftlich) davon aus, dass das Feuer etwa fünf Jahre anhält, bevor es nachlässt und man wieder ein normaler Mensch in der Gesellschaft ist. Aber während es brennt, erzeugt es eine Hitze, die einen sehr antreiben kann. Nach einem Todesfall ermutigt dich dieses Feuer, manchmal schamlos, manchmal egoistisch. Für mich wurde »das Feuer« zu einer Befreiung: Ich hatte diese schreckliche Sache, die fast mein Leben zerstört hätte, irgendwie überlebt. Ich war noch am Leben, und ich glaubte, dass mich nichts mehr verletzen konnte als das, was gerade passiert war. Man empfindet nur noch die notwendigsten und wesentlichsten Gefühle, und das ist eine Art von Freiheit. Und mit dieser neuen Freiheit ist auch eine Erleichterung verbunden – dass der Sterbeprozess vorbei ist (vor allem dann, wenn der Tod durch eine unheilbare Krankheit verursacht wurde). Es ist vorbei. Wie auch immer sie gestorben sind – schmerzhaft, tragisch, friedlich –, es ist vorbei.

JESS MILLS

Für mich jedenfalls war die Trauer eine sehr weitreichende Erfahrung. Es war nicht wie eine Einschränkung oder Belastung. Tatsächlich war es sogar eine unglaubliche Erweiterung, und zwar so sehr, dass ich das Gefühl habe, Farben des Regenbogens zu sehen, von denen ich vorher nicht wusste, dass sie überhaupt existieren. Und ich habe das Gefühl, dass die lebensverändernde, wie eine Art von ordnender Erfahrung der Trauer, die ich durch den Verlust meiner Mutter gemacht habe, mir Zugang zu Gefühlen und ein Verständnis für Dinge ermöglicht hat, von denen ich vorher nicht wusste, dass es sie gibt, und das ist in alldem auch ein unglaublicher Reichtum.

Das Feuer ist nicht universell, aber ich habe festgestellt, dass viele junge Trauernde nach dem Tod einen starken Schub erlebt haben. Es ist der Wunsch, nicht zu sterben, frei vom Tod zu sein. Ich habe das gespürt, nachdem ich meinen Vater sterben sah. Eine Kraft begann mich anzutreiben. Ich wollte atmen. Ich wollte einen riesigen Atemzug voll Luft einatmen, um zu spüren, dass ich hier bin, dass ich lebe. Viele Trauernde haben ein schlechtes Gewissen wegen dieses Drangs zu leben; es kann sich anfühlen, als ob man vor der verstorbenen Person wegläuft. Aber darum geht es nicht: Es ist eine Flucht vor dem Tod selbst – vor allem nach einem Krankenhausaufenthalt, wo die Luft dünner ist, wo man leise spricht und wo alles darauf abzielt, jemanden vom Leben zu erlösen. Morphium, Ärzt:innen, Nadeln, zurückgezogene Vorhänge – ich wollte so sehr davor weglaufen. Dieser Funke, der Wunsch zu leben, wird zu einem Feuer und beginnt zu brennen. Jetzt kennst du das Geheimnis des Lebens: Du hast keine Kontrolle darüber und keine Wahl, wie du stirbst. Irgendwann wird es einfach geschehen.

Das Feuer ist nicht immer angenehm, und ich habe gesehen, wie es sich auf alle möglichen Arten manifestiert. Ich habe die Auslöschung nach der Trauer gesehen, ein weiterer Tod an sich. Ich habe Rücksichtslosigkeit gesehen: Der junge Mensch, der entschlossen ist zu leben, indem er oder sie jede noch so gefährliche oder unsichere Erfahrung mitnimmt. Ich selbst fühlte mich zuerst wie in Stücke zerschlagen. Was bedeutete meine Zukunft? Was war nach seinem Tod überhaupt noch wichtig? Während andere vielleicht einen neuen Weg einschlagen, war ich davon befreit, mich darum zu kümmern, was die Leute dachten – ein Ort der Freiheit, den ich jetzt manchmal wehmütig vermisse.

Malcolm Gladwell bezieht sich in seinem Buch *David und Goliath. Die Kunst, Übermächtige zu bezwingen* auf seine eigene Version des »Feuers«. Er nennt diejenigen, die es erleben, »besondere Waisen« und stützt sich auf die Ergebnisse mehrerer Studien, die zeigen, dass viele erfolgreiche Menschen einen Elternteil in jungen Jahren verloren haben. Eine Studie ergab, dass 67 Prozent der britischen Premierminister:innen vor ihrem sechzehnten Lebensjahr einen Elternteil verloren haben[53] – doppelt so viele wie die Mit-

---

53 Ich wette, Gladstone hätte sich auch geärgert, auf einem winzigen Stuhl sitzen zu müssen.

glieder der britischen Oberschicht, der sozialen Gruppe, aus der die meisten Premierminister:innen stammten.[54] Das gleiche Muster wurde bei den US-Präsidenten festgestellt: Zwölf der ersten 44 US-Präsidenten verloren ihre Väter, als sie noch jung waren.

Zunächst wurden solche Muster als Zufälle abgetan, doch als immer mehr Studien einen Zusammenhang zwischen Verlusten in jungen Jahren und späterem Erfolg feststellten, begannen sich die Forscher:innen zu fragen, warum ein frühes Trauma möglicherweise zu hohen Leistungen anspornen könnte. Sie hatten das Feuer gefunden, das nach der Trauer entsteht, und ein bizarres Nebenprodukt dieser Katastrophe war zuweilen, dass die Person später Großes erreichte.

Gladwell verweist auf den »Geist des Blitzkriegs« unter den Londonern im Zweiten Weltkrieg, ein Phänomen, das von den Behörden nicht vorhergesagt worden war. Die Regierung hatte mit einer Massenpanik gerechnet, die jedoch, wie wir wissen, nicht eintrat. Das Leben ging trotz eines unglaublichen Traumas weiter. Was als Schwachpunkt erwartet wurde, erwies sich als moralische (und propagandistische) Verstärkung. In den Monaten nach dem »Blitzkrieg« untersuchte der Psychiater und Dozent J. T. MacCurdy von der Universität Cambridge die Reaktionen der Menschen auf die Bombardierungen und teilte sie in drei verschiedene Gruppen ein. Erstens rannten die von den Bomben Getöteten nicht durch die Straßen und verursachten Panik – weil sie ja tot waren. Dann gab es die »Beinahetoten«, also diejenigen, die nahe genug an der Explosion waren, um sie zu erleben und

---

54 Auch jetzt noch.

die Zerstörung zu sehen, und die erleichtert und schockiert zugleich waren, dass sie überlebt hatten. Dann gab es die anfangs nicht gezählten »Fernopfer«, Menschen, die nahe genug wohnten, um die Explosion zu hören und zu spüren, wie ihre Häuser erzitterten, die aber körperlich unversehrt überlebten. Diese Aufrechnung des Schicksals wurde für die Überlebenden zu einer berauschenden Mischung; sie waren fast gestorben, und danach fühlten sie sich seltsamerweise unbesiegbar. Es gibt Berichte von Menschen, die eine Nacht in einem Anderson-Bunker verbrachten (AdÜ: Wellblechbunker, ab 1938 massenweise in England hergestellt), überlebten und nie wieder in den Bunker zurückkehrten.

Diese Widerstandsfähigkeit ist in der britischen Geschichte zu einem Mythos geworden, aber Gladwell weist darauf hin, dass Menschen eben auf diese Weise auf ein Trauma reagierten, unabhängig davon, wie sehr sie dem Londoner Eastend entstammten oder wie sehr sie ihre Emotionen kontrollierten. Die Regierung hatte den britischen Geist nicht unterschätzt, aber sie war davon ausgegangen, »dass es nur eine Art von Reaktion auf etwas Schreckliches und Traumatisches gibt. Das ist nicht der Fall. Es gibt zwei Arten.« Es kann ein regelrechter Schock sein, wenn man entdeckt, dass das Trauma eines frühen Verlustes einen auf eine Weise stärken kann, die niemand erwartet.

Jede/jeder, die oder der in jungen Jahren einen Elternteil verloren hat, weiß das. Deine Reaktion entspricht vielleicht nicht immer dem, was du oder dein Umfeld erwarten. Du kannst, so erschreckend es auch klingen mag, nach einem Todesfall aufblühen. Das bedeutet nicht, dass du über ihren Tod froh bist; das ist nicht der Grund, warum du ohne

Furcht bist. Es kann einem *gerade* nach dem Tod gut gehen. (Die Mitglieder im TGC sind oft gezwungen, so zu tun, als sei dies ein seltsamer Zufall im Zusammenhang mit ihrer Trauer, aber nachdem ich mit so vielen in dieser Abteilung des Clubs gesprochen habe, weiß ich, dass es nicht so ist. Es ist eine instinktive Entscheidung. Sie ist nicht einfach und auch nicht immer ganz bewusst; sie ist etwas viel Ursprünglicheres.) Der Tod eines Elternteils oder ein anderer großer Trauerfall, den man als Teenager:in erlebt, ist kein Bombeneinschlag, aber es kann sich so anfühlen – als wäre die ganze Welt zerstört worden, und jetzt starrt man auf den Trümmerhaufen, wo früher ein Mensch war. Diese Erfahrung ist sowohl schrecklich als auch seltsam berauschend.

Meiner Meinung nach unterschätzt Gladwell aber die Fülle dieser Erfahrung, wenn er sie nur auf ein Gefühl reduziert – auf den Mut. Es ist sicher eine Tapferkeit, aber eine, die derart in Traurigkeit und Schmerz verpackt ist, dass es wehtut, sie zu tragen. Ja, ich kann tapfer sein: Ich war stark, weil ich es sein musste. Diese Widerstandsfähigkeit hat einen hohen Preis, aber ich werde mich nicht mehr wegen ihrer positiven Auswirkungen schlecht fühlen. Es gibt genug negative Auswirkungen, die das ausgleichen.

Ein weiterer wichtiger Punkt, auf den Gladwell hinweist, ist, dass Gefangene ebenso wie künftige Staatsoberhäupter zwei- bis dreimal häufiger einen Elternteil in der Kindheit verloren haben. Das Trauma des Verlustes eines Elternteils in den ersten Lebensjahren ist keine Garantie für einen Job in 10 Downing Street; wer Eltern hat, die es sich leisten können, ihn vor ihrem Tod nach Eton zu schicken, ist wesentlich besser dran. Ob man zum Erfolg getrieben wird oder untergeht, kann nicht so einfach auf einen Todesfall in der Familie zurückgeführt werden, wenn es doch so viele andere sozioökonomische Faktoren gibt, die zuerst betrachtet werden müssen. Aber Tatsache ist: Das Feuer ist da – ein nagendes Gefühl, dass der Tod einem eine Zeit lang etwas gegeben hat, während er einem etwas Größeres genommen hat.

FELIX WHITE
Wenn wir bei den Maccabees (AdÜ: englische Indie-Rock-Band) bestimmte Dinge erreicht hatten, wurde ich plötzlich sehr traurig. Wir haben auf etwas hingearbeitet, zum Beispiel war unsere letzte Aufnahme zur Nummer eins geworden, und ich war plötzlich besessen davon, auch die neue Aufnahme für ein paar Wochen zur Nummer eins zu machen – und dann passierte genau das. Als ich dann den Anruf bekam, dass es geklappt hatte, überkam mich plötzlich eine große Traurigkeit … Weil du es nicht mehr dem Menschen mitteilen kannst, dem du es mitteilen möchtest.

Die Zeit im TGC war nicht leicht. Ich habe über ihn gemeckert – und ich habe oft gegen die Flut angeschrien. Aber wie immer hat mir das Wissen, dass ich nicht allein in diesem Raum war, geholfen, hier zu leben. Andere haben gefühlt, was ich gefühlt habe, und haben weitergemacht. Sei dir immer bewusst, dass, egal in welchem Raum des Clubs du dich befindest, er voll ist. Randvoll mit anderen Menschen, denen auch ein Stück ihres Herzens fehlt. Sie überleben nach der Explosion. Und du kannst das auch.

Welle – 2008

Ich weiß nicht mehr, wann die Asche abgeholt oder übergeben wurde, ob meine Mutter selbst hingegangen ist. Sie muss es getan haben, ich war nicht dabei. Ich weiß nur, dass er in den Kleiderschrank gelegt wurde und dort zehn Jahre lang blieb. Er war in einer weißen Plastiktüte ohne Logo. Ich denke, Beerdigungsfirmen brauchen kein großes Branding.

Im Zimmer meiner Eltern gibt es zwei Schränke, die in die Nischen zu den Seiten des alten Kamins eingebaut sind. Sie sind groß, aus Kiefernholz und haben Griffe von Laura Ashley. Die Türen lassen sich auf dem dicken Teppichboden nicht gut bewegen, man muss wirklich kräftig ziehen, um sie zu öffnen. Früher gehörte der eine Schrank ihm und der andere ihr. Irgendwann hat sie beide in Beschlag genommen, obwohl seine Anzüge noch jahrelang darin hingen. Anzüge und Krawatten und Hemden – ein Seidenschal mit Enten darauf, auf den er sehr stolz war; ein Smoking; sein Hochzeitshemd mit dem unglaublichen Vogelmuster von M. C. Escher in Orange, Weiß und Braun, mit einem Kragen, auf dem man segeln könnte. Sie scherzte immer, dass er im Kleiderschrank sei, und ich dachte mir nichts dabei, bis ich eines Tages herumstöberte, um mir ein paar Schuhe oder eine Tasche »auszuleihen«, und da war er. Die weiße Plastiktüte.

»Was ist das, Mum?«, rufe ich.

»Was?«, ruft sie zurück (meine Familie fragt nicht, wir schreien ins Nebenzimmer/die Treppe hinunter/in den Garten, bis wir gehört werden). Sie bewegt sich auch nicht, es kommt zu einer Pattsituation, bis eine von uns zu laut schreit.

»Im Kleiderschrank!«

»Was?«

»Die Tüte! Im Schrank.«

»Welche Tüte?«

»Die Tüte!«

»Welche Tüte?«

»Die Tüte!«

»Welche Tüte? Ach, um Himmels willen.« Sie stapft die Treppe herauf, ich zeige auf die Tüte, sie sieht sie und sagt sofort: »Oh, das ist dein Vater.«

»Da drin? Einfach so in der Tüte?«

»Ja! Was soll ich sonst mit ihm machen?«

Ich konnte nicht mehr klar denken, also nahm ich einfach eine schwarze Abendtasche aus Samt, die mir gefiel, und schloss die Tür mit einiger Mühe.

Ich weiß nicht mehr, wann wir beschlossen, dass es an der Zeit war, aber wir wussten, als es an der Zeit war. Es war bald zehn Jahre her, und ich glaube, wir hatten alle ein schlechtes Gewissen, dass er immer noch im Kleiderschrank lag. Ich konnte nicht einmal sagen, dass es ihm nichts ausmachen würde, denn ich glaube, das wäre zu diesem Zeitpunkt schon der Fall gewesen.

Wir entschieden uns für Wales. Es schien passend. Wir würden ihn dorthin zurückbringen, wo er herkam. Ich habe keine Ahnung, ob er ein besonders stolzer Waliser war; das war also noch ein Gespräch, das wir nie führen konnten. Ich erinnere mich, dass er uns einmal gezwungen hat, ein Rugby-spiel anzuschauen und dabei ein walisisches Trikot trug, aber ich hatte nicht das Gefühl, dass ihm das besonders am Herzen lag. Er wurde außerhalb von Cardiff geboren, in einem verschlafenen Dorf, wo die Lloyds einen Süßwarenladen betrieben. »Wir hätten das nächste Sainsbury's sein können«, pflegte mein Großvater zu sagen. Aber das waren wir nicht.

Wir werden ihn zurück nach Wales bringen, in das Land seiner Väter. Neben den Industriegebieten gibt es Landschaften, die einen an der Hand nehmen und beruhigen können. Wir werden nach Wales fahren, zu den Sanddünen, in denen wir gespielt haben, als er uns dorthin mitnahm. Dorthin, wo er als Kind mit seinen Brüdern zeltete. (Mein Großvater erzählte mir, dass es diese Sanddünen nur deshalb gibt, weil ein Hollywoodfilmteam in den 1950er-Jahren den Sand dort abkippte. Lügen. Darin sind wir als Familie gut. Er erzählte mir, sein zweiter Vorname sei Merlin und dass wir von dem großen walisischen Magier abstammten. Ich glaubte ihm, bis ich als Erwachsene feststellte, dass sein zweiter Vorname eigentlich Mervyn war. Die Tatsache, dass Merlin gar nicht in echt existiert, schien mir egal zu sein.)

Wir fahren nach Wales, eine Fahrt, die wir schon viele Male gemacht haben. Aber jetzt sind wir zu dritt. Es regnet, natürlich. Es regnet immer, wenn wir die Brücke überqueren. Ich weiß noch, wie mein Bruder einen Inhalator brauchte und wir in Port Talbot eine Apotheke fanden. »Woher kommst du denn?«, fragte ihn der Apotheker mit einem dicken südwalisischen Akzent.

»London.«

»Oh, ist das groß?«

»Wie bitte?«

»London, ist das groß?«

»Äh, na klar ist es groß.«

»Oh, das ist aber schön für dich.«

Das hat uns tagelang vor Lachen zum Heulen gebracht.

Wir sagen es auch heute noch. »Das ist aber schön für dich. Die Asche deines Vaters mit einem leichten Asthma zu verstreuen.« Wir haben das regelrechte Bedürfnis zu lachen. Ein Bedürfnis, wieder Luft in unsere Herzen zu bringen, die Lunge zu füllen. Wir versuchen, nicht zu viel darüber nachzudenken.

Wir klettern in die Dünen hinauf, finden einen Platz in Meeresnähe, umgeben von Gestrüpp und Schilf. Der gelbe Sand rutscht unter unseren Füßen, der Wind weht, rau, aber auf walisische Art, nicht so stark, dass er einen umwirft, aber stark genug, um sich bemerkbar zu machen. Mum holt die Tupperware-Box heraus. Wir sind alle traurig, aber nicht verzweifelt. Es fühlt sich richtig an, zur rechten Zeit, wir sind am richtigen Ort. Sie kippt ihn aus, und der walisische Wind trägt ihn von uns weg. Allerdings nicht, bevor ein großes Stück von ihm direkt in mein Auge fliegt. Ich lache. Warum? Bin ich in einem Film? Das ist ein perfekter, furchtbarer Scherz. Es sticht, und mein Auge tränt fürchterlich, ein riesiges Körnchen ist darin. Alles, was ich denken kann, ist: »Welches Stück von ihm ist es? ... Ist das jetzt wichtig?« Meine Mutter und mein Bruder sehen besorgt aus, ich meine, das könnte noch ganz schön unangenehm werden.

Bin ich bestürzt? Ich schaue auf das Meer und den Sand und weiß, dass er hier spazieren gegangen wäre, dass er hier geträumt und gehofft hätte. Ich fühle mich ihm so nahe wie seit vielen Jahren nicht mehr, und ich lache. Denn natürlich lache ich, ich habe ihn im Auge. Ich lache über die Verrücktheit des Ganzen. Ich lache darüber, wie bescheuert es ist, dass Menschen sterben und wir darüber so traurig sind. Ich lache, weil es lustig ist, und inmitten all der Trauer ist es gut, wieder Luft zu holen.

Fragen, die ich mir stelle

Warum wurdest du von der Schule verwiesen?
Wie hat Opa dich wieder in die Schule reinbekommen?
Warum hast du ein Motorrad bekommen?
Wer hat dir das Fahren beigebracht?
Welches Essen mochtest du als Kind?
Wann hast du dich das erste Mal betrunken?
Warum warst du kurze Zeit in dieser Sekte?
Wie hast du dich nach dem Motorradunfall gefühlt, als sie dir
sagten, du würdest nie wieder laufen können?
Wann hast du gedacht: »Oh, ich werde einen Marathon lau-
fen«?
Warum warst du sauer?
Warum hast du geschrien?
Wann hast du gedacht: »Wir verstehen uns nicht so gut«?
Hast du versucht, das zu ändern?
Hattest du ein schlechtes Gewissen, weil du so viel gearbei-
tet hast?
Wie seid ihr mit uns umgegangen, als wir klein waren?
Habt ihr uns geliebt?
War es einfacher mit einem Jungen als mit mir?
Erinnerst du dich daran, dass du mir vorgelesen hast?
Fandest du, dass du ein guter Vater warst?
Fandest du, dass wir uns gut entwickelt haben?
Warst du wütend, dass du sterben musstest?
Was wünschtest du, hättest du noch getan?
Was wünschtest du, hättest du noch gesagt?

Ich wünschte, ich hätte dich gefragt.

Welle – 2010

Ich möchte eine Therapie versuchen.

Ich möchte etwas versuchen.

Weil alles in mir brodelt.

Die Tür geht auf, und der Schrank ist voll, und der Kessel kocht über.

Ich brauche Hilfe.

Ich google, ich schreie ins Internet: »Hilf mir.« Ich habe keine Ahnung, was ich brauche, ich versuche nur, jemanden zu finden, mit dem ich reden kann. Ich weiß, dass es um meinen Vater gehen wird, aber ich spreche es nicht laut aus. Die Trauer ist immer noch hinter den Wörtern verborgen, gestresst und müde, und versteckt sich.

Ich suche nach jemandem, der oder die Trauer als sein oder ihr Spezialgebiet angibt. Ich frage mich, ob ich wirklich mit jemandem sprechen möchte, der Trauer als Fachgebiet angibt.

Ich finde jemanden direkt um die Ecke.

Ich fühle mich krank, wenn ich dorthin gehe, ich will das gar nicht tun. Ich zwinge meine Füße vorwärtszugehen, etwas, was ich heutzutage oft tun muss – ich zwinge meine Füße, auf die Bühne zu gehen, auf Partys zu gehen, zum Vorsprechen zu gehen, ich zwinge sie weiterzugehen. Vielleicht habe ich das nach seinem Tod gelernt – einfach weitergehen. Ich weiß, wie man vorwärtsgeht, ich weiß, wie man das macht. Ich kann durch Dinge hindurchgehen, ohne stehen zu bleiben.

Ihre Praxis ist zugleich ihr Haus. Warum habe ich einen Ort gewählt, der so nah ist?

Ich werde wieder an diesem Haus vorbeigehen; ich werde ihr an der U-Bahn-Station begegnen.

Es fühlt sich unangenehm an, in das Leben eines anderen Menschen einzutreten und zuzugeben, dass es einem nicht gut geht.

Es fühlt sich schäbig und verrückt an.

Ich weiß nicht, wo ich anfangen soll.

»Er ist gestorben? Er ist tot? Mir geht es nicht gut. Das ist alles, mir geht es nicht gut.«

Ich habe jetzt Angstzustände, fühle Nervosität, mein Denken geht im Kreis, ich leide unterm Reizdarmsyndrom, habe ständige Angst, meinen Status als »Hinterbliebene« zu aktualisieren. Ich frage mich, ob ich darunter leide, achtundzwanzig zu sein, und ob das vielleicht gar nichts mit meinem Vater zu tun hat. Armer Kerl, immer bekommt er die Schuld.

Ich schaffe es nicht, einen ordentlichen Satz daraus zu machen, ich schwanke und springe von einem Gedanken zum nächsten.

Sie hört zu, und ich fange an, sie zu beachten. Ich nehme sie nicht nur wahr, ich beurteile jeden Zentimeter von ihr genau. Sie hat schwarzes, krauses Haar. Wirklich kraus. Okay, nichts für ungut, aber ich habe auch krauses Haar, und es ist nicht 1955. Heute gibt es Seren, die Silikone enthalten, die wir uns kaufen können, und wir alle kennen sie.

Ihr Lidstrich ist total verrückt, warum stört mich das so sehr? Sie hat versucht, einen dicken, schwarzen, geflügelten Strich zu ziehen, aber sie hat eine Lücke über ihren Wimpern gelassen. Ich sollte eigentlich über den Tod reden. Tue ich aber nicht. Ich denke über ihren Lidstrich nach. Warum hat sie ihn nicht überprüft? Sie arbeitet von zu Hause aus; sie muss an einem Spiegel vorbeigehen. Wie kann ich mit ihr über das größte aller Themen sprechen, den Tod? Wie kann ich das menschliche Bedürfnis ausdrücken, zu verstehen, wohin jemand geht, was mit uns allen geschieht, wenn sie nicht mal ihren verdammten Lidstrich ordentlich hinkriegt? Mit dieser Unfähigkeit hat sie sich als unzuverlässig erwiesen. Wenn du etwas so Grundlegendes nicht richtig hinbekommst, wenn deine Freunde dir nicht sagen können, dass es nicht funktioniert hat, wenn ein Mann dich nicht genug liebt, um zu sagen: »Liebling, das sieht aber komisch aus«, wie kann man dann von mir erwarten, dass ich mein Chaos vor dir ausbreite?

Sie hört immer noch zu. Aber ich nicht.

Sie spielt die Rolle der Therapeutin sehr gut, denke ich, den Kopf ein wenig geneigt, in einem cremefarbenen Ikea-Stuhl sitzend, niedrig und zurückgelehnt. Ihr Gesicht ist neutral. (Abgesehen von dem Lidstrich, Gott, bin ich lächerlich.)

Und noch schlimmer, ich höre ihre Kinder. Ich höre sie.

Ich bin verwirrt. Sie hat eine Familie, sie leben hier. Stört es sie? Finden sie es seltsam? Werden sie mich sehen? Ich spreche jetzt. Keine Ahnung, was ich sage. Sie nickt ein wenig.

Auf dem Boden liegt ein Wollteppich, mit Quasten an beiden Enden. Es sieht aus wie in einem Studentenzimmer. Ich seziere sie Stück für Stück – so kann ich ihr Leben auseinandernehmen, es untersuchen und brauche mich nicht um mein eigenes zu kümmern.

Wir kommen zu ihm. Der Tod. Tot. Trauer. Ich spreche nicht auf diese Weise darüber. Ich spreche in Witzen und beiläufigen Bemerkungen, und ich habe die Kontrolle über die Informationen.

Ich habe schreckliche Angst. Sobald ich versuche, über ihn

zu sprechen, überschwemmt es mich. Ich kann nicht einmal mehr Wörter bilden. Nur Tränen und Tränen, nicht einmal Schluchzen, als hätte ich einen Wasserhahn aufgedreht. Es ist mir peinlich, und ich bin verwirrt. Woher kommt das? Es ist doch schon Jahre her. Warum breche ich zusammen?

Eine Woche vergeht. Ich will, dass meine Füße mich zu einer weiteren Sitzung bringen.

Dann kann ich beweisen, dass ich es richtig versucht habe.

Niemand kann sehen, dass ich es nicht richtig versucht habe (wie beim letzten Mal).

Danach verlasse ich das Haus ihrer Familie und den Therapieraum wie betäubt.

Es ist kalt, die Dämmerung bricht herein. Der Himmel färbt sich graublau. Meine Füße fühlen sich an wie Blei, ich kann sie kaum noch vorwärtsziehen. Aber das ist das Einzige, was ich kann – in Bewegung bleiben. Sie bremst mich aus, beschließe ich. Sie macht es schwieriger für mich zu existieren. Das Reden macht es noch schlimmer.

Ich habe an diesem Abend einen Auftritt und bin kaputt. Ich kann mich nicht mehr zusammenreißen. Ich fühle mich, als ob ich keine Haut mehr hätte, es fühlt sich an wie Trauer aus früheren Tagen. Es ist furchtbar, unkontrollierbar. Ich kann nicht lustig sein, ich kann mich nicht verstecken. Ich kann mich nicht in einer Figur verstecken, ich bin nur meine Traurigkeit, und die ist riesig. Es ist furchtbar.

Ich beginne mich zu fragen, ob ich vielleicht noch nicht bereit bin, darüber zu sprechen.

===

Von: Cariad Lloyd
Betreff: Re: Verabredung
An: Therapeutin in diesem Intermezzo
Verfasst: Mittwoch, 17. Oktober 2012, 18:34

Ich habe gerade herausgefunden, dass ich am Freitag und Montag filmen muss, also kann ich Sie an diesen Tagen nicht sehen.*

Außerdem glaube ich, dass ich eine Pause von den Sitzungen machen möchte.** Sie waren sehr hilfreich, aber ich habe das Gefühl, dass ich noch nicht bereit bin, über einige Dinge zu sprechen,*** und ich würde mir gern etwas Freiraum verschaffen, bevor ich weitermache.****

Vielen Dank für die Sitzungen, sie waren sehr nützlich.*****

Mit freundlichen Grüßen

Cariad

* Dieser Teil ist nicht wahr.
** wahr
*** wirklich wahr
**** nicht wahr
***** wahr – aber das weiß ich noch nicht

Kapitel 5:
Ein Licht, das dich leitet
Was kann mir helfen, es zu überstehen?

*Aber wir nennen diese Waffeln lembas oder Weg-
brot, und sie sind stärkender als alle von Menschen
gemachten Esswaren ... Esst ein wenig davon auf
einmal, und nur, wenn es nötig ist. Denn diese Dinge
sollen euch dienlich sein, wenn alles andere versagt ...
Einer davon wird einen Wanderer einen anstren-
genden Tag auf den Beinen halten, selbst einen der
großen Menschen von Minas Tirith.*

J. R. R. Tolkien, *Der Herr der Ringe*, 1. Teil,
Die Gefährten; II. Buch, Kap. 8, »Abschied von Lórien«,
dt. von Margaret Carroux, Stuttgart, Klett-Cotta 1969

Ich bin ein Fan des *Herrn der Ringe* – ich hoffe, das verleitet
dich nicht dazu, dieses Buch sofort aus der Hand zu legen. Ich
liebe den *Herrn der Ringe*, weil es um eine epische Reise zu
einem echten Schicksalsberg geht, eine Reise, die die Figuren
meist nicht antreten wollen, aber wissen, dass sie es müssen.
Was könnte die Trauer besser darstellen? Auf ihrer langen
Reise brauchen die Hobbits etwas, um sich zu stärken (auf
dem Weg zum Schicksalsberg gibt es nicht viele Take-away-
Stationen), und so schenken ihnen die Elben ein magisches

Gebäck namens Lembas-Brot.[55] Sie brauchen nur ein Stückchen davon zu knabbern, und es gibt ihnen die Kraft weiterzugehen, wenn sie glauben, dass sie nicht mehr können.

Für den Trauerprozess, diese mühsamste aller Aufgaben, brauchen wir unsere eigene Version vom Lembas-Brot. Wenn wir das Gefühl haben, dass wir nicht mehr weitermachen können, müssen wir in unsere Rucksäcke greifen und etwas Magisches finden, was uns aufrechterhalten kann. Für mich war das Sprechen darüber das Allerwertvollste. Von der eigentlichen Therapie bis hin zur Therapie durch Gespräche mit Menschen, die ich liebe – und im Extremfall bis hin zur Erstellung eines Podcasts, in dem ich jede Woche über den Tod spreche –, hat mir das Reden geholfen weiterzumachen, als ich es nicht mehr für möglich hielt. Vielleicht nicht so magisch wie ein Lembas-Brot oder so lecker wie ein Schokoladen-Haferkeks, das gebe ich zu, aber dennoch sehr tröstlich.

Ich glaube, was Trauernde brauchen (und was die Gesellschaft nur schwer ermöglichen kann), ist ein Raum, in dem wir über die Verstorbenen sprechen können, in dem man ihre Namen aussprechen und sich an ihre guten Seiten und ihre Fehler gleichermaßen erinnern kann – ein Raum, in dem man mit Wörtern eine Kerze für sie anzündet – und in dem man sich so lange an sie erinnern kann, bis man damit »fer-

---

55 Falls du die Bücher nicht kennst: Vier kleine, pelzige Wesen (Hobbits) müssen einen verfluchten Ring zum Schicksalsberg bringen, um ihn zu zerstören, weil die Menschen Idioten sind und alles kaputt machen. Elben, Zwerge und Zauberer helfen ihnen auf ihrem Weg. Es ist unglaublich. Die Filme sind auch unglaublich: Ich habe geweint, als die 36 Stunden DVD-Extras zu Ende waren. Leider habe ich es nicht so mit Enden – dank eines frühen Trauerfalls.

tig« ist. Wenn du dir selbst diesen leckeren magischen Keks schenken kannst, fällt es dir leichter, die Trauer zu bewältigen. Es hilft dir zu verstehen, warum dein Gepäck so schwer ist, und lässt dich erkennen, was du auf dem Weg zurück nach Hobbingen wegwerfen kannst.[56]

Der Weg zu meinem Keks (ja, ich bleibe bei dieser Metapher) war lang und kurz zugleich. Von Natur aus bin ich eine Quasselstrippe (in jedem Schulzeugnis, das ich je bekommen habe, stand, ich solle aufhören so viel zu schwatzen[57]), und zu Hause wurde mir beigebracht, dass Kommunikation nicht nur wichtig ist: Sie hält eine Familie zusammen. Von klein auf wurde mir vermittelt, dass man über seine Gefühle und Emotionen sprechen muss, damit ein Haus reibungslos funktioniert.[58] Wir hielten regelmäßige Familientreffen ab. Jeden Sonntag versammelten wir uns um den ausziehbaren Tisch und besprachen unsere Ziele, Gedanken und Träume für die Zukunft. Einmal fand ich einen Zettel meines vierjährigen Ichs, auf dem ich meine Ziele aufgeschrieben hatte (1: Ballett üben. 2: Schuhe wegstellen). Der Geist des Lloyd-Treffens nach dem Mittagessen war nicht aufdringlich. Für meinen Vater, der die Treffen ganz im Dad-CEO-Modus leitete, war Kommunikation gleichbedeutend mit Verbindung. Wir saßen da und mampften unser Sonntagsessen – Brathähn-

---

56 Hobbingen ist wie ein hübsches Teletubbyland, nur ohne gruselige Sonne und verrückten Staubsauger: mehr Bier und mehr Tanz, und gleich viele Partys.

57 Schau mich jetzt an! Chatten ist (tatsächlich) ein Job!

58 Ich sollte noch erwähnen, dass mein Vater in der PR- und Marketingbranche tätig war und die meiste Zeit meines Lebens sein eigenes Unternehmen von zu Hause aus leitete, sodass das Haus für ihn tatsächlich eine weitere Abteilung in seinem Imperium war.

chen oder, wenn wir wirklich Glück hatten, Bernard Matthews' Truthahnbrötchen[59] –, und dann redeten wir. Meine Familie diskutierte *liebend gern* über vieles, und das tut sie immer noch; es ist ein Zeitvertreib für uns, so wie andere Familien wandern oder puzzeln.

Und so taten wir in den Monaten nach seinem Tod das, was wir immer taten: Wir redeten. Wir sprachen über ihn. Wir sprachen seinen Namen aus. Ich verspürte nie den Druck, meine Trauer wegzupacken und weiterzumachen. Die verbleibende Einheit, meine Mum und mein älterer Bruder, schuf einen Raum, der offen war für Trauer, für Gefühle. Es war immer in Ordnung, zu weinen, zu fühlen, eine alte Auseinandersetzung oder eine Erinnerung aufleben zu lassen – sich an Dads epische Präsenz zu erinnern, an seine Entgleisungen, an seinen völligen Mangel an Verlegenheit, wenn er vor unseren Freunden furzte –, an welchen Aspekt seines Lebens oder Todes wir uns auch immer erinnern oder ihn kritisieren wollten. Meistens endete es in Gelächter, es war eine bewusste Entscheidung, nicht in Traurigkeit zu enden.

Das Wichtigste war, dass dieser Raum für mich immer verfügbar war. Als Teenagerin konnte ich oft nicht beschreiben, wie ich mich fühlte, aber ich hatte immer noch einen Ort, an dem ich meine Emotionen herauslassen konnte. Meine Mutter (danke, Mum) ertrug so manches laute Gespräch (auch bekannt als Anschreien). Sie blieb immer standhaft, erlaubte mir, emotional zu sein, in Schüben zu sprechen, wenn ich die Worte fand, und akzeptierte es, wenn ich

---

59 Frag nicht, was das ist, iss einfach die köstlich schmeckende »Rinde«. Frag nicht, warum Truthahn eine Rinde hat. Er hat eine, und sie ist köstlich.

nur blanke Wut in mir hatte. Wir trennten uns und kamen dann wieder zusammen, oft, weil einer oder eine von uns die Trauer auf eine neue, schmerzhafte Weise erlebte. Ich sah meinen Bruder weinen; ich sah meine Mutter weinen. Wir weinten alle, bis das Schluchzen in Lachen überging – »Wer nicht lacht, weint«, sagten wir immer wieder. Das nahm mir zwar nicht den Kummer oder die schmerzhafte Verwirrung, die ich als trauernde Teenagerin empfand, aber ich wusste, wenn ich reden wollte, wenn ich mich dazu in der Lage fühlte, würden sie mir beide zuhören. Sie waren auf eine so tiefe und beständige Weise für mich da, dass es keine Rolle spielte, wenn ich nicht immer mit ihnen reden konnte. Ich weiß, dass es mir die Kraft gab weiterzumachen, weil ich wusste, dass ich einen sicheren Ort hatte, um meine Trauer zu bewältigen.

Als *Griefcast* begann und die ersten E-Mails von Hörern und Hörerinnen eintrafen, war ich erstaunt, von Menschen zu erfahren, die noch nie mit engen Familienangehörigen über ihre Trauer gesprochen hatten. Ein Hörer schrieb mir, dass sein Vater bei einem tragischen Unfall ums Leben gekommen sei, als er selbst noch ein Kind gewesen sei, dass er aber seiner Frau nie davon erzählt habe. Andere, die als Kinder ihre Eltern verloren hatten, mussten damit fertigwerden, dass ihre Familienmitglieder die Entscheidung trafen, den Elternteil nicht mehr zu erwähnen. Es gab schmerzhafte Erinnerungen daran, dass man ihren Namen nicht aussprechen oder die Vergangenheit nicht erwähnen durfte; dass man gezwungen war, sie hinter sich zu lassen und so zu tun, als wäre die Person nicht gestorben, fast so, als hätte sie nie existiert. Ich erhielt so viele Nachrichten von Menschen, die ihre Trauer im Stillen erlebten, von einer Familie, die nie einen

Geburtstag oder einen Jahrestag ihres Verstorbenen feierte und ihm nie erlaubte, in dieser Zeit präsent zu sein. Meine Gäste berichteten auch von Trauer, die derartig verdrängt wurde, dass man sich nicht einmal mehr an den Todestag erinnern konnte – er war so lange unerwähnt geblieben, dass er nun vergessen war.

Jeder und jede trauert anders, und wenn man sich dafür entscheidet, im Stillen zu trauern, ist das natürlich etwas ganz anderes, als wenn man gezwungen ist, allein zu trauern. Der Autor Richard Beard hat ein unglaubliches Buch über seinen Bruder Nicky geschrieben, der im Meer ertrank, als sie beide noch Kinder waren: *The Day That Went Missing* (Der Tag, der verloren ging). Richard sprach mit mir darüber, wie wenig über Nickys Tod gesprochen wurde und welche Auswirkungen dies auf seine Erinnerungen hat.

RICHARD BEARD

Ich wusste nicht, ob Nickys Leiche jemals gefunden worden war, ich wusste nicht, wann es passiert war, ich wusste nicht, in welchem Monat es passiert war, ich wusste nicht, wo es passiert war. Ich war Mitte vierzig, als ich anfing zu denken: »Das ist doch lächerlich.« Ich wusste nichts über ihn, hatte nur zehn oder elf Fotos, die seine Existenz bezeugten, und es gab seinen alten Kricketschläger in einem Eimer im Schuppen meiner Mutter. Das war so ziemlich alles, was ich wusste.

Irgendwann begannen wir sogar in meiner Familie, weniger darüber zu sprechen. Ich hatte das Gefühl, dass wir alles gesagt hatten. Wir hatten unsere Gefühle verarbeitet, und nun blieb uns nur noch unser eigener Kummer, das Chaos, das nur wir selbst tragen konnten. Heirat, Kinder – andere Dinge, Ablenkungen, die lauter waren als unser Schmerz aus der Vergangenheit, begannen die Gespräche zu dominieren. Ich hatte das Gefühl, dass meine Mutter und mein Bruder mit all dem Frieden geschlossen hatten. Ich sehnte mich auch danach, mehr nach vorn zu schauen, aber irgendetwas zwang mich, immer wieder über die Schulter zurückzublicken. Ich konnte und wollte nicht in Frieden leben und fühlte mich auch nicht, als wäre ich damit in Frieden oder »fertig«. Ich trauerte immer noch, nicht jeden Tag, aber oft, und meine Erinnerungen schmerzten mich immer noch. Hatte ich nicht alles gesagt, was es zu sagen gab? Warum wollte ich immer noch reden? Es fühlte sich an wie ein Juckreiz in meinem Hals. Ich war noch nicht fertig. Ich war noch nicht fertig mit dem Reden.

Im Jahr 2016 ging ich die Straße entlang und dachte: »Wenn ich einen Podcast hätte, würde ich wahrscheinlich nur über den Tod reden«, und ich lachte über mich selbst, weil es eine so schreckliche Idee war. Aber es grub ein Loch in mein Gehirn, zog sich einen Stuhl heran und machte es sich erst einmal gemütlich.

Wie würde das funktionieren? Die Leute einfach nach dem Tod fragen? Könnte ich einfach das tun, was ich bisher getan hatte – gelegentlich über *die* Leute im Club stolpern, den perfekten Moment finden, wenn sie über Trauer sprechen wollten? Wir würden beide seufzen, uns entspannen und endlich mit jemandem sprechen, der/die das versteht, der/die nicht davonläuft; andere finden, die diesen Zwang verstehen, ihre Geschichte zu erzählen, die Namen der Verstorbenen auszusprechen – zu sagen, ich hatte einen Vater, und er ist tot – und sich dadurch weniger allein zu fühlen. »Wenn das möglich wäre«, dachte ich, »wenn ich einfach mit anderen Menschen über ihre Trauer sprechen könnte, würden vielleicht auch ein paar andere Leute Trost finden.«

Ich war schwanger, als die Idee zu wachsen begann. Ich musste mein Leben in Ordnung bringen, nicht einen deprimierenden Podcast machen. Nein, sagte ich mir, das würde nicht funktionieren. Ich habe die Idee verworfen und ließ sie entschwinden. Aber wie das Baby, das in mir wuchs, wuchs auch diese Idee in mir und trat und boxte in meinem Bauch, bis ich sie nicht mehr ignorieren konnte. Also habe ich nachgegeben. Gut, dachte ich, ich nehme ein paar Gespräche auf … Ich nehme sie auf, stecke sie irgendwo hin und mache nichts weiter – denn ich bekomme ein Baby, keinen Podcast.

Griefcast war geboren. Ich entdeckte, dass es genau wie bei den Chats war, über die ich stolperte, seit ich fünfzehn war, aber das Mikrofon verwandelte es in etwas Dauerhaftes. Endlich ging nichts mehr im Äther verloren, wenn ich mit jemandem im Club sprach. Ich konnte mehr fragen. Ich konnte wirklich neugierig sein – »Und wie hast du das überlebt? Wie hast du das verkraftet?« Und die Gäste wollten reden, sie wollten weinen und sich erinnern, sie sehnten sich danach zu reden, genau wie ich.

Von der allerersten Folge an habe ich darauf geachtet, meine Gäste nach dem Namen ihrer Person zu fragen und ihn laut auszusprechen. Ich wollte, dass die Verstorbenen mit uns anwesend sind. Ich wollte nicht, dass es in den Gesprächen nur um Traurigkeit und Kummer geht. Ich wollte, dass das Ganze meine eigenen Erfahrungen widerspiegelt: ein

Durcheinander – ein trauriges, glückliches, schmerzhaftes, dummes, lustiges Durcheinander, das von Tränen zu Lachen wechselte, wann immer ihm danach war. Ich wollte, dass wir ehrlich über einige gute Dinge sprechen, die seitdem stattgefunden haben. Wir waren nicht froh, dass sie gestorben sind, aber – und das ist die Wahrheit über die Trauer – was uns alle überraschte, war die Nachwirkung des Gesprächs. Die Gäste fühlten sich nicht traurig oder deprimiert, wie man es nach einer Stunde des Schwelgens in Erinnerungen erwarten könnte. Sie fühlten sich leichter und ruhiger, weil sie die Zeit hatten, ihre Geschichte zu erzählen. Eine Stunde lang konnten sie über diese Person sprechen, ohne sich zu schämen oder verlegen zu sein oder Angst zu haben, den Tod in den Raum zu bringen. Der Tod wurde willkommen geheißen und mit Tee und Kuchen bewirtet. Wir haben mehr gelacht, als wir erwartet hatten. Wir fanden Geschichten, die wir miteinander gemeinsam hatten, und teilten unseren Schmerz. Natürlich war es jedes Mal anders – jede/jeder hatte sein eigenes Trauerchaos –, aber es war schön, einander anzuschauen und den Strudel der verworrenen Gefühle wahrzunehmen, der zwischen uns ruhte und wogte.

Ich habe mich nur ein wenig unterhalten: Das ist die Lüge, die ich mir einredete. Es ging nicht wirklich um mich. Trotzdem habe ich geredet. Sehr viel. Über meinen Vater, meinen Kummer und meinen Schmerz – und eine unerwartete Folge dieser Gespräche, des wöchentlichen »Trauer-Durchsiebens und -sichtens«, war, dass es mir allmählich half. Mein fest gewickeltes Trauerchaos begann sich zu entwirren. Schleichend. Woche für Woche sprach ich über meinen Vater, und es half, und ich spürte, dass ich mich selbst heilte, während ich sprach. Nach so vielen Jahren war er nicht mehr die riskante Todesbombe, bei der ich mir nie ganz sicher war, ob ich sie explodieren lassen sollte. Er war jemand, mit dem ich mich wohlfühlte, wenn ich über ihn sprach. Ich ertappte mich dabei, dass ich über ihn sprach, ohne dass meine Wangen brannten und meine Kehle sich zuschnürte. Ich spürte Erleichterung. Doch leicht war es nicht immer. In manchen Wochen hielt ich meine Tränen zurück, grub meine Fingernägel in meine Handflächen und dachte: »Bitte bring mich weg von diesem Kummer, ich will ihn nicht. Lass mich zu dem Leben zurücklaufen, in dem ich den Kummer einfach ignoriere.« Aber ich wusste, dass ich nicht mehr zurückkonnte. Ich hatte nicht mehr wirklich die Wahl. Dies war etwas, dem ich mich unterziehen musste.

Und jede Woche sprachen wir miteinander, und mein Gast sagte etwas, was meinen Blick auf den Club erweiterte. Ich sprach mit Menschen über Arten von Trauer, an die ich nie gedacht hatte. Ich erkannte, wie begrenzt mein Verständnis davon wirklich war. Ich war gar nicht die Königin der Trauer, ich war nur ein vorübergehender Gast in ihrem Land. Als der Podcast wuchs, sprachen wir über Trauer verschiedenen Ursprungs – Verlust eines Babys, Fehlgeburt, Selbstmord, Verlust eines Freundes, einer Freundin, Verlust eines Geschwisters, Verlust der Stiefmutter; Großeltern, die sich wie Eltern angefühlt hatten, Eltern, die einen im Stich gelassen hatten, die Grausamkeit von Demenz, die Plötzlichkeit von Herzinfarkten; wie verschiedene Krebsarten verschiedene Aspekte der Person auslöschen. Ich habe mit Menschen gesprochen, die mit dem Sterben zu tun hatten, von Sterbebegleiter:innen und Sterbehelfer:innen bis hin zu Palliativmediziner:innen. Ich sprach mit vielen unterschiedlichen Stimmen über diesen seltsamen, merkwürdigen Prozess von Tod und Trauer. Ich spürte die Freude der Anerkennung. Es war schön – sogar erhebend. Ich fühlte mich, als wäre ich endlich auf einer Party, auf der ich sein wollte, auf einer Party voller Trauernder, und ich konnte einfach über das reden, was in mir brodelte. Ich sprach mit Menschen, deren Trauer mich erschreckte, deren Trauer so schmerzhaft und tief war, dass ich nicht wusste, wie ich ihnen helfen konnte. Also hörte ich auf, Gemeinsamkeiten zu suchen, und hörte einfach zu. Ich merkte, dass es mir half, mir diese Geschichten anzuhören; deshalb fuhr ich damit fort – ich fühlte mich weniger allein. Ich begann zu erkennen, dass es ein SEHR großer Club war, überwältigend groß. Wir waren alle hier, und wir schafften es alle irgendwie.

Und dann waren da noch die E-Mails aus der ganzen Welt, von allen Altersgruppen und mit den unterschiedlichsten Arten von Trauer. Nicht nur mir oder den Gästen ging es besser, auch den Hörern und Hörerinnen half der Podcast. Sie waren erleichtert, als sie erfuhren, dass auch andere einen ähnlichen Weg hinter sich hatten; sie fühlten sich getröstet, genau wie ich. Es gab sowohl kurze, freundliche Nachrichten als auch viel längere Briefe, die voller Details steckten. Sie endeten oft mit den Worten: »Du brauchst nicht zu antworten, es hat mir schon geholfen, das aufzuschreiben.« Und ich verstand. Eine Frau mailte, dass sie sich mit ihrer Mutter zerstritten hatte. Ihr Stiefvater war gestorben, und sie hatte die Trauer ihrer Mutter nicht verstanden. Sie hatte das Gefühl gehabt, dass ihre Mutter in ihrer Trauer schwelgte; sie hatte nicht verstanden, was Trauer mit Menschen macht, aber dann hatte sie uns zugehört und ihrer Mutter gemailt, und jetzt redeten sie wieder miteinander. Eine andere Person hatte gemailt, dass ihre Schwester gestorben war, und sie seitdem das Gefühl hatte, sie würde einen Zusammenbruch erleiden. Aber dann hörte sie sich den Podcast an und erkannte, dass es gar kein Zusammenbruch war, mit ihr war alles in Ordnung; es war »nur« Trauer. Es ging ihr nicht gut, aber sie würde es schaffen. Ein anderer Hörer schrieb, dass seine Familie vor dem Tod seines Vaters den Podcast entdeckt hatte. Es sei schwer gewesen, aber uns allen im Club zuzuhören habe sie darauf vorbereitet. Es konnte ihnen den Schmerz nicht nehmen, aber sie wussten, dass sie damit nicht allein waren; sie spürten die Kraft, die eine Verbindung bieten kann. Es gab so viele Nachrichten über den Schmerz des Nicht-Redens. Ich bekomme immer noch welche. Ich lese sie immer noch alle.

Ich war nicht mehr allein, ich war nie allein gewesen. Ich war nicht außergewöhnlich, weil ein Elternteil von mir an Bauchspeicheldrüsenkrebs gestorben war, als ich fünfzehn Jahre alt war. Eine junge Frau in Neuseeland schrieb mir, dass unsere beiden Leben fast identisch gewesen seien. Auch ihr Vater war an der gleichen Krankheit gestorben, als sie im gleichen Alter war, zur gleichen Zeit wie mein Vater. Selbst meine Lebensumstände waren nicht mehr isolierend. Ich konnte erkennen, dass der Tod uns immer begleitete, immer begleitet hatte. Wir sprachen darüber, ließen andere Menschen diese Gedanken und Gefühle hören, und ich fühlte mich nützlich. Herrlich, wunderbar nützlich.

Es ist hilfreich, anderen Menschen zuzuhören, es hilft uns, uns miteinander zu verbinden. Wenn wir diese übergreifenden Momente finden, sind wir nicht mehr isoliert, wir sind nicht mehr allein, wir sind nicht die einzige Person, der das passiert ist. Was uns passiert ist, ist nicht seltsam oder ungerecht, es ist menschlich. Trauer ist menschlich. Trauer ist der Preis, den man für das Leben zahlt.

*

Als ich mit *Griefcast* anfing, begann ich gleichzeitig eine Therapie. Endlich fühlte ich mich mutig genug, nicht nur über meine Trauer zu sprechen, sondern sie unter professioneller Anleitung zu erforschen. Eine Therapie ist nicht für jeden und jede etwas, aber sie hat mich verändert, mir geholfen, und wenn ich ehrlich bin, glaube ich, dass sie mich gerettet hat.[60] Ich konnte mich nicht im Zimmer der Therapeutin verstecken. Ich konnte die Fragen nicht mehr auf den Gast abwälzen, ich konnte keine dämlichen Witze reißen. Jede Woche öffneten wir die Schachtel, und der ganze Schmerz kam heraus. Ein riesiges, abscheuliches Durcheinander, überall.

Zuerst war ich schockiert, dass es überhaupt eine so volle Schachtel gab. Wie konnte er noch hier sein, dieser Schmerz? Ich hatte ihn so fest verschlossen, dass ich annahm, er wäre einfach verschrumpelt und gestorben. Aber er hatte gewar-

---

60 Es ist auch ein Privileg, eines, das mir zum Glück durch unseren glorreichen NHS (AdÜ: National Health Service, nationaler Gesundheitsdienst) zugesprochen worden ist, weil ich gebildet, weiß und anspruchsberechtigt genug bin, um mich in einem (aufgrund der massiven Unterfinanzierung des wichtigen psychiatrischen Hilfesystems) schwierigen und abschätzigen System zurechtzufinden. Ich bin dankbar, dass mein Privileg mir diese Hilfe ermöglicht hat, und ich bin mir bewusst, dass sie nicht in dem Maße verfügbar ist, wie es sein müsste.

tet, so wie es Kummer nun einmal tut. Ich weinte und weinte und weinte, um mir einzugestehen, dass ich in der Tat noch immer über viele Dinge traurig war. Ich konnte mir das eingestehen, weil ich mit meinen Podcast-Gästen sprach, mit anderen, die immer noch traurig waren und von Zeit zu Zeit weinten. Zwanzig Jahre später, dreißig Jahre später, lange vor mir auf dem Weg, wo auch immer sie waren, haben sie etwas Normales daraus gemacht – und ich konnte mir erlauben, mich auch so zu fühlen. Wenn ich mit den »Neuen« im Club sprach, wenn ich ihren Schmerz und ihre Verletzungen sah, erinnerte ich mich an meinen eigenen Schmerz. Ich sah, wie sie versuchten, die Traurigkeit wegzuwischen, sie mit einem endlosen Refrain von »Natürlich geht es mir jetzt gut« verschwinden zu lassen. Ich sah, wie sie denselben Trick erfolglos anwandten, und ich versuchte, als Älteste in diesem offen gesagt trostlosen Dorf den Rat weiterzugeben, dass es keinen Sinn hat, die Trauer zu verdrängen oder sich vor ihr zu verstecken. Denn hier war ich nun, zwanzig Jahre später und immer noch jede Woche in tausend Stücke zersprungen.

Im Zimmer meiner Therapeutin gab es Pflanzen. In einer Woche tauchte ein neuer Frauenhaarfarn auf. Ich hatte zu Hause einen solchen, und obwohl ich mich sehr gut mit Pflanzen auskenne, ging er ein. Frauenhaarfarne sind verdammt pingelig. Aber meine Therapeutin blieb hartnäckig bei ihrem Farn, stellte ihn im Zimmer um, auf die Fensterbank, auf das Regal, in den Schatten, ins Licht. Ich habe das nie kommentiert, aber jede Woche sah ich, wie der zarte kleine Farn taumelte und überlebte, obwohl er so wählerisch war. Es war fast schon zu einfach, die Metapher auf mich selbst zu übertragen.

Meine größte Angst vor einer Therapie und der Grund, warum ich sie so lange vermieden hatte, war: Was würde passieren, wenn ich mit jemandem sprechen würde, dessen Fragen mir Angst machten? Was würde passieren, sobald wir diese Schachtel geöffnet hätten? Man kann nicht einfach einen Bären in den Raum lassen und so tun, als hätte sich nichts geändert. Es fühlte sich gefährlich an. Ich hatte Angst vor mir selbst, vor meinem Schmerz. Aber jede Woche, wenn ich einen neuen Gast in der Sendung interviewte, wurde ein wenig Luft aus der Schachtel gelassen. Ich fühlte mich sicherer, nachdem ich mit meinem Gast gesprochen hatte, sicherer, weil ich wusste, dass ich nicht allein war, und das wiederum half der Therapie – bis wir die Schachtel schließlich ganz öffneten, und ich weinte und heulte und schniefte, so heftig wie an jenem Strand in Brighton, als ich dachte, meine Lunge würde vor Weinen platzen. Mein Herz und meine Augen taten mir weh. Ich war wütend, weil ich merkte, dass es immer noch so schmerzhaft war. Ich war wütend, weil es nicht besser geworden war. Aber ich hatte mich nicht darum gekümmert, ich hatte es ignoriert, weil ich angenommen hatte, es würde schon aufhören und verschwinden. War es aber nicht.

Hier im Therapieraum spürte ich es also, und zum Glück war ich dieses Mal nicht allein. Meine Therapeutin half mir dabei. Nachdem ich es ausgeschüttet hatte und alles auf dem Boden verteilt war, konnten wir es klar, mit Neugier und Freundlichkeit, betrachten. »Aha, was ist das für ein Teil? … Er hat nicht offen mit mir gesprochen, als er im Sterben lag. Vielleicht war das schwer für ihn. Vielleicht warst du zu jung, und das ist furchtbar, furchtbar traurig. Aber es stimmt. Genau das gehört mit zum Schlamassel …«

Wir redeten, entwirrten die Fäden und wickelten sie wieder zu einem Knäuel auf. Danach atmete ich so tief durch, dass ich spürte, wie sich ein Teil des Kummers löste, sich veränderte, nicht ganz verschwand, aber ein wenig schwächer wurde. Und auch das tat weh, etwas von dem zu verlieren, was ich so lange mit mir herumgetragen hatte, und es nun loslassen zu müssen. Verlust. So viel Verlust. Von ihm, von Erinnerungen, von mir selbst, von Dingen, die ich zu kennen glaubte. Ich ließ all die Dinge los, die mein fünfzehnjähriges, von Kummer erfülltes Ich als Tatsachen festgeschrieben hatte. Ich begann, die Dinge so zu sehen, wie sie damals waren, nicht wie sie heute sind. Keine allgemeingültigen Wahrheiten, sondern Wahrheiten, die entstanden, um eine Situation zu überleben, die furchtbar, traurig und miserabel war.

Dann, als aus den Wochen der Gespräche Jahre wurden, verließ ich den Raum und fühlte mich – okay. Wirklich okay. Nicht großartig, nicht schrecklich, irgendwie taub und irgendwie gut und irgendwie traurig. Aber ich konnte weitermachen. Ich erkannte, dass ich mich durch den Schmerz hindurchbewegte, dass ich daran arbeitete – und ich lernte, dass das tatsächlich *Arbeit* bedeutete. Es bewies mir, dass ich aufhören und neu anfangen konnte. Ich konnte trauern und dann die Trauer ablegen. Jahrelang war ich davon überzeugt, dass der Schmerz nie aufhören würde, wenn ich diese Schachtel erst einmal öffnen und diese Fragen beantworten würde. Es würde unkontrollierbar werden; meine Tränen würden mich ertränken. Die Angst und der Schrecken hatten jede Hoffnung zerstört, dass ich es jemals schaffen könnte, dass ich das alles aufarbeiten könnte. Ich glaubte nicht, dass ich das könnte. Es brauchte eine lange Reise, viele Versuche und die richtige Therapeutin, aber jetzt konnte ich sehen, dass es möglich war. Die Schachtel zu öffnen ... und sie dann wieder zu schließen. Bis zur nächsten Woche. Um mit den Gästen zu sprechen, mit den Zuhörern und Zuhörerinnen zu sprechen, mit meiner Therapeutin zu sprechen und meine Trauer zu erforschen, anderen zuzuhören und zu lernen. Was für ein seltsamer, wunderbarer und komplexer Prozess Trauer doch ist.

Niemand hat mich jemals wegen meiner Trauer bloßgestellt. Ich hatte nie das Gefühl, dass mir eine Tür zugeschlagen worden war. Warum also fiel es mir, der alten Quasselstrippe, so schwer, über einige der schmerzhaftesten Erinnerungen zu sprechen? Die Antwort lag natürlich bei meinem Vater. Ich wurde von einem redseligen Menschen großgezogen, doch als er krank wurde, wollte er nicht reden. Er wollte nicht darüber reden. Dieser Mann, dieses Kraftpaket, das nicht aufhörte, Rad zu fahren, zu laufen, zu arbeiten, zu essen, das immer in Bewegung war, war dann derjenige, der starb.

Wusste er, dass er sterben würde? Er schien es nicht für möglich zu halten, und ich auch nicht. Selbst als wir in den letzten Tagen auf der Krebsstation im Krankenhaus saßen, während um ihn herum Menschen starben, wollte er nicht auf den Tod anspielen. Es war ohrenbetäubend und verwirrend. Eines Tages flehte meine Mutter ihn an, über seine Wünsche für die Beerdigung zu sprechen. Was wollte er? Was sollten sie tun? »Pete«, sagte sie immer wieder, »bitte.«

Er wandte sich an mich, sein stets anwesendes Kind, als persönliche Assistentin, und bat mich, seine Vorstellungen aufzuschreiben. »Nimm einen Stift«, sagte er. »Wir fahren nach Boston zu dieser Konferenz und danach nach Findhorn …«[61] Er sah mich mit der üblichen Mischung aus Verwirrung und Verärgerung darüber an, dass ich nicht tat, worum er mich gebeten hatte. Ich weiß noch, wie ich mir die Hände rieb und wünschte, ein Erwachsener würde sich um die Situation kümmern, weil ich nicht wusste, wie. Es war schließlich seine Aufgabe, ein Elternteil zu sein, warum konnte er hier nicht der Vernünftige sein?

Als ich diesen Moment schließlich in der Therapie erwähnte, sprach ich eine meiner tiefsten und dunkelsten Erinnerungen an seine Krankheit aus. »Wie krank war er, als Sie versuchten, mit ihm zu sprechen?«, fragte mich meine Therapeutin. »Wie viele Medikamente nahm er?« Hatte ich darüber nachgedacht, wie er sich in diesem Moment gefühlt hatte?

Mit traurigem Herzen stellte ich fest, dass ich das nicht getan hatte. Die Erinnerung war so schmerzhaft geworden, dass ich sie nicht überwinden konnte. Meine Trauer war in mein jugendliches Ego und meinen Schmerz eingeschlossen gewesen. Jahrelang war ich so wütend auf ihn, weil er geschwiegen hatte, weil er nie mit mir über seinen bevorstehenden Tod gesprochen hatte. Meine Therapeutin half mir, ihm nicht länger die Schuld für sein Schweigen zu geben. Ihre Fragen zwangen mich, wie die erwachsene Cariad zu denken, nicht wie eine Teenagerin. Ich kann mir nicht vorstellen, wie beängstigend das für ihn gewesen sein muss, mit vierundvierzig Jahren, als Ehemann, als Ernährer der Familie, als Vater von zwei Kindern, als ein Sohn, ein Bruder. Bis zu seiner Erkrankung war

61 Eine Gemeinschaft in Schottland für alternatives Leben.

er außerordentlich fit und gesund, ein Mann, der Marathons lief, der Triathlons bestritt, der für einen Ironman trainierte. Dann plötzlich nicht mehr laufen zu können, sich ständig übergeben zu müssen. Die Geschwindigkeit, mit der das geschah, muss für ihn genauso beängstigend gewesen sein wie für uns, die wir das mit ansehen mussten. Sein Schweigen hat mir lange zu schaffen gemacht – dass er, der Erwachsene, das Gespräch nicht mit mir begonnen hat. Jetzt, selbst erwachsen, kann ich sehen, dass er es vielleicht ganz einfach nicht konnte. Das hat mir gezeigt, wie schmerzhaft ein Schweigen sein kann. Wie viel von der ganz eigenen Logik und giftigen Gedanken erfüllt ist, wenn die Wahrheit nicht besprochen wird. Ich wünschte, er hätte damals geredet, aber vielleicht war es einfach nicht möglich. Ich wünschte immer noch, wir hätten es irgendwie geschafft, darüber zu reden. Ich wünschte, ich hätte gelernt, darüber zu reden, als es schwer und alles andere als einfach war.

Ich war verblüfft, wie schmerzhaft es für mich immer noch war, all diese Jahre später (lass dir nie von jemandem sagen, dass die Zeit dir deine Gefühle vorschreiben wird, das tut sie nämlich nicht). Ich weinte darüber, dass wir uns nicht voneinander verabschiedet hatten, dass er mir keine Weisheiten zum Abschied mitgegeben hatte, dass er mitten in einem Gespräch gegangen war. Dass der Tod nicht sauber und sorgfältig war mit weißen Laken und Blumen in Vasen. Er war chaotisch und verwirrend und mit verranzten Laken und unerträglichem menschlichen Schmerz verbunden.

Es hat zwanzig Jahre gedauert, bis ich die Türen aufgesprengt und hineingeschaut habe, um das Chaos zu sehen, das ich dort hineingeschoben hatte und vor dem ich weggelaufen war. Die Gefühle, die ich empfunden hatte, waren so erschreckend, dass ich nicht gedacht hätte, dass ich sie noch einmal sehen und danach weiterleben könnte. Aber ich tat es, ich schaute hin, und der Bär fraß mich nicht auf, der Kummer verschlang mich nicht ganz. Ich habe geweint und bin nicht ertrunken. Ich musste mit jemand anderem reden, um den Mut zu erlangen, das zu erfahren. Es ist kein schmerzloser Prozess. Ich will ehrlich sein, es tut wirklich weh, wenn man die Schachtel öffnet und sein früheres Ich sieht, das darin sitzt und immer noch leidet – aber das war die einzige Möglichkeit, wie ich einige dieser quälenden Verluste überwinden konnte. Zuzugeben, dass diese Verluste noch da waren; zu weinen über das, was ich fand, und dann zu akzeptieren, dass ich sie nicht mehr brauchte. Ihre Schärfe zu mildern, sie ein wenig verblassen zu lassen. Ich nahm an, dass die Trauer stagniert, aber die Therapie zeigte mir einen anderen Weg.

Erst in der Gesprächstherapie lernte ich, wie sehr sich die Trauer verändern kann. Meine Familie war erstaunlich (und ist es immer noch); unsere Gespräche trugen mich durch die von Bomben zerstörten ersten Jahre der Trauer. Aber um den tiefen Schmerz zu verarbeiten, brauchte ich eine Therapie, einen sicheren Raum, in dem ich verletzlich sein und mich führen lassen konnte, und das hat mein Leben verändert.

KAYO CHINGONYI
Dichter. Kayos Eltern starben beide an HIV-bedingten Krankheiten, als Kayo noch jung war.
Ich habe das Gefühl, ein Therapeut hilft dir dabei, die Black Box zu finden – weil du vollständig die Bedeutung des besonderen Moments verdrängt hast, der so

schwierig war. Bei vielen Traumata schützt der Körper einen davor – er findet einen Weg, um einen in dem Moment oder danach zu schützen –, ob man sich nun davon abspaltet oder welchen Schutz der Körper einem auch immer anbietet. Ich glaube aber, wenn jemand physisch nicht mehr da ist, ist der Schutz sehr schwach, weil man jederzeit mit der alternativen Realität konfrontiert werden kann.

CHARLIE RUSSELL
Schauspielerin. Charlies Mutter starb an ihrem achtzehnten Geburtstag an den Folgen einer bipolaren Störung und von Alkoholmissbrauch.
Ich musste hingehen, weil ich nicht schlafen konnte. Ich habe mir gesagt: »Ich schlafe nicht, ich sollte zur Therapie gehen, es geht nicht um die Sache mit meiner Mutter.« Dann kam alles ans Licht. Ich denke, jede/jeder sollte [zur Therapie] gehen, ob sie oder er nun diese große Sache im Leben hat oder nicht, denn es ist wie ein Besuch im Fitnessstudio, nur für die psychische Gesundheit ... Ich war so wütend auf alle anderen, weil sie nicht damit umgehen konnten. »Warum bin ich die ganze Zeit so unzufrieden und nervös? Und ich kann nicht schlafen. Ach, na klar: Ich bin verrückt, ich bin kaputt.« Als ich dann zur Therapie ging, wurde mir klar, dass es Gründe für dieses Verhalten gibt; es bedeutet nicht, dass man kaputt ist.

Mir ist aufgefallen, dass ich in meinem Podcast weniger über ihn sprach. Er kam natürlich immer noch zur Sprache, aber allmählich redete ich nicht mehr so oft über meinen Kummer.

Ich habe so lange über Dad gesprochen, bis ich es nicht mehr brauchte. Das ist alles, was ein Trauernder oder eine Trauernde will: darüber reden, bis man damit »durch« ist. Ist das die Angst aller anderen, die es förmlich riechen können – dass wir reden wollen und nicht wissen, wann das Reden aufhört? Ich habe kein Grab, das ich besuchen kann, oder eine Kirche, in der ich mich zu Hause fühle. Dies war meine Kirche – zu reden, mich zu erinnern. Ich habe es auch bei meinen Gästen gespürt: eine Stunde lang den Namen ihrer Person aussprechen zu dürfen, sich noch einmal an ihrer Lebendigkeit zu erfreuen in einer Welt, die nur will, dass man es endlich ausspricht: »Sie sind tot, und Ende.« Es war etwas Magisches, einfach über sie zu sprechen. Wir beschworen sie herauf und besuchten sie.[62]

---

62 Dies wird als »fortgesetzte Bindungen« bezeichnet, eine Theorie, die erstmals von Dennis Klass, Phyllis R. Silverman und Steven R. Nickman (Hrsg.) in *Continuing Bonds: New Understandings of Grief* (Routledge, 1996) vorgestellt wurde. In diesem Modell weichen sie von dem altmodischen Ansatz des »Sichwegbewegens« von der Trauer ab. Stattdessen wird der/die Trauernde ermutigt – wie es ohnehin viele Menschen von sich aus machen –, mit dem/der geliebten Verstorbenen in Kontakt zu bleiben – durch Gespräche, Gegenstände, Träume, Altäre, Fotos, Darüberreden –, mittels jeder Möglichkeit, die/den Verstorbene:n präsent zu halten. Es gibt viele Kulturen auf der ganzen Welt, in denen das Gedenken an die Verstorbenen zelebriert wird, darunter einige, die ihre Leichen ausgraben und Mahlzeiten mit ihnen einnehmen, das Fest des Tages der Toten in Mexiko und die shintoistische und buddhistische Tradition, den Toten auf einem Hausaltar Opfergaben zu hinterlassen. Nur weil sie tot sind, heißt das nicht, dass man aufhört, über sie nachzudenken, über ihre Meinung zu bestimmten Dingen, darüber, was sie von dem, was man tut, gehalten hätten. Es ist in Ordnung, sich das zu fragen, es im Kopf zu haben und die Antwort zu kennen. Ich habe noch nie eine/einen Trauernde:n getroffen, die/der nicht von ihnen erzählen wollte: wie lustig sie waren, was sie am liebsten gegessen haben, welche bescheuerten Dinge sie gesagt haben. All diese wertvollen Informationen gehen verloren, wenn wir uns nicht die Erlaubnis geben, über sie zu sprechen.

Die Therapie hat mir so radikal geholfen, dass ich deswegen vollkommen in Begeisterung geraten kann, wie jemand, die zu einer neuen Religion bekehrt wurde. Ich habe sogar einmal die großartige Julia Samuel (oder Saint Julia, wie wir sie im Podcast nennen – Trauerpsychotherapeutin und Autorin des außergewöhnlichen Buches *Trauert!*) gefragt, wie ich Menschen, die keine Therapie wollen, davon überzeugen kann, dennoch eine zu machen. Sie warf mir einen strengen Blick zu und sagte mir, dass manche Menschen keine Therapie bräuchten, dass Therapien nicht für jede/jeden geeignet seien. Ich nahm ernst, was sie sagte (sie ist eine Heilige, mit denen legt man sich nicht an). Dadurch wurde mir klar, dass mein Damaskuserlebnis genau das war – *mein* Damaskuserlebnis. Wie meine Trauer war es eine einzigartige Erfahrung. Wenn du dich bei dem Gedanken daran, mit einem Profi darüber zu sprechen, am liebsten übergeben möchtest, mach dir keine Sorgen. Es gibt so viele andere Möglichkeiten, mit deiner Trauer umzugehen – vom Bloggen bis zum Tagebuchschreiben, vom Lesen von Selbsthilfebüchern bis zum Hören von Podcasts; oder, die älteste aller Möglichkeiten, einfach eine Tasse Tee mit jemandem zu trinken, dem es wichtig genug ist, dir zuzuhören und den Namen des Verstorbenen gemeinsam mit dir auszusprechen. Was zählt, ist die Verbindung und die Erkenntnis, dass wir vielleicht einen Raum brauchen, um die Trauer zu verarbeiten.

Schließlich verwandelte sich meine Trauer, was ich nie für möglich gehalten hätte: Sie wurde friedlicher, sie war ein Teil von mir geworden und nicht etwas, was schrie, um gehört zu werden. Endlich verstand ich, wie sich einige meiner Gäste gefühlt hatten, als sie sagten, sie würden nicht mehr weinen.

Eine handhabbare Trauer war mir fremd erschienen. Aber nachdem ich die notwendigen Gespräche geführt hatte, verstand ich, wie sich eine ruhige Trauer anfühlt. Ich trug meinen Kummer immer noch mit mir herum, er lief hinter mir her wie ein streunender Hund – mit mir, immer da, aber nicht unkontrollierbar. Ich schämte mich nicht, ich bekämpfte die Trauer nicht mehr.

Ich machte weiter mit *Griefcast* und mit der Therapie – und endlich sah ich hinter der Trauer noch andere Wahrheiten, Dinge, die ich ignoriert hatte, Erinnerungen, die ich nicht aufgelesen hatte, weil ich Angst hatte, sie richtig anzuschauen. Ich erfuhr einige unangenehme Dinge über meinen Dad, ich trauerte ein wenig mehr, aber es hat mich nicht überwältigt. Es hat alles geholfen. Ich fühlte mich, als hätte ich so lange auf das Zentrum einer Bombenexplosion gestarrt, dass es mir nicht in den Sinn kam, darüber hinauszuschauen. Ich hatte nur auf das Ereignis selbst gestarrt, auf die Trauer, den Tod, den Schmerz. Als ich diese Dinge losließ, als ich aufhörte, an ihnen festzuhalten, um sie zu schützen, konnte ich endlich das ganze Bild sehen: von ihm, von meinem vergangenen Ich, von meiner Trauer. Ich konnte in die Zukunft gehen, weil ich verstanden hatte, woher ich gekommen war.

Die Gäste schickten mir nach der Aufzeichnung der Sendung E-Mails, in denen sie sagten, dass das Gespräch Erinnerungen geweckt habe, dass sie sich plötzlich an andere Details erinnerten. In der Stunde, in der wir uns unterhielten, war ihre/ihr Verstorbene:r bei uns gewesen, lebendig in der Erzählung, lebendig im Raum. Nun verstand ich. Ich war nicht in der Lage gewesen, das Gespräch mit ihm im wirklichen Leben zu beenden – aber nun hatte ich etwas mit diesen Gesprächen beendet. Das Reden darüber hatte etwas Wunderbares bewirkt. Es ist nicht für jede/jeden geeignet, es ist nicht die einzige Antwort – aber einen Raum für die eigene Trauer zu finden und einzufordern, in welcher Form auch immer, kann sehr hilfreich sein. Wenn wir in einer Gesellschaft leben würden, die weniger Angst davor hätte, weniger besorgt wäre, dass wir auch ja nicht innehalten, könnten wir uns vielleicht alle so lange unterhalten und darüber reden, bis wir fertig sind. Vielleicht bin ich naiv, aber vielleicht ist das schon alles, wonach Trauernde suchen.

Nimm das Lembas-Brot und knabbere daran herum, wenn du es brauchst. Frodo hätte es ohne *lembas* nicht bis zum Schicksalsberg geschafft, und du hast mehr als nur die Gier der Menschen und eine Riesenspinne zu überwinden. Kummer kann nicht einfach besiegt und vergessen werden.[63] Zauberkekse mögen für uns schwer zu finden sein, aber es gibt menschliche Äquivalente, die existieren und dir helfen werden, wenn du bereit bist. Rede, bis du fertig bist. Bis du das Gefühl hast, dass du alles gesagt hast, was du sagen musst. Bis du akzeptieren kannst, dass die Person, die lebendig war, jetzt tot ist. Bis der Tod für dich etwas bedeutet, was einen Sinn ergibt. Sprich mit dir selbst, mit einem Laptop, mit einem Freund oder einer Freundin, mit einem Therapeuten, mit einer Beraterin, mit der Wand, mit einem Diktiergerät, mit einem Publikum, mittels Psychotherapie, EMDR, KVT, Tagebuchschreiben. Du darfst es laut ausspre-

---

63 Frodo hat das natürlich nie vergessen, ebenso wenig wie Sam, Pippin oder Merry. #Fellowship4eva.

chen. Sie sind gestorben. Du bist noch da, und vielleicht kann das Reden sie noch ein wenig länger bei dir lassen.

Ganz gelb

Allmählich kann ich mich an die Zeit erinnern, als er noch nicht krank war.

Eines Tages taucht es in meinem Kopf auf. Bis jetzt war er in all meinen Erinnerungen gelb. Seine Leber war zuerst dran, so haben sie den Krebs in seiner Bauchspeicheldrüse entdeckt. Weil sie sich seine Leber angesehen haben. Bei Bauchspeicheldrüsenkrebs ist es ganz normal, dass zuerst etwas anderes gefunden wird. Er ist heimtückisch, es gibt nicht viele Symptome, und wenn man ihn gefunden hat, ist es zu spät, wie ein alter Franc-Schein, der zwischen das Sofa und die Lehne gerutscht ist – man hat seine Chance verpasst.

Seine Augen wurden gelb. So eine fröhliche Farbe – Sonnenschein, Sonnenblumen, Sonnenaufgänge –, aber hier war es wie Kurkuma, es befleckte ihn. Es floss in ihm auseinander, wie der Krebs. Er ist im Krankenhaus wegen seiner Leber. Dann folgen weitere Tests und eine Chemotherapie für seine Bauchspeicheldrüse. Das ist verwirrend. Ich weiß nicht, was eine Bauchspeicheldrüse macht.

Heute, nach all der Zeit, denke ich, dass ich an einer Form von PTBS (Posttraumatischer Belastungsstörung) leide. Alle meine Erinnerungen an ihn tauchen auf, und darin stirbt er, ist krank, gelb, entrückt. Die Gelbfärbung setzte sich auf dem Projektor in meinem Gehirn fest, wie Sonnenlicht auf meiner Netzhaut, und zeigte täglich dasselbe Bild: Beim Blinzeln war sie da, beim Atmen war sie da, beim Schlafen war sie da. Krank, gelb, krank, krank, krank.

Sterbend, sterbend, sterbend, sterbend lag er vor mir.

Nur acht Wochen Erinnerungen, die alles Vorherige auslöschen.

Meine Realität verschwamm. Verdreht und neu aufgebaut um seine Krankheit und seinen Tod herum.

Schließlich akzeptierte ich es. Dieses Leben, in dem er nur noch ein toter Vater war, ein kranker Vater, ein sterbender Vater, eine Lücke, weil er nicht mehr sichtbar war.

Dann verblasste es einfach. Und die Vergangenheit kam zurück. Andere Erinnerungen kamen zurück. Aus der Zeit vor dem Gelb.

Das waren wir. Da ist er, wie er mir nachläuft, wie er ein Pferdchen ist, wie er mir vorliest, wie er immer wieder liest. Er bestand hartnäckig darauf, dass ich ein Wort nachschlage, wenn ich es nicht kannte. Nimm das Wörterbuch zur Hand, lerne, die ersten drei Buchstaben zu finden, suche die Wörter, finde sie. Jetzt hast du ein neues Wort. Es war für uns beide frustrierend, dass ich mich nie erinnern konnte, was Melancholie bedeutet. Das hat mich verwirrt, das mit der Melone. Wie kann ein Wort, das nach Melone klingt, Traurigkeit bedeuten? Melone! Das ist doch so schön.

Die Krankheit wurde zu einer Seite in der Geschichte, nicht zum ganzen Buch. Es hat Jahre gedauert, wirklich Jahre, bis ich wieder den Anfang sah. Dass jemand, der so laut und auffällig riechend und geräuschvoll und so LAUT war, tot war. Er war nicht hier, raschelte nicht mit seiner Hose aus Ballonseide den Flur entlang, humpelte nicht die Treppe hinauf, schnell, aber unregelmäßig in seinem Rhythmus; sagte nicht:

»Du hast das Gehirn von der Größe eines Planeten«, wenn du etwas richtig verstanden oder dich an etwas erinnert hattest, was du nachgeschlagen hattest; hockte nicht über einem Currygericht aus einer Million Schüsseln, mampfte, kaute und ließ überall Reis fallen.

War nicht hier. War aber da. War hier gewesen.

Welle – Frühling 2012

Wir werden im Mai heiraten. Ich wollte eine Frühlingshochzeit; ich will Frühlingsblumen.

Juni ist meiner Meinung nach nicht Frühling, und den April muss ich vermeiden – der April ist der Todesmonat, also muss es Mai sein. Das heißt, ich muss den Todestag überbrücken, um zur Hochzeit zu gelangen.

Ich muss die Ecke umrunden und das große LOS! hinter mich bringen, bevor ich in mein neues Leben aufbreche.

Ich dachte, es würde einfach sein; ich habe mich jahrelang vorbereitet. Wenn dein Vater stirbt, wenn du fünfzehn bist, ist dir sehr bewusst, dass er nicht bei deiner Hochzeit dabei sein wird. Ich hatte Jahre Zeit, mich darauf vorzubereiten. Und trotzdem hat es nicht geholfen. Ich fühle mich nicht bereit.

Ich sehe das Datum im Kalender und bin fassungslos, als ich sehe, dass der Tag X auf mich zukommt.

Hochzeiten sind sowieso stressig, aber diese Hochzeit ist von Trauer durchtränkt. Ich habe sie überall verschüttet, und wie Tinte ruiniert sie mein weißes Vintage-Kleid.

Ich streite mich ständig und bin gereizt.

Ich sitze auf dem Bett in unserer winzigen Mietwohnung

und streite mich mit meinem zukünftigen Ehemann, und ich weiß nicht, warum ich auf allem herumhacke. Die dünnen und verblichenen geblümten Vorhänge der Vermieterin lassen einen sanften Lichtschein herein. Ich weine. Mein Körper ist voller Unruhe, meine Knochen, meine Zähne, meine Augen, meine Nerven, meine Zunge, meine Füße sind voller Unruhe. Ich bin Angst, gekleidet in einen Hautanzug.

Ich fühle mich klein und schäme mich. Meine Trauer ist noch immer sehr stark und schmerzhaft. Sie ist noch frisch, selbst mit neunundzwanzig, so weit weg von fünfzehn. Sie sollte nicht so tief sitzen, die Trauer, oder? Sollte ich nicht darüber hinweg sein?

Ich merke, dass ich nicht heiraten will, weil es zu erwachsen ist. Es ist der Akt einer Erwachsenen, einer vernünftigen, rationalen Erwachsenen, die ihr eigenes Nummernschild hat und eine Fernsehgebühr zahlt. So was tun Fünfzehnjährige nicht. Wie kann ich diese Person sein? Wenn ich eine Erwachsene bin, dann ist er tot. Und er ist doch tot, oder nicht?

Ist das nicht absurd? Ich bin ja nicht dumm – ich würde mich tatsächlich als klug bezeichnen. Ich verstehe Politik und Tschechow, und ich kann so tun, als ob ich Französisch spreche. Aber ich habe mich irgendwo im hintersten Winkel meines Gehirns, ganz tief im Keller, davon überzeugt, dass er nicht tot ist. Ich weiß, dass er *tot* ist, aber nicht **tot,** weißt du, so richtig, definitiv **tot.** Er ist einfach nur *tot*, verstehst du?

Meine Erinnerungen fühlen sich verbrannt an, eingebrannt in meinen Kopf. In dem Moment, als er starb, gab es eine Explosion, einen so lauten Knall, dass mir die Ohren klingelten. Das Mädchen, das das erlebt hat, ist real, sie ist so lebendig, alles, was sie gefühlt hat, ist noch spürbar. Ich kann

1998 schmecken. Es war real. Ich starre immer noch meine Eltern auf dem Sofa an, die versuchen, mit mir zu reden, ich stopfe mir immer noch den Mund zu, damit sie mich nicht weinen hören, ich greife immer noch nach Strohhalmen, um herauszufinden, wo mein Leben geblieben ist. Ich habe es konserviert, es mit Gelierzucker übergossen und in einem Einmachglas versiegelt.

Und jetzt diese Scheißzeit. Scheißzeit, Scheißzeit. Sie marschiert weiter. Sie lacht mich aus.

Aber hier bin ich nun, 2012, keine fünfzehn mehr. Ich heirate, werde dreißig, tue die Dinge, die ich tun will, und jetzt vermisse ich ihn mehr denn je, weil ich wieder, verdammt noch mal, wachse.

Weg. Weit weg. Ganz weit weg.

Jeder Meilenstein des Glücks, jeder große, mutige Schritt nach vorn, jedes Mal, wenn ich Freude empfinde, tut verdammt weh. Denn er ist nicht da, er weiß es nicht und kann es nie wissen. Das ist scheiße. Das ist schmerzhaft.

Mein Bruder führt mich zum Traualtar. Ich werde auf dem Standesamt heiraten, also geht er eigentlich nur mit mir durch eine Tür. Wir warten darauf hineinzugehen, und der Standesbeamte schaut durch die Tür und sagt: »Sind Sie bereit?« – aber er sagt es in einem seltsamen Tonfall.

Ohne meinen Bruder anzuschauen, weiß ich, dass wir es beide bemerkt haben. Wir fangen an zu lachen, kichern hysterisch. Mein Freund, der drinnen auf uns wartet, hört uns und macht sich Sorgen, dass wir schluchzen, weil wir ohne Vater dastehen. Aber das tun wir nicht, wir weinen vor Lachen über die Art und Weise, wie ein Mann »Sind Sie bereit?« ausspricht.

Manchmal ist es in Ordnung, manchmal ist es lustig. Manchmal sind sie an einem Tag nicht da, aber sind trotzdem da. **Tot** und nicht *tot*.

Ich bin da. Ich gehe weiter voran. Ich bin in Ordnung. Ich bin zerbrochen. Ich bin in Ordnung, und ich bin hier.

Kapitel 6:
Was man sagen soll

Und was man nicht sagen soll ...

»Und, wo leben deine Eltern?«

Ähm ... Dein Herz hört eine Sekunde lang auf zu schlagen. WARUM MÜSSEN DIE LEUTE DAS WISSEN? Du umklammerst dein Getränk, das eisige Kondenswasser lässt das Glas in deinen Händen rutschen. Du atmest tief ein ... Oh, sie sehen dich immer noch an – du hast ja noch nichts gesagt.

Also ... ja ... Solltest du dich darauf einlassen? Wo seid ihr? MEINE ELTERN? ICH WÜNSCHTE, DAS SCHICKSAL WÄRE SO FREUNDLICH GEWESEN. Das ist zu viel. Solltest du lügen? Wie schlimm ist es heute? Kannst du die Wahrheit sagen, ohne dass deine Stimme bricht? Sind sie im Club? Würden sie es merken, wenn du jetzt wegläufst?

Ja, also ... Es ist schon zu lange her. Sag irgendetwas. Fang einfach mit der Wahrheit an.

Optionen:

A) Sag: »Meine Mum lebt in London«, wobei du das »M« in »Mum« sehr deutlich aussprichst, sodass klar wird: »Frag NICHT nach dem Vater.«

B) Sag: »Meine Mum lebt in London«, wobei du das »M« in »Mum« mit Nachdruck und in einer Weise aussprichst, die andeutet: »Na ja, es ist kompliziert, aber nicht traumatisch« – was zwar eine Lüge ist, aber die Sache vielleicht einfacher macht.

C) Sag: »Meine Mum lebt in London, und mein Vater ist tot«, schrei es ihnen ins Gesicht und hoffe, dass die Wucht deines Gefühlsausbruchs alle weiteren Fragen abblockt.

Glückwunsch, du hast A gewählt.

»Äh, ja. Meine Mum lebt in London.«

»Und dein Vater?«*

(*WARNUNG: Du befindest dich in diesem Gespräch, dies ist keine Übung, du hast dein eher heftiges »M« bei dem Wort »Mum« benutzt, aber es wurde nicht registriert. Ich WIEDER-HOLE, es wurde nicht registriert. Jetzt gibt es keinen Ausweg mehr.)

»Oh, ähm, er ist – ja, er ist tot. Er starb, als ich fünfzehn war.«

»Ach, alles klar. Oh, das tut mir leid. Ähm, das wusste ich nicht.«

UNANGENEHME PAUSE

»Ist schon okay, es ist nicht deine Schuld.«

»Genau! Ist es nicht!«

»Du hast ihn nicht umgebracht!«

UNANGENEHME PAUSE

»Haha, nein. Nun, danke, Cariad, aber ich muss dich jetzt verlassen. Du hast mich an meine eigene Sterblichkeit erinnert, und das gefällt mir gar nicht.«

Szene

CARIAD verlässt die Bar und fühlt sich ein wenig trauriger als zuvor. Sie hat ein merkwürdig schlechtes Gewissen, weil sie durch das Erwähnen ihres toten Vaters jemanden verunsichert hat. Eigentlich wollte sie ihn gar nicht zur Sprache bringen.

Vorhang.

*

Was macht dein **Vater**?
Wo wohnt deine **Mutter**?
Wie viele **Kinder** hast du?
Wie viele **Brüder** hast du?
Wie alt ist deine Schwester **jetzt**?

Fragen, die wir uns alle gegenseitig in aller Unschuld stellen, weil wir, wie Hunde, die an anderen Hundehintern schnüffeln, ein Gefühl dafür bekommen wollen, wer jemand ist, wenn wir ihn/sie treffen. Trauernde betreten eine Welt, in der sie versuchen zu verhandeln, wie sie den Leuten sagen sollen, dass jemand von uns ... eigentlich tot ist.

Man muss nicht im Club sein, um zu wissen, dass wir nicht gut über den Tod reden können. Schon die bloße Erwähnung des Wortes lässt die Schultern verkrampfen, den Magen sich zusammenziehen und die Handflächen schweißnass werden. Ich habe gesehen, wie Menschen sich körperlich regelrecht verknotet haben, um zu vermeiden, dass das Thema Trauer in einer lockeren Unterhaltung zur Sprache kommt. Die gesellschaftliche Unbeholfenheit, die wir empfinden, wenn wir über den Tod sprechen, kommt, wenig überraschend, aus einer Angst heraus. Das kann die Angst sein, die Trauernden zu verärgern, nicht das »Richtige« zu sagen oder ihren Tag noch schlimmer zu machen, als er ohnehin schon ist. Also. Viele. Ängste. Und das führt dazu, dass die Leute entweder dem Gespräch ausweichen, das Thema wechseln, gar nichts sagen (das ist sehr seltsam) oder unbeholfene, schlecht durchdachte Kommentare von sich geben, mit denen jemand Trauerndes erst einmal lernen muss umzugehen (vor allem im ersten Jahr, wenn es sich so anfühlt, als müsste man fast täglich mühsam erklären, dass die Person tot ist). Wir alle werden sterben; wir alle kennen jemanden, der gestorben ist – sollten wir da nicht inzwischen richtig gut darüber reden können?

Meine lieben Trauernden, ich möchte, dass wir alle einmal ganz tief ausatmen und uns entspannen. Hier ist ein geschützter Raum, in dem wir zugeben können, wie verstörend, ärgerlich und beleidigend einiges von dem ist, was Menschen zu uns sagen. Wir haben sie alle schon erlebt – die unbedachte Bemerkung, die unsensible Frage. Wir alle sind zu einem/einer anderen Trauernden gegangen, um uns halb tot darüber zu lachen oder zu weinen, was manche Leute als akzeptable Unterhaltung über den Tod ansehen.

Nach dem Tod meines Vaters erhielt meine Mutter einen offiziellen Brief, der an ihn gerichtet war. Aber anstatt noch einmal abzutippen, an wen er nun adressiert war, haben sie einfach den Namen meines Vaters durchgestrichen und »TOT« danebengeschrieben und ihn dann an meine Mutter geschickt. Unglaublich. Und einmal sagte jemand zu mir, nachdem ich zum ersten Mal erwähnt hatte, dass mein Vater tot sei, dass sie es jedem erzählen würde, wenn *ihr* Vater tot wäre, weil sie sich sicher sei, dass man dadurch »so viel Aufmerksamkeit« bekäme. Meine lieben Leser und Leserinnen, ich habe geschwiegen und das Thema gewechselt, weil ich nicht wusste, wo ich hätte anfangen sollen.

Wir alle kennen Anekdoten von verrückten und verletzenden Dingen, die uns im Laufe der Jahre gesagt worden sind. Manchmal sind sie lustig, aber oft schmerzen sie. Es tut mir so leid, dass wir diese Wunden zusätzlich zu unserem Kummer pflegen müssen.

ADAM BUXTON
Comedian, Schriftsteller, Podcaster. Adams Vater starb zu Hause, nachdem Adam ihn einige Monate lang gepflegt hatte.
Es gab einen Typen, der bei uns vorbeischaute – er war von einem Pflegedienst –, und er kam kurz vor dem Ende. Das Schlimmste war, dass mein Vater sich nicht mehr richtig bewegen und nicht mehr aus dem Bett aufstehen konnte, aber er musste immer noch auf die Toilette gehen und so weiter. Es gab also eine komplizierte Prozedur; ich will nicht zu sehr ins Detail gehen, aber dieser Typ hat mir dabei geholfen. Mein Vater stöhnte und ächzte, und ich fand es natürlich sehr stressig und traurig – und dieser Typ schaut rüber zu mir und sagt: »Moment mal, ich kenne Sie doch! …« – das ist das Schlimmste, jedenfalls im wirklichen Leben, wenn jemand das Gefühl hat, dass er dich kennt, und du willst nicht sagen: »Ja, ich bin im Fernsehen, ich bin berühmt!«, denn wahrscheinlich kennen sie dich gerade

nicht daher. Vielleicht hast du ein Bier bei ihnen gekauft, oder sie kennen dich von irgendwo anders her, also willst du nicht davon ausgehen: »Oh, Sie haben mich im Fernsehen gesehen«, vor allem nicht in diesem Moment.

Ich sagte also: »Das glaube ich eigentlich nicht.«

Er meinte: »Sie kommen mir aber sehr, sehr bekannt vor.«

Na ja, was soll ich sagen: Schauen Sie *8 Out of 10 Cats Does Countdown*? Da bin ich manchmal dabei. […] Klingelt da was? …

An die Leute, die nicht Mitglieder im Club sind: Hallo, hi – **winken in einer freundlichen Schriftart** – danke, dass ihr hier seid. Ich weiß, dass es schwer ist, irgendwo hinzukommen, wo man die Regeln nicht versteht, es kann sich unangenehm und peinlich anfühlen.[64] Hier geht es nicht um Schuldzuweisungen. Langfristig können wir den Trauernden besser helfen, wenn wir alle zugeben, dass es sich um einen schweren und sperrigen Stein handelt, den wir den Berg hinaufzuschieben versuchen (hinter einem Leichenwagen). Die meisten von uns haben wenig Übung darin, über den Tod zu sprechen, es gibt keinen Abschluss in Trauermanagement.[65]

Trauer ist seltsam und komplex. Wenn ich Schwierigkeiten habe, meine eigene Trauer zu verstehen, dann werden natürlich auch andere Leute Schwierigkeiten haben, mir gegen-

---

64 Ich war einmal auf einem Festival.
65 SOLLTE ES ABER GEBEN.

über das Richtige zu sagen. Ich bin immer noch nicht perfekt darin, darüber zu sprechen; niemand ist hierin perfekt. Und ich weiß, dass es deshalb sinnlos erscheinen kann, überhaupt etwas sagen zu wollen.

Aber halte diesen Gedanken fest, denn der Fehler, den so viele von uns machen, ist, dass wir versuchen, das Richtige zu sagen, und nach Wegen suchen, es noch besser zu machen. Es wird immer wieder zu unverblümten, kurzen Gesprächen mit Fremden kommen. Das gehört leider zum Leben in der Trauer – man muss erklären, dass der/die Verstorbene tot ist, dass man in einer Wohnung lebt, dass man einen Bruder hat – was auch immer sie an Informationen über einen benötigen. Wie können wir denjenigen helfen, die helfen wollen, die nach Wörtern suchen, wenn uns die Wörter fehlen? Was ist, wenn man es nicht besser machen, aber trotzdem präsent sein kann? Was ist, wenn immer die Gefahr besteht, dass man etwas Falsches sagt, weil die Trauer bei jedem/jeder anders ist? Wie wäre es, wenn wir mit »Ich weiß nicht, was ich sagen soll, aber ich möchte, dass du weißt, dass ich da bin ...« beginnen?

Ich kann jetzt besser mit der Panik der Leute umgehen, wenn ich sagen muss: »Er ist jetzt tot.« Ich kann jetzt ruhig bleiben. Jemandem zu sagen, dass mein Vater tot ist, macht mir nicht mehr (so viel) Angst. Mit der Zeit habe ich gelernt, den Moment einzuschätzen. Ich kann zuerst bei mir selbst nachfragen: Geht es mir gut? Wie verletzlich fühle ich mich? Wenn es ein guter Tag ist, werde ich ehrlich sein. Und wenn nicht, dann habe ich gelernt, Grenzen zu setzen.

Das hat Zeit gebraucht. Die ersten Tage waren da noch ganz anders. Als wütende Teenagerin verschaffte es mir eine unverschämte Genugtuung, das Thema anzusprechen – denn mein Gesprächspartner (1998 ein Anrufer vom Telefonmarketing) fühlte sich damals schlecht, und ich mich zu diesem Zeitpunkt auch, also war es nur fair. Die Frage »Ist Herr Lloyd da?« wurde mit einem fröhlichen »Nein, denn er ist tot!« beantwortet. Es war ein seltsam starkes Gefühl, jemandem die Nachricht zu überbringen, der darauf nicht vorbereitet war. (Ja, ich glaube, ich habe das, was mir passiert war, ausgelebt, um Kontrolle darüber zu gewinnen. Siehst du, die Therapie funktioniert.) Daraufhin erfolgte eine Pause, dann kam ein hastiges »Oh, das tut mir so leid ...«, woraufhin ich zum Gegenangriff überging (ich war bereit): »Tatsächlich?«

Entscheidend war hier wirklich, den Moment in die Länge zu ziehen. Wenn man schwieg, konnte man den Satz in der Luft hängen lassen, ein riesiger Heliumballon voll schrecklicher Peinlichkeit. »Da haben Sie's, Sie Anrufer, mein Leben geht den Bach runter, herzlichen Glückwunsch, nun stecken Sie da auch mit drin.« Das schadenfrohe, boshafte Gefühl verflüchtigte sich jedoch schnell. Sie legten den Hörer auf, und ich saß wieder vor der Glotze und stellte fest, dass mein Vater immer noch tot war. Eine kleine Blase der Kontrolle in einem Bad der Verzweiflung.

Erst viele Jahre später habe ich die Erfahrung gemacht, auf der anderen Seite des Trauerflusses zu stehen. Nach dem Tod der Mutter meines Mannes, als wir in den Dreißigern waren, sah ich mich plötzlich damit konfrontiert, diejenige zu sein, die das Falsche sagte, die nicht verstand, die es nicht besser machen konnte. Das war neu für mich. Ich hatte so viel Zeit meines Lebens damit verbracht, zu trauern, mich über die dummen Kommentare anderer Leute zu ärgern, die Augen zu verdrehen, wenn sie versuchten, mit meiner Trauer umzugehen, und zu denken, es sei ihre Schuld und dass sie es besser wissen müssten – und wusste es doch selbst nicht besser. Mit dem Tod meiner Schwiegermutter habe ich gelernt, dass es auf der anderen Seite keineswegs einfacher ist. Ja, weniger schmerzhaft – ich stand nicht im grellen Licht der Trauer. Aber ich sah zu, wie jemand, den ich liebte, litt, und das war furchtbar. Ich lag ständig falsch, obwohl ich ihn am besten kannte, obwohl ich Erfahrung mit Trauer hatte. Natürlich bestand ein Teil meiner Frustration darin, dass ich, die Trauer-Oma, nicht wusste, wie ich es besser machen konnte. Ich versuchte, seinen Kummer »in Ordnung zu bringen«, denn dann wäre es ... vorbei. Ich wollte ihm den Schmerz nehmen, aber ich konnte es nicht. (*Törichte Cariad. Man kann jemandem niemals den Schmerz der Trauer nehmen; er/sie braucht ihn. Nur das bleibt übrig – der Schmerz, dass die Person nicht mehr da ist. Diesen Schmerz zu nehmen hieße, so zu tun, als hätte diese Person nie existiert: Der Schmerz ist der Beweis, dass sie gelebt hat.*)

Eines Tages wurde mir klar, dass alles, was ich tat, um meinem Mann zu »helfen«, nicht funktionierte. Er wollte nicht darüber reden oder gar herumschreien. Er ging ganz anders mit seiner Trauer um als ich. Natürlich tat er das. Er war kein Teenager, seine Beziehung zu seinem toten Elternteil war anders als meine. Warum versuchte ich, ihn dazu zu bringen, nach meiner Todesmelodie zu tanzen? Als ich das erkannte, konnte ich endlich sehen, was er brauchte. Ich sah, dass es nicht den einen richtigen Weg gab, sondern eine Million verschiedener Wege. Es war nicht nötig, dass ich meine Trauer mit einbrachte, ihn »in Ordnung brachte« oder dafür sorgte, dass er sich besser fühlte, alles, was er brauchte, war, dass man ihm zuhört. Er brauchte nicht zu schreien oder zu reden; er brauchte nur jemanden, der still bei ihm sitzt. Jede Trauer ist persönlich und einzigartig. Wir alle können den schrecklichen Schmerz der Trauer nachvollziehen, aber wir müssen genau zuhören, um wirklich zu verstehen, was jemand braucht.

Ich habe nur durch Gespräche mit Menschen gelernt, wie unterschiedlich alle Trauerfälle sind. Diese Gespräche sind nicht immer leicht zu führen, aber jedes Mal, wenn wir zulassen, dass über den Tod gesprochen wird, wenn wir zuhören und nicht nach einer magischen Phrase suchen, die alles wiedergutmacht – sondern wirklich zuhören, was jemand durchgemacht hat –, werden wir lernen. Wenn es sich um eine Trauer handelt, die dich erschreckt oder etwas in dir auslöst, solltest du dir eingestehen, dass es etwas Furchterregendes *ist*, dem man sich stellen muss. Beginne also damit, dass du akzeptierst: »Es fällt mir schwer, darüber zu sprechen.« Das heißt aber nicht, dass du nicht helfen kannst oder willst. Wir müssen uns selbst gegenüber ehrlich sein, damit wir helfen können.

Nachdem ich mit *Griefcast* begonnen hatte, wurde mir klar, dass es bestimmte Trauerfälle gibt, die mir Angst machen. Ich konnte über tote Eltern sprechen, bis die Zombies auftauchten und die Macht übernahmen. Aber sterbende Kinder? Das war grauenvoll. Plötzlich hatte ich überhaupt nichts mehr zu sagen. Als der Podcast an Fahrt aufnahm, meldeten sich Hörer:innen bei mir und baten mich, über bestimmte Trauerfälle zu berichten. Ich stimmte zu: Ich wollte, dass der Podcast so viele Erfahrungen wie möglich widerspiegelt. Aber ich hatte Angst, einige dieser Gespräche zu führen. Genau wie die Leute, über die ich jahrelang die Augen verdreht hatte, wollte ich nicht über den Tod sprechen, weil ich Angst hatte.

Das Gespräch mit dem Schriftsteller Jayson Greene war eines der schwierigsten Gespräche über Trauer, die ich je geführt habe. Im Jahr 2015 kam seine Tochter Greta bei einem tragischen Unfall in New York ums Leben, als sie gerade zwei Jahre alt war. Sie saß mit ihrer Großmutter auf einer Bank, als ein Teil des Mauerwerks von einem Gebäude herunterfiel und sie traf. Selbst wenn ich es jetzt aufschreibe, bin ich schockiert über das wirklich Schreckliche, das seine Familie erlitten hat. Diese Trauer hat mich erschreckt. Alles in meinen Knochen, meinem Gewebe und meinen Muskeln sagte mir, dass ich nicht mit ihm reden sollte. Über diesen Tod zu sprechen fühlte sich gefährlich an – als wäre selbst das Reden darüber irgendwie gefährlich für meine Kinder, als wäre es ansteckend –, ein völlig ungerechtfertigtes und irrationales Gefühl, aber eine Erinnerung daran, dass der Drang, vor dem Tod wegzulaufen, ziemlich universell ist. Es ist nicht Unhöflichkeit oder Grausamkeit; es ist Selbstschutz. Wenn jemand versucht, sich deiner Trauer zu entziehen, kann es hilfreich sein, sich daran zu erinnern, dass es einen Urtrieb in uns gibt – uns zu verstecken / zu kämpfen / zu fliehen – aus Angst, dass der Tod uns als Nächstes holen wird.

Ich verabredete ein Interview und traf mich mit Jayson, obwohl ich Herzklopfen hatte. Ich atmete langsam durch und dachte an all die Male, in denen die Leute so getan hatten, als sei ein toter Dad ansteckend, und wie dumm (und ärgerlich) das gewesen war. Ich wusste, dass ich die Geschichte von Jayson hören musste. Ich wusste, dass jemandem da draußen geholfen werden konnte, wenn er diese Geschichte im Podcast hören würde. Jayson hatte ein unglaubliches Buch über seine Erfahrungen geschrieben (*Once More We Saw Stars*); er war mutig und furchtlos genug gewesen, seine Geschichte zu erzählen. Das Mindeste, was ich tun konnte, war, ihm zuzuhören.

Wenn die eigene Angst nicht mehr die ganze Aufmerksamkeit beansprucht, kann man hören, was die Geschichte eines anderen wirklich bedeutet. Als Menschen haben wir die Pflicht, uns nicht voneinander abzuwenden. Geh neben ihnen her. Hör dir an, was passiert ist. Sei einfach da.

JAYSON GREENE
Autor und Journalist. Er beschreibt hier, wie er und seine Frau nach dem Unfall von Freunden, Freundinnen und Familie unterstützt wurden.

Sie wussten, dass wir aufgefangen werden mussten, und das taten sie auch, sie hielten uns aufrecht. Wir hatten tatsächlich diese unglaubliche Gemeinschaft von Menschen, die uns jeden Tag in der Woche Essen brachten, die einfach mit uns zusammensaßen, die mit uns über alberne Dinge sprachen, weil sie wussten, dass wir die Zeit rumkriegen mussten, die uns in gewisser Weise behandelten, als wäre es ein ganz normaler Tag, aber die verstanden, dass es das nicht war, und es gab so viele andere Arten, wie sie sich um uns gekümmert haben. Selbst wenn irgendjemand irgendetwas irgendwie Ungeschicktes sagte, hat es mir nichts ausgemacht; wir sprechen hier nicht von Etikette, es geht hier nicht um so etwas. Es geht hier um einen großen kosmischen Verlust. Ihr seid hier, das ist genug. Ihr wollt hier sein, und ihr seid an meiner Tür aufgetaucht, um mir eure Unterstützung anzubieten. Es ist mir egal, dass ihr gerade etwas Albernes gesagt habt. Es ist okay. Kommt rein.

Es gibt viele Tipps, die ich dir geben kann, um ein Gespräch über Trauer zu führen, ich möchte aber einräumen, dass es im Grunde genommen um eine Veränderung in dir selbst geht. Es kann beängstigend sein, wenn jemand so viel Wut, Traurigkeit und Verzweiflung empfindet: Es zeigt uns unsere eigene Verletzlichkeit – dass dies auch uns passieren könnte, dass wir genauso stranden könnten wie diese Person.

Ich kann nur deshalb besser über den Tod sprechen, weil ich mich mit meinen eigenen emotionalen Reaktionen auseinandergesetzt habe. Indem ich mir meiner Angst und ihrer Folgen bewusst wurde – wie sie mich dazu bringen wollte, das Reden zu vermeiden –, konnte ich endlich tief Luft holen, bleiben und zuhören. Sobald du erkennst, dass der/die Trauernde dich einfach nur dahaben will, kannst du aufhören zu versuchen, etwas anderes zu tun. Je mehr wir uns darin üben, den Schmerz anderer auszuhalten, desto besser werden wir darin, sie unterstützen zu können. Wenn wir dieses Maß an Fürsorge aufbringen, werden sich die Menschen in ihrer Trauer weniger verletzlich fühlen. Stell dir eine Gesellschaft vor, die darin geübt ist, Emotionen von Trauernden zu erwarten, und sie nicht auffordert, diese Emotionen wegzupacken, damit aufzuhören oder zu gehen; stell dir eine Sprache vor, die auf Mitgefühl und nicht auf Angst beruht. Dann können wir ein Band der Unterstützung um jemanden legen und einen Ort schaffen, an dem er/sie mit seiner/ihrer

Trauer ausruhen kann – nur kurz –, gerade lange genug, um zu wissen, dass er/sie nicht allein unterwegs ist.

So viele Leute haben versucht, alles »richtig« zu machen, wenn sie mit mir sprachen. Meine Lieblingsreaktion stammt von dem verstorbenen, großartigen Ken Campbell, einem sehr exzentrischen Künstler und Schriftsteller, mit dem ich vor vielen Jahren zusammengearbeitet habe. Eines Tages fragte er mich, als wir in seinem unglaublich chaotischen Geländewagen unterwegs waren: »Wo ist denn dein Vater?«

Ich wurde rot. Ken war nicht gerade für sein Einfühlungsvermögen bekannt. »Oh, er ist … tot«, sagte ich. Was zum Teufel sollte er darauf entgegnen?

Er machte eine kurze Pause, sah dabei wehmütig aus und schnaubte: »Na ja, das haben sie so an sich, die Väter.«

Ich lachte. Ich habe so dankbar gelacht. Er hatte nicht das Thema gewechselt, er hatte mich nicht beschämt. Er hatte sich kurz zu mir gesetzt und mit mir getrauert. »Ja, das klingt scheiße.« Für diese Antwort war ich immer sehr dankbar.

JASON HAZELEY
Comedy-Autor und Podcaster. Jasons Vater starb während eines Auslandsaufenthalts in Spanien.
Ich war mit ein paar Freunden und Freundinnen in einem Pub in Shepherd's Bush, eine davon war [die Komikerin und Autorin] Carrie Quinlan. Ich sprach mit ihr darüber, und sie hatte ihren Vater, ich glaube, zwei oder drei Jahre vor mir verloren … und sie legte ihre Hand auf meinen Ellbogen, lehnte sich zu mir, sah mir direkt in die Augen und sagte: »Ganz schön beschissen, oder?«

Und ich sagte, das ist das Treffendste, was mir jemand sagen kann: »Es ist beschissen, es ist einfach beschissen.«

SALI HUGHES
Schriftstellerin, Journalistin und Podcasterin. Beide Eltern von Sali sind gestorben, und sie hat einen sehr engen Freund in jungen Jahren durch ein Sarkom verloren.
Was die Leute unbedingt tun müssen – und es hat mich jedes Mal aufs Neue erstaunt, wenn jemand bei mir gestorben war, ich war immer völlig perplex deswegen –, warum sagen die Leute nicht einfach: »Oh mein Gott, das ist doch eine verdammte Scheiße«? Einfach: »Das ist eine verdammte Scheiße, es tut mir wirklich leid, dass dir das passiert ist, das ist schrecklicher als alles, was ich mir vorstellen kann, ein absoluter Mist.«

Solche Dinge sollte man sagen. Man muss die Sache nicht schönreden; versucht nicht, mit Plattitüden daherzukommen. Sagt einfach: »Verdammt, das ist schrecklich, das ist wirklich schrecklich, und du musst dich zum Kotzen fühlen«, denn die Menschen wollen einfach nur gehört und verstanden werden.

Man kann es nicht besser machen; man kann die Trauer nicht vertreiben. Man kann niemanden von den Toten zurückholen. Das Einzige, was man anbieten kann, ist, fest auf der Erde zu stehen, innezuhalten und bei ihnen zu sein. Auch wenn sie Schmerzen haben, kannst du eine Weile bei ihnen bleiben.

ANNA LYONS

Autorin von We All Know How This Ends, *Lebensende-Begleiterin und Mitbegründerin von* Life. Death. Whatever. – *einer Initiative zur Neuausrichtung des Redens über den Tod.*

Redet mit den Menschen, redet einfach mit ihnen und setzt euch zu ihnen. Wenn sie nicht reden wollen, dann redet ihr eben nicht, aber setzt euch zu ihnen, seid bei ihnen, lasst sie wissen, dass sie nicht allein sind. Lasst sie wissen, dass ihr das Unerträgliche für sie ertragen könnt. Was sie gerade durchmachen, ist unerträglich, und wenn ihr nicht da seid, wenn ihr die Straßenseite wechselt, wenn ihr sie ignoriert, wenn ihr ignoriert, was gerade geschieht, dann lasst ihr sie wissen, dass es so unerträglich ist, dass sie nicht einmal jemanden bei sich haben können. Tragt es für sie, auch wenn es nur für ein kleines Stück ist. Lasst euch blicken, immer wieder. Seid einfach da.

KAYLEIGH LLEWELLYN

Die Nacht, in der mein Neffe starb – meine Erinnerung an diese Nacht besteht nur aus Bruchstücken, aus Erinnerungsblitzen, aus Schnappschüssen der Nacht. Einer davon betrifft das Ende der Nacht, als ich auf dem Sofa meiner Tante saß, mit [meinem besten Freund] Matthew neben mir, ich starrte einfach nur die Wand an, und er starrte sie ebenso an. Es war furchtbar, aber ich war nicht allein. Diese Dinge bedeuten so viel.

Das ist mir immer im Gedächtnis geblieben. Wie sich Kayleighs Freund verhalten hat, mit welcher Einfachheit. Wenn man trauert, sagt einem das Gehirn immer wieder: »Du bist damit allein, niemand versteht es, niemanden kümmert es.« Die Entscheidung, jemanden auf diesem Weg zu begleiten, ist das Einfachste und Hilfreichste, was du tun kannst.

Was befürchten wir, wenn wir der Trauer Raum geben? Hat schon einmal jemand davon berichtet, dass jemand geweint hat und für den Rest des Lebens nicht mehr aufhören konnte? Selbst die Tränen von Alice im Wunderland haben sie nicht weggespült, sondern nur an einen anderen Ort geführt. Es ist in Ordnung, wenn es einem schwerfällt, darüber zu sprechen. Es ist in Ordnung, ängstlich oder nervös zu sein. Es ist in Ordnung, zu stolpern, Fehler zu machen, Dinge falsch zu machen und es noch einmal zu versuchen. Was zählt, ist deine Anwesenheit. Was zählt, ist, dass du es versuchst.

Soziale Unbeholfenheit und Angst treiben uns dazu, die Trauer einzudämmen, sie in Ordnung zu bringen, wegzulaufen – als ob Tränen Benzin wären und wir die Streichhölzer in der Hand hielten. Wir müssen besser darin werden, uns unwohl zu fühlen, nicht zu wissen, was wir sagen sollen, und zuzugeben, dass wir Angst haben. Es ist nicht leicht, jemandem in Trauer zu helfen, das kann ich nicht oft genug sagen. Keine noch so große Menge an Feuchttüchern, Bleich- oder Desinfektionsmitteln wird uns vor dem ganzen Chaos retten. Nur wenn wir versuchen zu helfen (und möglicherweise dabei scheitern), werden wir lernen und erfahren, was gebraucht wird.

*

LEITFADEN, WIE MAN TRAUERNDEN HILFT, MIT DER GANZEN TRAUER FERTIGZUWERDEN*

(*_Dies kann für deine/deinen Trauernde:n immer noch unzutreffend sein. Jeder/jede Trauernde ist anders, und manche Trauernde sind vielleicht weinerlicher als andere. Wende dich an eine Fachkraft, wenn du dir Sorgen um deine/deinen Trauernde:n machst._[66])

Hier ist eine kleine und noch unfertige Wegleitung, die dich und die Person, die du liebst, durch den Strudel der Trauer führen soll.

1) Du wirst es falsch machen

MARK O'SULLIVAN
Drehbuchautor und Schauspieler. Marks Vater starb, als er fünfzehn war, und seine Mutter starb, als er in den Zwanzigern war.

Gegen zwei oder drei Uhr morgens klingelte mein Telefon im Hotelzimmer, und es war meine Schwester, die sagte: »Mum lebt nicht mehr.«

Ich fragte: »Was?«

»Mum lebt nicht mehr.«

Wenn jemand das hier liest und sich fragt, wie man es jemandem beibringen sollte, dann wahrscheinlich nicht so.

---

66 Es gelten die allgemeinen Geschäftsbedingungen. Keine Trauernden wurden repariert, aber viele haben gelernt, damit umzugehen.

Ja, ich habe es bereits gesagt, und ich sage es noch einmal, weil alle immer denken: »Oh, ich doch nicht, ich bin wirklich sensibel, ich werde bestimmt nichts Dummes sagen.« Dies ist eine Erinnerung daran, dass man selbst dann, wenn man die weichste, anpassungsfähigste Schaumstoffmatratze von einem/einer Freund:in ist, dennoch eines Tages etwas falsch machen wird. Trauernde (vielleicht schaut ihr jetzt besser weg, ihr sensiblen Seelen) sind ein bisschen … empfindlich. (Ich weiß, das ist hart, aber man muss erst mal eine/einen kennen, um mitreden zu können.) Die Trauer reißt einem die Haut vom Leib und legt Muskeln und Gewebe frei. Deine Worte landen also nicht auf einer dicken Haut, sondern versinken in Sehnen und stoßen auf Knochen. Es tut weh, wenn man es falsch macht, aber es ist schwer, es richtig zu machen. Weil man es nämlich nicht kann. Halte also immer in der Hinterhand (etwa die folgenden Sätze) bereit: »Es tut mir leid, wenn ich das falsch verstanden habe …«

»Ich möchte helfen, aber ich weiß nicht wie, und ich möchte, dass du weißt, dass ich da bin …«

»Ich glaube, ich war unsensibel, als wir vorhin miteinander sprachen, es tut mir so leid …«

2) Du kannst es nicht schlimmer machen

Alles, was du sagst, kann uns verletzen, aber es wird nie so wehtun wie die Tatsache, dass SIE IMMER NOCH TOT SIND. Ein Mensch ist tot. Das kann man nicht schlimmer machen. Das Schlimmste ist bereits geschehen. Bitte denke immer daran, wenn du mit einem/einer Trauernden sprichst. Wenn sie anfangen zu weinen oder traurig oder aufgebracht wirken, sind sie es auch. Sie fühlen Schmerz. Das ist in Ordnung. Sie haben jemanden geliebt, und der/die ist jetzt tot. Du kannst stolpern und straucheln und die Situation unangenehm machen, ja klar, aber du kannst sie NICHT verschlimmern. Du kannst die Toten nicht noch mal sterben lassen.

Strebe nicht nach Perfektion, sondern nach Präsenz. Es kommt nicht so sehr darauf an, was du sagst, sondern dass du da bist und versuchst zu helfen.

3) Also, versuch es einfach ...

POORNA BELL
Autorin. Poornas Ehemann Rob hat sich das Leben genommen.
Obwohl ich selbst einen so großen schmerzlichen Verlust erlebt habe, ist die gesellschaftliche Konditionierung, sich im Zusammenhang mit dem Tod unwohl zu fühlen, so stark, dass meine unmittelbare Reaktion, wenn ich von einem anderen Trauerfall höre, darin besteht, dass ich mich wie eine Schnecke in mein Schneckenhaus zurückziehen und so still wie möglich sein will. Denn ich möchte nichts sagen oder tun, was das Trauma dieser Person verstärken oder verschlimmern könnte. Und dann gibt mir der andere Teil von mir – das ist der Teil, der, wie ich glaube, nach Robs Tod mehr Substanz und Form bekommen hat und viel einfühlsamer und weiser geworden ist – einfach einen sprichwörtlichen Tritt, und die Worte kommen einfach heraus. Wenn sie ihren geliebten Menschen nicht namentlich erwähnen, frage ich nach seinem Namen, weil ich das für wichtig halte, und ich sehe, wie sich ihre Miene ver-

ändert, wenn sie den Namen aussprechen, und diese Person wird für einen Moment in den Raum geholt. Ich sage: »Es tut mir wirklich leid zu hören, dass dir das passiert ist.« Vor allem bei einem Selbstmord wissen die Leute nicht, was sie sagen sollen, sie sagen deshalb gar nichts, wodurch man sich noch einsamer fühlt.

Die Trauernden können alle beim Namen nennen und sich an alle erinnern, die es versucht haben, die sie nicht aufgegeben haben, die sich durch ihr eigenes Unbehagen durchgekämpft haben, um zu versuchen, sie, die Trauernden, zu erreichen.

4) Deine Trauer ist nicht ihre Trauer

Ich habe eine Weile gebraucht, um zu akzeptieren, dass die Trauer um den Verlust eines Elternteils nicht die größte Trauer ist. Mein Schmerz war so groß und intensiv, dass ich es gar nicht verstand, wenn mir jemand sagte, er/sie sei traurig über einen Hund oder ein Großelternteil oder sogar – ich will ehrlich sein – über einen/eine Freund:in. Viele Jahre lang sah ich nur meinen Kummer, weil mein Schmerz so groß war. Es gab doch sicher keinen Schmerz, der ihn übertreffen konnte?

Viele von uns im Club machen sich mit dieser Einstellung schuldig. Die Trauer steht wie ein Menhir vor unseren Augen, und die Sonne lugt nur am Rande hervor. Die Veränderung kam, als ich den Leuten im Podcast zuhörte. Mir wurde klar, dass Trauer nichts als Trauer ist, dass man um diejenigen trauert, mit denen man eine Beziehung hatte, und dass man um sie trauert, wenn sie sterben. Das ist es im Wesentlichen. Egal, ob es sich um einen Vater, eine Mutter, ein Kind, eine Schwester, einen Bruder, einen Onkel, eine

Oma, einen Freund, eine Kollegin, eine Katze oder einen Hund handelt[67], es ist Trauer. Es gibt keine Trauerhierarchie: Was auch immer dein Schmerz ist, er ist einen Raum und ein Gespräch wert. Niemand kann oder sollte das herabsetzen oder dir das Gefühl geben, dass dein Schmerz nicht tief genug ist, damit du dem Club beitreten kannst. Was und wie auch immer dein Schmerz ist, er verdient einen Platz, dein Kummer hat seine Berechtigung.

Dies ist besonders wichtig, wenn es darum geht, über eine Fehlgeburt oder einen frühen Schwangerschaftsverlust zu sprechen. Eine häufige Reaktion ist die Frage, in der wievielten Woche sie schwanger waren, als sie ihren Fötus verloren haben, als ob eine Zahl die Trauer bewerten könnte. Sie waren schwanger, haben sich den Geburtstermin im Kopf ausgerechnet, sie haben sich eine Zukunft ausgemalt, sie trauern.

Vielleicht hast du (so wie ich) eine Trauergeschichte gehört und die Trauerrechnung gemacht und gedacht: »Das klingt nicht zu schlimm/zu früh/zu schwer/zu schmerzhaft/sie waren alt/man wusste, dass sie krank waren/es kam plötzlich …« Das ist in Ordnung, du darfst so etwas denken, das macht dich nicht zu einem schlechten Menschen. Lass dir davon nicht das Gefühl geben, falsch zu sein oder dich schämen zu müssen. Aus solchen Gefühlen lernt man nicht. Es

---

67 Ich will hier nicht leichtfertig daherreden, ich weiß, dass für einige ein Haustier kein so schmerzlicher Verlust erscheint, aber ich habe mit Trauernden gesprochen, die durch den Tod eines Tieres regelrecht am Boden zerstört waren, und mit anderen, die den Verlust eines Familienmitglieds gut verkraften konnten. Wir sind alle einzigartige Wesen, und wie wir trauern und worüber wir trauern, muss für niemanden außer für uns selbst einen Sinn ergeben.

kommt darauf an, was du mit deinem Urteil machst. Sei dir bewusst, dass du den Kummer der anderen vielleicht nicht verstehst, aber wenn sie ihn fühlen, ist er echt.

5) Frag nicht – tu es

Wir setzen die Hinterbliebenen zu sehr unter Druck, uns Antworten zu geben. Zu sagen: »Wenn ich irgendetwas tun kann …«, hilft einem/einer Trauernden nicht weiter. Wenn man einen Verlust erlitten hat, ist man verwirrt und weiß nicht mehr, wo oben und unten ist. Jemand ist gestorben, und man weiß nicht, was man will oder braucht. Wenn du viele Clubpunkte[68] sammeln willst, tu es einfach.

Was braucht der oder die Betreffende deiner Meinung nach? Wenn die Person in einem praktischen Modus ist und sich nur um all das kümmern will, was mit der Trauer zusammenhängt – Banken, Anwälte, Versicherungen anrufen –, kannst du dabei helfen? Schau dir ihr Haus an, was muss dort gemacht werden? Mülleimer leeren? Essen vorbeibringen? Kinder abholen? Teebeutel nachfüllen? Genug Vollkornkekse in der Dose für all die Besucher? Es gibt so viele kleine Dinge, die man tun kann, wenn ein anderer in einer Krise steckt. Diese Dinge zu tun, ohne darum gebeten zu werden, ist ein unschätzbarer Akt der Freundlichkeit.

JOEL GOLBY

Als mein Mitbewohner erfuhr, dass meine Mutter gestorben war, tat er etwas sehr Nettes für mich. Ich glaube, die Leute vergessen, nett zu dir zu sein, wenn

---

68 Sie können nicht gegen das Nichtsterben eingelöst werden, tut mir leid.

es passiert, weil sie es mit einer langen, aufrichtigen SMS oder mit der Frage »Kann ich irgendetwas tun?« abgehakt haben. Und sie denken: »Okay, das habe ich jetzt von meiner To-do-Liste erledigt, ich bin ein guter Mensch.« Und dann wird man mit diesem ganzen Mist belastet, mit diesen ganzen Erbschaftsangelegenheiten, und wenn die Leute das »Hey, ich wollte dir nur sagen, dass ich an dich denke und alles tue, was ich tun kann, um zu helfen« hinter sich gebracht haben, dann vergessen sie irgendwie, einfach nur nett zu dir zu sein.

Ich kam nach Hause, ich bin kein ordentlicher Mensch, mein Schlafzimmer war ein einziges Durcheinander – und er hatte es aufgeräumt.

Das war wirklich eine der nettesten Sachen, die je jemand für mich getan hat.

(Profi-Tipp: Frag nicht: »Möchtest du Tee?« Setz einfach den Kessel auf und bereite ihn zu. Spül danach deine Tasse ab, das gibt weitere Bonuspunkte.)

6) Wie geht es dir heute?
Das gefürchtete »Wie geht es dir?« ist für die meisten Trauernden nicht zu ertragen. Wie ich mich fühle? Schrecklich? Orientierungslos? Verängstigt? Das ist eine zu große Frage, um sie zu beantworten. Wie geht es dir *heute*? – das ist die Zauberformel, die du brauchst. Bring deine Frage auf den Punkt, um die Situation einfacher zu machen.

Sei auch vorsichtig mit »Mein Beileid für deinen Verlust«, mit dieser unsterblichen Phrase, mit der die meisten Trauernden nach einem Todesfall konfrontiert werden. Ich habe nichts dagegen, manchmal ist es alles, was wir nun mal haben, aber es ist eine der am meisten monierten Phrasen, die mir begegnet sind. Für mich hat dieser Satz eine Bedeutung, aber er kann nicht einfach nur eine Art Wischmopp sein, um den unangenehmen Schlamassel aufzuwischen: Dieser Satz muss ernst gemeint sein. Ich habe mich noch nie beleidigt gefühlt, wenn er mir mit aufmerksamer Freundlichkeit zugesprochen wurde.[69]

7) Du spielst eine Nebenrolle – nicht die Hauptrolle

Du darfst ein bisschen weinen, aus Solidarität, aber wenn du darüber klagst, dass du sie wirklich geliebt hast, müssen *sie* dich trösten. Sie dürfen weinen, das ist erlaubt. Auch du darfst weinen, ja natürlich. Deine Gefühle sind berechtigt, aber in diesem Moment nicht so sehr wie die der Hinterbliebenen. Die Hinterbliebenen stehen im Mittelpunkt, und wenn es dir schlecht geht, suche dir jemanden (nicht sie), der dir bei deinen Gefühlen hilft. Es ist ihr Close-up, und dein Job ist es, dafür zu sorgen, dass die Kamera auf sie gerichtet bleibt.

---

69 Ich denke an die Schweden, die mir, als ich einen Griefcast live in Stockholm aufzeichnete, sagten, dass sie nicht einmal eine Abwandlung dieses Satzes haben, sondern nur einen sehr altmodischen Satz, der so viel bedeutet wie: »Liebste Sirrah, meine Trauer geht in diesem Moment auf dich über«, also benutzen die meisten Schweden ihn nicht. Nach der Show gaben die meisten Zuschauer:innen und Gäste zu, dass sie einfach gar nichts sagen, weil sie das Gefühl haben, dass sie keine passende Formulierung kennen und es deshalb einfacher ist, nichts zu sagen. »Mein Beileid für den Verlust, den du erlitten hast« ist zwar nicht viel, aber wenigstens haben wir diesen Satz.

8) Nimm Kontakt zu ihnen auf

Heutzutage gibt es so viele Möglichkeiten, miteinander in Kontakt zu treten. Für ein Schweigen gibt es wirklich keine Entschuldigung. Schicke eine Karte, eine SMS, eine DM, eine WhatsApp, eine E-Mail. Lass sie wissen, dass du da bist. Dann bleib in Kontakt. Schreibe »Ich denke an dich«, wenn du an sie denkst. Das ist eine einfache Möglichkeit, jemanden daran zu erinnern, dass er/sie nicht allein ist.

9) Es ist okay, ignoriert zu werden

Jemand ignoriert sie ab jetzt für immer, also müssen sie vielleicht auch dich ignorieren. Warte ab. Habe Geduld. Sag ihnen nach dem ersten Jahr, dass sie es überlebt haben.

10) Sei für die Langstrecke da

Nach einer Weile denken die Leute, dass es dir wieder gut geht. Auch wenn es dir nicht wieder gut geht. Geburtstage, Weihnachten, Frühlingsblumen … all diese Dinge müssen ohne diese Person bewältigt werden. Denke daran, wenn du mit einem/einer merkwürdig angespannten Freund:in über seine/ihre Geburtstagsfeier sechs Monate später sprichst.

Bringe ihn/sie auf andere Gedanken, schick eine Karte, fasse in Worte, was sie durchgemacht haben, sprich den Namen der Person aus. Notiere dir den Todestag in deinem Kalender. Oder auch nur den Monat. Ein Jahr später schreib ihnen eine Nachricht: »Hoffentlich ist der April okay für dich, ich weiß, dass es ein schwieriger Monat ist.« Rechne dir aus, wann sechs Monate vorbei sind und schreib ihnen auch dann eine SMS. Die Macht des Erinnerns kann nicht unterschätzt werden.

11) Übe schon jetzt, darüber zu sprechen

Wenn du zulässt, dass der Tod ein Teil deiner alltäglichen Gespräche ist, wirst du besser darüber sprechen können, wenn jemand es braucht. Du kannst jetzt, bevor jemand über einen Todesfall weint, an einem Tag, an dem es ihm/ihr gut geht, fragen: »Wer war dieser Mensch? Wie war er? Vermisst du ihn?« Öffne die Tür zu solchen Gesprächen.

12) Trauer sieht jedes Mal anders aus

Vielleicht lächeln sie, lachen, sind wieder bei der Arbeit, im Urlaub, posten Selfies, aber es geht ihnen wahrscheinlich nicht gut. Vielleicht geht es ihnen auch nicht schlecht, vielleicht geht es einigermaßen – aber es hilft, sich daran zu erinnern, dass die Trauer eine Besucherin ist, sie kommt und geht. Nur weil du ein Foto von einer Person siehst, die sich entschlossen hat, sich nicht als betroffen zu zeigen, heißt das noch lange nicht, dass sie tatsächlich nicht betroffen ist. Es bedeutet vielleicht nur, dass sie eine Zeit lang dieses Bild aufrechterhalten muss, um zu überleben.

13) Du brauchst nicht alle Einzelheiten zu kennen

Ich weiß, es ist schwer, und ich weiß, dass du dich sehr darum bemühst herauszufinden, was passiert ist. Das ist menschlich. Aber musst du denn alles wissen? Wollen sie darüber sprechen? Manche Menschen empfinden es als sehr schmerzhaft, über die Einzelheiten eines Todesfalls zu sprechen, vor allem, wenn er noch nicht lange zurückliegt. Wenn du übst, solche Gespräche zu führen, solltest du dich fragen: »Warum frage ich das? Tu ich das, um ihnen zu helfen?«

Während der Pandemie haben mir Covid-19-Trauernde von ihrem Schmerz berichtet, als sie über die Krankheit ihrer Angehörigen ausgefragt wurden. »Hatten sie die Krankheit wirklich, als sie starben?«, »Sind sie getestet worden?«, »Sind sie tatsächlich daran gestorben?«.

Bei diesen Fragen geht es nicht wirklich um die Person, sondern um die Ängste der Fragestellenden. Wie viel besser wäre es gewesen, wenn sie gesagt hätten: »Gott, es tut mir so leid. Das klingt so hart, wie war noch ihr Name? Wie waren sie? Ich würde mich freuen, wenn du mir mehr über sie erzählst, wenn du dazu bereit bist.« Man kann zuhören und den Verstorbenen Raum geben, als ob der Tod nicht direkt mit der eigenen Lebensspanne verbunden wäre.

14) Selbstmord

Todesfälle, die mit einer Tragödie oder einem traumatischen Ereignis zusammenhängen, bedeuten nicht nur Trauer: Sie sind eine Kombination aus Trauma und Trauer. Es kann sehr beängstigend sein, über Selbstmord zu sprechen, wenn man keine Erfahrung damit hat. Erst in jüngster Zeit haben wir das Gefühl, dass wir als Gesellschaft überhaupt darüber sprechen können, und in einigen Ländern ist es immer noch eine illegale Handlung. Die Stigmatisierung vieler Menschen, die unter der Trauer über einen Selbstmord leiden, bleibt bestehen, aber das bedeutet nicht, dass das Gespräch darüber eingestellt werden sollte. Die Art und Weise, wie wir darüber sprechen, muss sensibel gestaltet werden. Telefonseelsorger:innen empfehlen, dass man, wenn man über Selbstmord spricht, in der Regel keine Einzelheiten erfahren und nicht fragen sollte, wie es dazu gekommen ist.

POORNA BELL

Normalerweise fragt man bei Selbstmord nicht nach dem »Wie« – niemand braucht diese Information, weil sie nichts am Ergebnis ändert. Ich finde es grotesk und voyeuristisch, weil die Leute ihr eigenes Moralempfinden und ihr Urteil von der Antwort abhängig machen. Wenn man jemandem diese Frage stellt, fragt man ihn/sie nach dem tiefsten Grund seines Schmerzes und zwingt ihn/sie, den Moment, in dem er/sie es erfahren hat, noch einmal zu durchleben; die Fragen über die letzten Momente des geliebten Menschen, mit denen er/sie sich gequält hat. Aber du kannst die Person fragen, wie es ihr geht. Und man kann sie nach dem Menschen fragen, den sie verloren hat, denn auch wenn dieser Mensch durch Selbstmord gestorben ist, definiert das nicht sein ganzes Leben.

15) Entfremdung

Trauer nach einem Todesfall kann auch nach einer Entfremdung auftreten. Wenn jemand die Entscheidung getroffen hat, einen anderen Menschen jahrelang nicht mehr zu sehen, kann man sich leicht einreden, dass seine/ihre Trauer dadurch weniger stark sei. Wenn man sich mit einer Person nicht verstanden hat, wenn man sich mit ihr zerstritten hat, ist man dann vielleicht nicht so traurig? Wir fragen uns das möglicherweise, weil wir oft versuchen, Trauer logisch zu betrachten, noch einmal die Trauerrechnung aufzustellen, damit wir, wenn wir alle Teile der Gleichung haben, einen Wert dafür festlegen können, wie viel Trauer sie *unserer* Meinung nach empfinden sollten.

Trauer hat aber nichts mit einer Checkliste zu tun, die man abhaken muss, damit man um jemanden trauern darf. Man kann sich entfremden und trotzdem um den Verlust trauern; man kann den anderen hassen und trotzdem um ihn trauern. Die Vorstellung, dass man nur um jemanden trauern darf, den man geliebt oder gemocht hat, ist zu simpel: Beziehungen sind kompliziert, und die Menschen sind es auch. Die Trauer kommt, wenn sie kommt, sie ist niemals ein Spiegelbild dessen, wie gut man mit dieser Person auskam. Wir schränken unsere Sicht auf die Trauer ein, wenn wir ihr solche Grenzen setzen. Wenn man Trauer fühlt, ist sie da. Es ist nie unsere Aufgabe zu bewerten, was jemand anderes fühlen sollte. Ich habe Menschen erlebt, die nach dem Verlust eines Menschen, der ihnen scheinbar nicht so nahestand, regelrecht verzweifelten – wir können nie wirklich wissen, was wir einander bedeuten.

SALI HUGHES

Ich glaube, es war eine sehr schleichende Trauer. Ich verspüre eine Parallele, wenn ich mit jemandem spreche, dessen/deren Eltern an Demenz oder Alzheimer erkrankt sind, wo sie diesen sehr langen, allmählichen, langwierigen Prozess der Trauer durchmachen, und dann stirbt jemand. So ähnlich war es. Ich denke, ich habe viel Therapie gemacht, viel geweint, viel mit ihr gestritten und all diese Dinge. Deshalb glaube ich, dass ich einen großen Teil der Trauer um meine Mutter bereits hinter mir hatte, als sie starb.

16) Bevor sie gestorben sind

Die Trauer, die auftreten kann, bevor jemand stirbt, vielleicht aufgrund von Entfremdung oder sogar einer degenerativen Krankheit wie Demenz, wird als »vorweggenommene Trauer« bezeichnet. Es kann sein, dass du um jemanden trauerst, sobald die Diagnose gestellt wird oder wenn er/sie durch die Krankheit allmählich nicht mehr weiß, wer er/sie ist. Für manche Menschen kann das bedeuten, dass sie bereits viele Jahre vor dem Tod der Person einen großen Teil des Trauerprozesses durchlaufen haben; für andere ist das nicht so einfach.

Vorweggenommene Trauer schützt dich nicht vor der Trauer um den tatsächlichen Tod; diese kann immer noch über dich hereinbrechen, auch wenn du seit Jahren wusstest, dass dieser Moment kommen würde. Es kann aber auch sein, dass man erleichtert ist, wenn der Tod endlich eintritt. Nichts davon ist falsch, immer geht es um Trauer.

ROBYN HOLLINGWORTH
Schriftstellerin. Robyns Mutter starb an Krebs und ein paar Monate später ihr Vater an Alzheimer.
Wenn jemand eine Art Todesurteil erhalten hat, trauerst du im Grunde schon von diesem Zeitpunkt an – du weinst ihm/ihr bereits nach. Vor allem bei Alzheimer, denn die Krankheit zerstört den Verstand der geliebten Person, sodass nur noch ihre Hülle übrig bleibt, weshalb du bereits dann um diesen Menschen trauerst. Als der Tod dann tatsächlich eintrat, war ich sehr erleichtert. Besonders bei meinem Vater war es in vielerlei Hinsicht eine Erleichterung. Ich war erleichtert, dass er nicht mehr leiden musste.

17) Gib nicht auf ...

Gib sie nicht auf. Gib die Hoffnung für die Zukunft nicht auf, die Vorstellung, dass es eines Tages leichter wird. Sei beständig, wenn du kannst. Sie stehen vielleicht unter Schock. Es kann Jahre dauern, bis sie begreifen, wie sehr es sie getroffen hat. Du kannst sie nicht retten, du kannst sie nicht heilen, aber du kannst ihnen zeigen, dass du dich um sie sorgst. Es gibt kein Entrinnen aus dem leeren Tunnel, in den ihr beide eintretet – denk daran, dass nur du das Licht am Ende sehen kannst. Sie können es noch nicht sehen. Bleib also dran, geh weiter voran.

Jack Dee ist nicht mein Vater

Ich werde gebeten, bei einer Comedy-Talkshow mitzumachen. Es ist eine weite Fahrt – Dorset? Irgendwo weit weg nach einer langen Autofahrt. Wir treffen uns an einem Bahnhof im Süden Londons und werden in einen Van gepfercht. Es ist lustiger, als es klingt. Der Van ist voll mit Stand-up-Comedians und mir. Ich bin keine Stand-up-Künstlerin – ich kann mich nicht einfach hinstellen und sagen: »Hey, habt ihr schon bemerkt, dass ...«, denn jedes Mal, wenn ich es versuche, kommt nur »Er ist gestorben. Er ist gestorben. Er ist gestorben« aus meinem Mund. Stattdessen erfinde ich Figuren und verstecke mich, falls der Todes-Talk durchsickert. Er sickert immer durch. Es ist wie ein geplatztes Rohr auf dem Dachboden, das seit Jahren tropft, das Wasser findet seinen Weg an alle möglichen Orte und sickert hinunter ins wirkliche Leben.

Jack Dee ist der Gastgeber der Show. Er ist nett und freundlich (manchmal sind solche Leute es nicht) und scheint nicht beleidigt zu sein, dass ich hier bin (manchmal sind sie beleidigt). Ich bin an diesem Abend nicht besonders gut, weil ich nervös bin, aber er macht es gut, und er ist so gut in seinem Job, dass es Spaß macht.

Wir fahren zurück, und ich bin müde und fühle mich wie ein Kind, das irgendwo hingefahren wird. Ich höre dem Gespräch im Auto zu. Es ist lustig. Comedians sind auch abseits der Bühne lustig, das ist schön. Ich sehe zu Jack und stelle fest, dass er wahrscheinlich so alt ist wie mein Vater, als er starb, vielleicht etwas älter: ein Mann mittleren Alters mit dunklem Haar. Und ich denke: »Aha, so sehen Väter aus.« Man sieht nicht viele Väter, die im Alltag so aussehen wie ein Vater. Ich zumindest sehe so etwas nicht. Ich habe es schon seit Jahren nicht mehr gesehen.

Er kümmert sich um uns; er fragt, wo wir aussteigen wollen, wie dieser zusammengewürfelte Haufen, der in dieser riesigen Stadt lebt, nach Hause kommen wird. Ich merke, dass er sich Sorgen um die Mädchen macht. Wir sind zwei Mädels. Er vergewissert sich, dass wir Taxis von dem Ort an bekommen, an dem der Van uns alle absetzen wird. Wie ein Vater. Ich muss es immer wieder feststellen, er kümmert sich darum, dass es uns gut geht. Wie ein Vater es tun würde.

Ich steige in der Mitternachtsschwärze einer dunklen, nassen Londoner Nacht aus. Ich laufe auf mein Taxi zu, auf der Flucht vor dem Regen. Ich drehe mich um und sehe, dass er aus dem Auto ausgestiegen ist, um sich zu vergewissern, dass es mir gut geht. Er winkt flüchtig – alles gut, sie ist drin – und wendet sich wieder dem Van zu. Ich breche in Tränen aus. Auch als das Taxi losfährt, kann ich nicht aufhören zu weinen, denn genau das tun Väter: »Geht es dir gut? Hast du alles, was du brauchst? Dann ist ja alles gut, bis bald.« Und obwohl mein Vater nicht annähernd so normal war, erkenne ich es wieder, dieses Gefühl. Ein Mann mittleren Alters, der sich vergewissert, dass man eingestiegen ist.

Und genau das verliert man: das Paar Augen, das auf einen aufpasst. Mir geht es gut, ich brauche das nicht, aber ich hatte vergessen, wie es sich anfühlt, und für einen kurzen Moment war es schön, es wiederzuhaben.

Welle – 2017

Es geht mir langsam besser. Ich kann es fühlen. Teile der Trauer haben sich aufgelöst. Nicht alles, aber es ist nicht mehr so schwer, wie es war. An den meisten Tagen ist es leichter für mich, die Trauer zu tragen.

Ich habe jetzt ein Baby, eine Tochter. Ich bin eine Mutter, ein Elternteil für ein brillantes, schlaues, winziges, feuriges Etwas. Die Erfahrung der Geburt hat mich meiner Trauer nähergebracht als je zuvor: meine eigene Verletzlichkeit, menschliche Schwäche und Stärke so nah beieinander. Ich wusste, dass er das nicht miterleben würde, aber, obwohl das Leben weitergeht, man fühlt es/ihn immer noch.

Wir sind in eine Wohnung in der Nähe von Parks gezogen; wir sind jetzt Menschen, denen die Nähe von Parks wichtig ist. Wir diskutieren darüber, wie gut Rutschen sind oder ob das Karussell sicher ist. Wir haben eine Wohnung gekauft. Wer sind wir? Wer sind diese Menschen? Ich fühle mich ängstlich und privilegiert, so viel Verantwortung zu tragen. Wir haben eine Wohnung gekauft, weil jemand gestorben ist. Das ist doch klar. Wir sind in London. Entweder stirbt jemand, oder man war vorher schon reich. Der Kauf war hart, schmerzhaft. Jedes bisschen Freude und Aufregung über den Umzug verschwindet in dem schwarzen Samtbeutel, aus dem das Geld kam. Er ärgert sich. Er will ihr Geld nicht verschwenden. Es fühlt sich nicht wie unseres an. Es fühlt sich wie geliehen an, aber niemand wird jemals kommen, um es zurückzufordern, und das ist furchtbar.

Die Wohnung gefällt mir nicht, sie ist zu hoch gelegen, die Böden sind dunkel, was deprimierend ist, und die Küche sieht aus wie in einer Blockhütte. An dem Abend, an dem wir einziehen, höre ich Schreie aus dem Park. Ich bin überzeugt, dass sich dort Jugendbanden einen Krieg liefern. Ein paar Tage später erfahre ich, dass es sich um ein spätabendliches Fußballtraining handelte, bei dem Männer mittleren Alters herumschrien.

Meine Tochter wird immer größer, immer kompakter. Sie ist fast ein Jahr alt, und mit jedem Zentimeter, den sie wächst, wird sie mehr Mensch und mehr Persönlichkeit. Sie lächelt, und ich lächle. Mein Herz taut auf. Langsam erlaube ich mir, mich von ihr wärmen zu lassen und mich nicht vor der Veränderung, die sie mit sich bringt, zu fürchten. Ich versuche, sie von meinem Kummer zu trennen. Ich spüre, wie sehr alles miteinander verwoben ist: der Drang, das Leben fest- und anzuhalten, es statisch zu machen, damit es einen Sinn ergeben darf. Deshalb sind Fotos so magisch, deshalb starren wir uns selbst an, festgehalten in der Zeit. Das schenkt uns das Gefühl von Kontrolle, gestattet uns eine Pause im Kreislauf des Lebens. Die Tode und die Geburten, die Gewinne und die Verluste. Ein endloses Schachspiel, ein Hinzufügen und Wegnehmen.

Ich werde zu ihrer Mutter. Ich habe gelernt, dass es ein langsamer Prozess ist, Eltern zu werden, genauso wie es ein langsam voranschreitender Prozess war, ein Elternteil zu verlieren. Es dauerte Monate, Jahre, bevor sich das Haus von ihm löste, bevor sein Arbeitszimmer zum Gästezimmer wurde, bevor der Geruch verschwand, bevor es das Zimmer mit dem Kinderbett wurde, in dem die Enkelkinder schlafen, das kleine Zimmer, nicht Dads Büro. Es dauert Jahre. Menschen, die vierundvierzig Jahre lang leben, verschwinden nicht über Nacht. Sie verblassen langsam.

Wir sind im Park. Irgendwie mag sie die Schaukeln. Aber nicht so sehr wie andere Babys. Sie ist neugierig und experimentierfreudig, aber nicht unbekümmert. Sie ist misstrauisch und wägt die Dinge sorgfältig ab. Ich bin an die Frauen im Park gewöhnt, an die Mütter. Der Park besteht aus Frauen und Kindern, wie ein abgezäuntes Rettungsboot. Mütter und Tanten und Tagesmütter, die sich über das Wetter und Schnupfen unterhalten und darüber, wo man gute Gummistiefel kaufen kann. Es ist ein bequemer weiblicher Raum, in den ich hineingeschlüpft bin. Ich möchte zu den Müttern gehören, die sagen, dass sie das nicht können, dass sie nicht im Park sein und solche Gespräche führen können, dass sie cooler sind als dieser Vorstadtdiskurs. Aber das bin ich nicht. Ich bin ziemlich mütterlich. Manchmal fühlt es sich seltsam leicht an.

Heute ist ein alter Mann hier. Er hat silbergraues Haar und trägt eine Bomberjacke – London lässt einen nicht so schnell altern. Er gibt einem kleinen Mädchen auf der Schaukel Anschwung; er lacht, aber seine Energie ist anders als die der Mütter, Tanten und Tagesmütter. Er schubst sie hoch und schaut nicht auf die Schaukel. Das Baby liebt es. Es kreischt vor Aufregung, und am Rande des Parks sehe ich eine nervöse Großmutter auf die beiden zugehen. »Vorsichtig!«, ruft sie. Er achtet kaum auf das Kind, das in der Schaukel herumfliegt, aber man merkt, dass es dem Kind gut geht. Es sieht gefährlicher aus, als es ist, wie alles, was Väter in Bewegung setzen. Und ich kann nicht anders, als dort hinzustarren, denn es ist ein Opa. Ein Großvater. So sehen sie also aus. So sieht es aus. Ich bleibe stehen, und mir verschlägt es den Atem.

Für eine Sekunde sehe ich ihn ganz deutlich vor mir: graues Haar, nicht weiß; Turnschuhe; wie er sie herumschleudert, sie zu hoch wirft und meine Mutter schreit: »Pete, sei vorsichtig!« Ich höre sie lachen und sehe, wie sie ihn anschaut, so wie ich meinen Opa angeschaut habe. Meinen angebeteten Großvater. Ich sehe, wie sie ihn mit diesem Maß an Bewunderung und Liebe anschaut und wie er es bemerkt und doch nicht bemerkt. Ich sehe, wie stolz er auf sie sein würde. Ich sehe ihn dort im Park stehen, in Laufschuhen, die dringend gewechselt werden müssen, und einer Jacke von M&S, die überraschend cool ist. Ich sehe es. Ich höre den genervten Kommentar meiner Mutter: »Ihr wird schlecht, Pete!« Ich sehe, wie sie ihn anschaut.

Er ist weg. Es gibt keinen Großvater für sie, und ich habe das Gefühl, sie im Stich gelassen zu haben, denn ich hatte einen, und er war großartig. Sie hat nicht meine Kindheit, es wird anders sein. Das ist okay, sage ich mir. Ich starre den weißhaarigen Mann an und hasse ihn plötzlich. Ich hasse ihn und sein Leben und wie viel Glück er hat, seiner Enkelin auf Schaukeln Anschwung zu geben, und wie ich hoffe, dass er verdammt noch mal weiß, wie viel Glück er hat, ihr Anschwung zu geben. Ich starre ihn an. Er sieht mich an. Ich wende meinen Blick ab. Ich fühle mich seltsam und halte mich nicht an die Gesetze des Spielplatzes. Sie gehen weg. Ich beobachte, wie sie am Kinderwagen herumfummeln, während sie weggehen; eine kleine Gruppe, die darüber diskutiert, was ihre Tochter und ihr Schwiegersohn falsch machen. Ich habe Sehnsucht, ich sehne mich danach. Mein Herz tut mir weh, einen Weg zu sehen, der nie der meine sein wird.

Aber meine Kleine lächelt immer noch und ist fröhlich und versucht Blätter aufzusammeln und stellt sich ungeschickt dabei an. Sie ist lustig und klug und frech. Ich weiß, er hätte sie für brillant gehalten. Ich weiß es. Daran habe ich keinen Zweifel. Und das ist doch etwas. Zu wissen, dass sie geliebt worden wäre, das kann ich ihr sagen. Ich weiß, wie man sie liebt. Das wurde mir gezeigt. Auch das ist schon etwas. Wir haben nicht alles, aber wir haben ein paar großartige Dinge. Wir verlassen den Park und überqueren das Feld, ohne Vater und ohne Großvater, aber glücklich.

Kapitel 7:
Wenn du stirbst

Weil wir uns auch darum
kümmern müssen, jetzt

KAYLEIGH LLEWELLYN

Aufgepasst: Für Leute, die planen, eines Tages vielleicht
zu sterben: Es wäre wirklich nett, wenn ihr den Menschen mitteilt, was euch bei eurer Beerdigung wichtig
ist und welche Lieder ihr euch wünscht.

Wir werden alle sterben. Die Unausweichlichkeit dieser Tatsache ist fast schon lächerlich. Es ist, als würde man jemanden beobachten, der mit vielen Kartons auf dem Arm auf eine
Bananenschale zusteuert – wir wissen, was jetzt kommt. Ich
verstehe diese Wahrheit gut, und doch macht sie mir Angst.
Es ist ein Fixpunkt, das Leuchten eines Sterns. Was du siehst,
wenn das Licht dich erreicht, ist bereits geschehen – wir sind
bereits gestorben, es ist bereits ein Punkt auf unserer Zeit-
linie. Aber wir tun immer noch so, als ob wir uns nicht darauf
vorbereiten müssten. Vielen von uns fällt es schwer, abstrakt
über den Tod zu sprechen; die Konfrontation mit der Realität
unseres eigenen Endes ist noch unmöglicher.

Hast du dein Testament aufgesetzt? Ich, Captain Kummer,[70] spreche die ganze Zeit darüber, plädiere dafür, dem Tod sein Stigma zu nehmen, und erinnere die Menschen ständig daran, dass es passieren wird, dass er zu ihnen kommt. Doch mein eigenes Testament habe ich noch nicht fertig.[71] Ich verstehe also, dass es schwieriger ist, als es sich anhört, die praktischen Schritte zu unternehmen, uns auf unsere eigene Sterblichkeit vorzubereiten, die Schritte, die unseren Angehörigen später helfen könnten. Dabei geht es nicht nur um das Testament, sondern auch um die schwierigen und unangenehmen Gespräche mit den Menschen, die uns lieben und vor denen wir uns nicht trauen, diese Gespräche zu führen. Was soll mit unserem Körper geschehen? Wollen wir Organe spenden? Es gibt eine Fülle von Vorbereitungen, die wir treffen könnten. Warum glauben wir, dass wir uns vor diesen wichtigen Hausaufgaben drücken können? Warum führen wir diese Gespräche nicht jetzt, bevor uns eine Krankheit oder ein Unfall oder ein tragisches Unglück trifft?

Vielleicht ist es schlicht die Unausweichlichkeit des Todes, die die Vorbereitung paradoxerweise so unangenehm macht: Er wird eintreten, wir können nichts dagegen tun. Der Drang, die Hände in die Luft zu werfen, den Kopf in den Sand zu stecken und sich die Bettdecke über den Kopf zu ziehen, ist real. Aber wir als Clubmitglieder wissen, dass das Leben kurz ist. Wir wissen, wie kostbar unsere Zeit ist und wie belastend und schwierig das Unglück sein kann.

Was können wir also tun, um die zukünftigen Trauern-

---

70 Umhang aus schwarzem Krepp, und ich kann Särge aus meiner Leichenwagenkanone abfeuern.

71 Wahrscheinlich werde ich mich jetzt daransetzen, nachdem ich mich öffentlich angeprangert habe.

den zu schützen? Wir müssen tief durchatmen und anfangen, Gespräche zu führen. Sie werden nicht nur ganz praktisch helfen, sondern können auch den Trauerprozess unterstützen. Die Gäste in meinem Podcast, deren Angehörige Pläne gemacht und über ihren Tod gesprochen hatten, berichteten davon, sich erleichtert zu fühlen. Das Schlimmste war eingetreten, aber sie hatten einen Leitfaden.

TOM PARRY
Comedian, Schauspieler und Autor. Tom sprach mit mir in einer Livefolge von Griefcast *über seine Nain.*[72]
Meine *Nain* ist gestorben, und sie hat ihre Beerdigung bis ins Detail geplant. Als meine Mum und meine Tante nach Hause kamen, fanden sie in ihrer Nachttischschublade einen kleinen Umschlag, in dem alles stand, was sie erledigt haben wollte. Den Brief hatte sie etwa vier Jahre vorher geschrieben, und er lautete wortwörtlich: »Ich möchte, dass diese Pfarrer …« Sie hatte drei Pfarrer, die sie drei Jahre vor ihrem Tod kontaktiert hatte, um ihnen zu sagen: »Nur damit Sie es wissen, ich buche Sie, damit Sie bei meiner Beerdigung die Predigt halten …«

Sie hatte alles geplant, die Lieder, alles – keine/keiner von uns hatte etwas mitbekommen –, und einer der Pfarrer, den sie gebeten hatte, den Gottesdienst zu halten, sagte: »Sie wissen das nicht, aber sie hat Ihnen einen Brief geschrieben.« Er holte diesen Brief von meiner *Nain* heraus und las ihn vor: »Ich bin so stolz auf

---

72 Nain ist das walisische Wort für Oma oder Großmutter.

euch alle.« Es war außergewöhnlich. Im Brief stand: »Ich bin sehr stolz auf euch, ich hatte ein schönes Leben, danke für die Liebe, die ihr mir gegeben habt, ich war immer so dankbar.«

Es war verblüffend. Sie war in der Lage gewesen, das alles zu planen. Am Ende gab es dann noch einen wirklich süßen Nachsatz: »PS: Danke, dass ihr mich ertragen habt«, und alle haben gelacht und geweint. Es war ganz nach ihren Vorstellungen. Sie wusste, was sie wollte. Sie war eine Frau, die dem Tod mit klaren Vorstellungen gegenüberstand.

Du hast vielleicht nicht die organisatorischen Fähigkeiten von Toms *Nain*, aber du kannst zumindest reden. Du kannst mit einem Gespräch über die Beerdigung beginnen (günstiger und einfacher als alles, was dann später rechtlich bindend ist). Wenn du das Thema mit einem dir nahestehenden Menschen ansprichst, kann das eines Tages sehr nützlich für ihn/sie sein. Wenn du kannst, verrate ihnen ein Stück des gelösten Rätsels, bevor das Gefühlschaos über sie hereinbricht.

Fang an mit grundsätzlichen Dingen. Betrachte es als die größte Party, die du planen kannst, an der du aber nie teilnehmen wirst. Möchtest du beerdigt oder eingeäschert werden? Welche Musik soll gespielt werden? Welches Essen sollen die Leute essen? Wer soll nicht kommen? Wer muss eingeladen werden? Mein wichtigster Tipp als jemand, die schon zu viele Beerdigungen mitgemacht hat: Wer kann singen? Wer von denen, die du kennst und liebst, kann es herausschmettern (in der richtigen Tonlage und mit genügend Selbstvertrauen)? Denn du musst sie jetzt bitten, a) zu deiner

Beerdigung zu kommen und b) vorn zu stehen und den Choral/den Popsong/den Rap anzuführen, denn es gibt nichts Schlimmeres als eine Menge schüchterner Beerdigungsbesucher:innen, die die Melodie nicht kennen. Es ist eine Show, denk an das Publikum! Okay, das ist vielleicht nur mein spezielles Problem als Künstlerin, die zögerlichen Gesang nicht ertragen kann,[73] aber wenn man ein Aretha-Franklin-Stück haben will, braucht man auch jemanden mit einer entsprechenden Stimme, der/die es singen kann.

Wenn ich *Griefcast* live aufnehme, interviewe ich drei Comedians zu ihren Gedanken über ihren eigenen Tod, wie sie sich ihre Beerdigung vorstellen und wie sie in Erinnerung bleiben wollen. Es ist immer ein faszinierendes Gespräch und für mich sehr aufschlussreich: die, von denen man es nicht erwartet, dass sie einen Glauben haben, haben ihn doch; die, von denen man dachte, dass sie den Gedanken an das Sterben nicht ertragen können; wie viele verschiedene Versionen der gleichen Geschichte es tatsächlich gibt. Der Comedian Tom Allen hat mir erzählt, dass er sich eine viktorianische Kutsche mit Pferden mit Federschmuck wünscht. Er möchte nicht, dass irgendjemand glücklich aussieht, denn das Mindeste, was sie tun können, ist zu weinen, wenn er stirbt. Die Comedienne Josie Long verriet, sie wolle ihren Freund:innen einen Streich spielen, indem sie ihren Sarg mit Werbeaufklebern für große Unternehmen wie Amazon bekleben lässt, damit die Leute denken: »Wow, wir haben sie ja überhaupt nicht gekannt, oder?« (und nur einen Freund in den Scherz einwei-

---

73 Ich bin gern bereit, vorn zu stehen und »Jerusalem« anzuführen, wenn du niemanden hast, der/die das schafft.

hen, der am Ende der Beerdigung alles aufdecken soll). Der Schriftsteller Andrew Hunter Murray hofft, dass man seine Asche auf seinem örtlichen Tennisplatz verstreut, um das Paar zu ärgern, das regelmäßig länger auf dem Platz bleibt, als es ihn gebucht hat. Die Stand-up-Comedienne Katherine Ryan sagte, man solle ihre Leiche einfach an den Straßenrand werfen; es sei ihr egal, da sie ja nicht mehr »da« sein werde.

Was auch immer du darüber gedacht hast, teile es jemandem mit: Ein Bestattungsplan ist eine gute Möglichkeit, den Tod an den Tisch zu holen und ein Gespräch zu beginnen.

ANNEKA RICE
Radiomoderatorin und Künstlerin.
Ich war Moderatorin bei BBC Radio 2, und Carrie Fisher war gerade gestorben. Und ihre Urne sah aus wie eine große Prozac-Pille [AdÜ: Antidepressivum]. Und ich dachte: »So läuft das Geschäft eben.« Also begannen wir in der Radiosendung mit der Frage: »Wo würden Sie Ihre Asche hineingeben?« Es wurde sehr kreativ und aufregend, und alle sprachen sie darüber. Ich habe immer gesagt, dass ich von der Farbe Blau besessen bin – ich würde meine Asche gern blau einfärben –, und ich dachte: »Vielleicht einfach in blauer Farbe mit der Aufschrift ›Mum‹, drei Urnen für meine drei Söhne?« Dann ging ich noch einen Schritt weiter und dachte: »Nein, ich werde einen befreundeten Künstler bitten, drei Bilder mit meiner Asche zu malen.«

Je mehr ich die Beerdigungen anderer Leute plante, desto mehr wurde mir klar, dass ich zu viel Angst hatte, an meine eigene zu denken. Also habe ich mich an die

Planung meiner eigenen Beerdigung gemacht. Das Aufsetzen eines Testaments erfordert einen gewissen Verwaltungsaufwand, aber es ist kostenlos und einfach, seinen Angehörigen mitzuteilen, was man möchte.

Ich möchte, dass Händels »The Ways of Zion Do Mourn« in voller Lautstärke gespielt wird, wenn die Leute reinkommen. Kennst du das? Es ist ein absolut krachendes Beerdigungsstück (es wurde vor fast 300 Jahren für die Beerdigung von Königin Caroline im Jahr 1737 geschrieben – auf einer Stufe mit »Wind Beneath My Wings« als Musik für eine Beerdigung). Ich möchte einen Sarg aus Weidengeflecht und, egal zu welcher Jahreszeit, mit Blumen begraben werden, die langsam mit mir sterben können. Wenn es Winter ist, nehme ich Schneeglöckchen, Christrosen und Mahonien. Wenn es Frühling ist, möchte ich Narzissen, Freesien und Hyazinthen. Wenn es Sommer ist, überhäuft mich mit Rosen und Sonnenblumen. Ich möchte ein hübsches Outfit tragen. Ich möchte mit einer exzellenten Tafel Schokolade begraben werden, einer teuren Sorte. Ich möchte, dass bei meiner Einäscherung »A Case of You« von Joni Mitchell gespielt wird und dass ich im Meer oder im Wald verstreut werde, je nachdem, was meine Lieben am leichtesten besuchen können. Die Party ist mir egal – aber es soll eine Party werden. Spielt gute Musik – die die Leute auf die Tanzfläche zieht – und lasst alle tanzen, bis ihnen die Füße wehtun. Serviert Kuchen in allen Geschmacksrichtungen und nette alkoholfreie Getränke, um die Leute daran zu erinnern, dass ich immer nur ein Glas

Wein vertragen habe. Ich möchte, dass die Leute tanzen und lachen und sagen, sie war lustig, sie war nett, sie war für mich da, sie war albern, wir haben sie geliebt. Ich möchte, dass an den Wänden Fotos von mir aus all den Jahren hängen, damit jede/jeder für sich eine Erinnerung finden kann. Ich möchte, dass die Leute mit Kuchen in Folie und Schuhen in der Hand nach Hause gehen.

Götter, Geister, Feen der Unterwelt, ihr sollt wissen: Ich will leben. Ich möchte lange genug leben, sodass ich meine Beerdigungspläne überarbeiten muss, weil meine Freund:innen alle zu morsche Knochen haben werden, um noch tanzen zu können. Ich möchte, dass mein Tod für meine Kinder nicht so beängstigend ist, wie derjenige meines Vaters für mich war. Ich möchte, dass sie Geländer haben, um sich im Nebel der Trauer zurechtzufinden. Ich möchte mutig genug sein, ihnen das zu geben.

AUFHÄNGER FÜR BEERDIGUNGSGESPRÄCHE …

Beerdigung oder Einäscherung?

Wo soll man die Asche verstreuen?

Sind Blumen gewünscht?

Wollen sie mit etwas begraben werden?

An welche Person kann man sich wenden, wenn man nicht weiterkommt?

Glauben sie an ein Leben nach dem Tod?

Werden sie dir ein Zeichen schicken?

Soll man eine Gedenkstätte errichten?

Welches Gedicht soll vorgetragen werden?

Welche Musik soll gespielt werden, wenn der Vorhang um den Sarg raschelt?

Wollen sie, dass die Leute im strömenden Regen um das Grab herumstehen und Erde werfen?

Wollen sie Sandwiches oder Champagner?

Sollen die Leute Schwarz oder auffällige Farben tragen?

Ist jemand nicht eingeladen?

Werden sie sauer sein, wenn man diejenigen trotzdem einlädt?

Welche Art von Sarg soll es sein?

Megareligiöse Zeremonie oder eher weltlich?

Was soll man den Kindern sagen?

Wie mutig können wir sein? Können wir einen Schritt weitergehen und die wirklich schwierigen Gespräche führen? Wie sieht es mit der Pflege am Ende deines Lebens aus? Wie wird sie sein? Weißt du überhaupt, dass es hier verschiedene Optionen gibt? Wärest du damit einverstanden, dass die lebenserhaltenden Maßnahmen abgeschaltet werden, wenn du dich in einer Art »vegetativem Zustand« befindest – hast du das jemals mit jemandem besprochen? Was ist, wenn du an Demenz oder einer anderen unheilbaren Krankheit leidest? Hast du schon einmal darüber nachgedacht, welche Behandlungen du von Ärzt:innen noch durchführen lassen möchtest, selbst wenn alle wissen, dass du zu krank bist, um sie zu überleben?

Ich weiß, das ist düster, aber wenn wir uns erlauben können, auch nur darüber nachzudenken, die Tür zu den tiefen Ängsten, die wir im Hinblick auf unsere eigene Verwundbarkeit haben, ein wenig zu öffnen, dann können wir einander die Angst vor dem Tod nehmen. Es geht um deinen Körper, dein Leben, deine Lieben. Welche Hilfe kannst du ihnen jetzt an die Hand geben, bevor sie verzweifelt und überfordert in einem Krankenhaus stehen? Wie würde Trauer aussehen, wenn man den Tod akzeptiert?

Die Palliativpflegerin Kimberley St John habe ich über *Griefcast* kennengelernt. Kim setzte sich mit mir in Verbindung, weil sie sich auf einer ganz erstaunlichen (und radikalen) Reise befand, um den Tod zu einem Thema zu machen, über das wir vielleicht sprechen wollen. Als ich sie zum ersten Mal traf, hatte sie einen Vortrag über den Tod bei einem Theater- und Comedy-Festival in London organisiert. *Bei einem Theater- und Comedy-Festival.* Sie hatte mich und noch drei andere gebucht. Die Veranstaltung war ausverkauft.

Ich war verblüfft von Kim, von ihrer Energie, ihrem spontanen Mitgefühl und ihrer Wärme. Bei ihr fühlte sich das Reden über den Tod … sicher an. Ich hatte mich so sehr auf die Trauer konzentriert, ein Thema, bei dem ich mich wohlfühlte; beim Thema Tod war ich jedoch etwas zögerlicher. Wenn ich ehrlich bin, hatte ich immer noch Angst vor dem Tod: dass ich selbst sterbe, dass jemand, den ich kenne, stirbt – meine Todesangst war ein ständiger Gast in meinen täglichen Sorgen. Aber die Art und Weise, wie Kim über den Tod sprach, öffnete mir die Augen und erlaubte mir, mich dem Tod mehr zu nähern, wie ich mich der Trauer genähert hatte – als etwas, was nicht nur abgeklärt werden muss, sondern auch interessant sein kann. Kim wirkte weder mürrisch noch melancholisch; wenn sie über die Möglichkeiten am Ende des Lebens sprach, schimmerten ihr weicher walisischer Akzent und ihr breites Lächeln durch. Sie machte mir klar, dass ich nicht nur über alles reden muss, sondern auch, dass dies keine düstere Unterhaltung sein muss.

Der Hauptgrund, jetzt über den eigenen Tod zu sprechen, ist, dass es mehrere Optionen gibt. Vor der Entbindung wird man dazu ermutigt, einen Geburtsplan zu erstellen. Warum solltest du nicht auch einen Sterbeplan erstellen, damit du denjenigen, die sich um dich kümmern, sagen kannst, was du am Ende willst? Vom Konzept »Advance Care Planning« (ACP) (gesundheitliche Versorgungsplanung oder auch Vorausplanung der gesundheitlichen Versorgung) hatte ich noch nie gehört, bis Kim erwähnte, dass sie ihren Versorgungsplan nicht nur erstellt, sondern auch an ihre Familie gemailt hatte. »Mein Vater fand das ein bisschen makaber«, meinte sie augenzwinkernd.

Trotz des Schmerzes, den ich empfand, weil mein Vater nicht über seinen Tod gesprochen hatte, hatte ich nicht erkannt, dass ich mich ebenso weigerte, der Sterblichkeit ins Auge zu sehen. Ich fühlte dasselbe wie er: Ich wollte nicht darüber nachdenken, denn damit hätte ich dem Schicksal sicher gezeigt, dass ich bereit war. Kim zeigte mir, dass man diese Pläne jetzt machen kann, aus einer Position der Ruhe heraus, wenn dein Körper noch der ist, den du kennst, wenn kein Morphium im Spiel ist, wenn die Emotionen noch nicht aufgewühlt sind. Sie hat mir gezeigt, was für einen Unterschied das für die Menschen bedeuten kann, die einem wichtig sind, und was für einen Unterschied dies für das Trauerchaos bedeuten kann, das wir uns gegenseitig zumuten.

Die brillante, lustige Voller-Sonnenschein-Kim. Sie gab mir das Gefühl, dass der Tod ein weiterer wundersamer menschlicher Prozess ist, an dem ich teilhaben kann. Sie hat mir die Angst vor dem Unvermeidlichen genommen. Sie zeigte mir, dass dies nicht nur ein notwendiges, sondern auch ein durchaus machbares Gespräch ist.

Kim starb im Jahr 2020 an einem völlig unerwarteten und sehr plötzlichen Schlaganfall. Sie war jünger als ich, war gerade in ein neues Haus gezogen und hatte geheiratet. Ihr Leben war noch so voller Möglichkeiten. Ich erfuhr von ihrem Tod, als ich gerade den Buggy durch den Park schob, in dem mein Lockdown-Baby friedlich schlief, und aus meinen Kopfhörern der Soundtrack von *Hamilton* ertönte. Ihr lieber Ehemann Sam schickte mir eine WhatsApp-Nachricht, um mich zu informieren. Schockiert starrte ich auf mein Smartphone, setzte mich auf eine Bank und weinte. Kim war zu jung, zu brillant und zu lebendig, um zu sterben. Ich weiß, dass wir alle so denken; ich weiß, dass alle unsere Leute zu gut waren, um zu sterben. Aber Kim war … nun, sie gehörte zur Kategorie der wandelnden Engel. Und jetzt war sie weg. Meine Todes-Chat-Freundin.

Kims Tod hat mich zutiefst berührt, und zwar in einer Weise, die uns beide überrascht hätte. Wir standen uns nicht besonders nahe, wir sprachen nur ab und zu miteinander, aber sie war ein Sonnenschein in dieser Welt, und besonders für diejenigen unter uns, die sich entscheiden, sich der Trauer und dem Tod zu stellen, ist es sehr wertvoll, ein Licht in der grauen Trauerwelt zu finden.

In meinen Gesprächen mit Kim ging es darum, dass die Menschen sich nicht genug vorbereiten. Als der Tod Kim zu sich holte, war ich überhaupt nicht vorbereitet. Ich war fassungslos, als ich so eindringlich daran erinnert wurde, was Kim mir immer zu sagen versuchte – dass es uns alle treffen wird. Kim hatte sich auf ihren eigenen Tod vorbereitet; sie hatte ihren Versorgungsplan erstellt und ihrer Familie und ihren Angehörigen genau gesagt, was zu tun ist. Sam teilte mit mir das Dokument, dasselbe, das sie per E-Mail an ihre Familie geschickt hatte. Es ist nicht mit Federkiel auf Pergament geschrieben. Es ist ein einfaches, freundlich aussehendes Dokument, in dem sie ohne Umschweife zum Ausdruck bringt, was sie sich in bestimmten Situationen wünscht. In einem Abschnitt, in dem es um die Frage geht, warum sie diese Vorausverfügung über ihre Versorgung trifft, schreibt sie: »Ich bin Palliativpflegerin und habe viele Menschen betreut, die Behandlungen erhalten haben, die ihnen nichts gebracht haben, und deren Sterbeprozess sich dadurch erheblich verlängert hat. Ich möchte friedlich und in Würde sterben – wenn möglich.«

Ich denke oft an Kims Liebenswürdigkeit und Fürsorge, die selbst in diesem letzten Akt zu spüren waren.

Ich sprach mit Professor Mark Taubert, dem Leiter der gesundheitlichen Versorgungsplanung beim National Health Service in Wales. Mark leistet bahnbrechende Arbeit, um Gespräche über den Tod ins Licht der Öffentlichkeit zu rücken. Er sprach darüber, wie viel Angst es gibt, vor allem im Zusammenhang mit VaW-Formularen (Anordnung zum **V**erzicht **a**uf **W**iederbelebung): Die Menschen machen sich Sorgen, dass sie durch die Unterzeichnung eines solchen Formulars um die Behandlung gebracht werden könnten, die sie brauchen, anstatt eine solche Patientenverfügung als ehrlichen Vertrag zwischen sich selbst und dem medizinischen Fachpersonal zu betrachten – wodurch man verhindern kann, dass der eigene Körper durch Behandlungen geschleift wird, die das Unvermeidliche nur verlängern.

Die Pflege am Lebensende ist ein komplexes Thema, aber beide, Kim und Mark, betonten, wie wichtig es sei, einfach nur über den eigenen Tod nachzudenken und mit einem nahestehenden Menschen darüber zu sprechen. »Selbst Gesprächsfetzen werden wichtig für Ärzte und Ärztinnen, Krankenschwestern und das Gesundheitspersonal, das die Menschen am Ende betreut«, sagt Mark. Er schlägt vor, dass man jemanden als dauerhaften Bevollmächtigten für seine Gesundheit und sein Wohlergehen einsetzt, wenn man sich dazu durchringt, ein Testament zu verfassen. Auf diese Weise kann die Person, der man am meisten vertraut, für einen eintreten, wenn etwas passiert und man nicht mehr urteilsfähig ist. Es besteht sogar die Möglichkeit von Videobotschaften. Wenn jemand zum Beispiel an einer Motoneuronerkrankung leidet, kann die Person ein Video mit ihren Wünschen aufnehmen, solange sie dazu noch in der Lage ist, und es an ihrem Krankenbett positionieren, damit die Ärzte, Ärztinnen, Krankenschwestern und -pfleger die Person, die sie gerade behandeln, »kennenlernen« können.

Auch wenn du noch nicht in einem Krankenhausbett liegst, gibt es verschiedene Vorlagen und Websites, die dir dabei helfen können, deine eigenen Wünsche zu formulieren.[74] Diese sind zwar nicht rechtsverbindlich, aber sie geben dir eine Stimme, wenn du einmal nicht mehr in der Lage sein solltest, für dich selbst zu sprechen. Nachdem ich mit Mark gesprochen hatte, wandte ich mich eines Abends an meinen Mann und teilte ihm wie aus heiterem Himmel mit, dass ich

---

74 Weitere Informationen findest du im Abschnitt »Quellen« am Ende dieses Buches.

nicht wiederbelebt werden möchte, wenn mein Gehirn den Geist aufgibt. Er war nicht gerade begeistert, dass ich ihn beim Einschlafen gestört hatte, aber mittlerweile ist er daran gewöhnt. Ich begann das Gespräch, ich nahm einen Stein von der Schutzmauer herunter. Es fühlte sich gut an – einen kurzen Moment war es furchtbar, dann wurde es gut.

Es wird immer Situationen geben, in denen deinen Wünschen nicht entsprochen werden kann.[75] Jede Frau, die schon einmal eine Geburt erlebt hat, kennt den schiefen Blick einer erfahrenen Hebamme, wenn sie ihr den Geburtsplan übergibt. Was du dir wünschst und was passieren muss, ist nicht immer vereinbar. Doch heute ist uns mehr denn je bewusst, wie wichtig und mächtig die Entscheidungen sein können, die wir treffen. Wenn wir den Mut haben, diese Gespräche zu beginnen, etwas zu Papier zu bringen und jemandem davon zu erzählen, verschaffen wir nicht nur uns selbst eine Wahlmöglichkeit für einen Zeitpunkt, an dem sie sonst nicht mehr möglich ist, sondern geben auch den Menschen, die wir lieben, unschätzbare Unterstützung.

Jede/jeder, die/der sich um eine/einen Sterbende:n gekümmert hat, kennt die Wahrheit: Es gibt kein Hollywoodende. Die Vorstellung, dass man seinen großen Auftritt haben wird, dass man sogar in der Lage sein wird zu kommunizieren, wenn man sehr krank ist oder stirbt, ist ein Trugschluss, den wir aus dem Weg räumen müssen. Wir müssen diese Gespräche jetzt führen, solange wir leben. Jetzt ist der

---

75 Besonders während der Covid-19-Pandemie, als so viele Abschiede, letzte Wünsche und sogar Nachtwachen am Krankenbett auf das reduziert wurden, was die Technik zuließ.

richtige Zeitpunkt, um über den Tod zu sprechen, nicht erst, wenn er unmittelbar bevorsteht. Wenn er dann da ist, will man einen Plan für dieses hinterlistige Biest haben. Man will bereit sein – so weit wie es physisch eben möglich ist. Einige von uns sehen sich vielleicht mit dem Albtraumszenario konfrontiert, die Stimme eines geliebten Menschen zu sein, der nicht mehr für sich selbst sprechen kann. Niemand möchte, dass dies wahr wird, niemand möchte sich das vorstellen. Aber wenn es doch passiert, ist es umso besser zu wissen, dass man eine – wenn auch nur vage – Vorstellung davon hat, was der/die Betroffene wollte.

Ich weiß, dass es einfacher ist wegzuschauen, aber höre mir dennoch zu: Es wird passieren, ob du nun jeden Tag über den Tod sprichst und ihn in deinem Leben präsent sein lässt oder ob du ihn überhaupt nicht erwähnst. Wir sind nur so kurz hier, nicht alle von uns bleiben für lange Zeit. Betrachten wir den Tod als Teil des Prozesses und nicht als ein Ende, vor dem wir weglaufen. Seien wir mutig und erkennen wir an, dass es zum Leben gehört, dass der Tod sein Ende ist.

Wir leben, wir sterben. Das war's. Ist das nicht seltsam und normal, furchtbar und ganz gewöhnlich zugleich? Der Tod muss kein furchterregender Spiegel sein, in den man nie hineinschaut. Denk darüber nach, sprich darüber, normalisiere ihn, akzeptiere ihn. Mach deinen Plan und informiere deine Lieben. Und ja, ich mache mich jetzt daran, ein Testament zu schreiben.

Fragen eines Kindes

»Wann …«, sie hält inne und starrt mich an.

Vier Jahre alt und immer eine Frage auf den Lippen. *Wie groß ist der Weltraum? Warum steht mein Name an der Wand? Warum dürfen die Bäcker beim Wettbewerb nicht mehr mitmachen? Warum lässt der Wind die Drachen steigen? Wie viel sind eine Million Tage?*

»Wann … sterben alle?«

Sie stellt diese Frage laut. Er wäscht ab, ich halte das Baby und versuche, alle ins Wohnzimmer zu bugsieren, damit sie aus dem Weg sind. Ich lache, weil es eine lustige Frage ist. »Ich weiß es nicht«, sage ich. »Wir wissen nicht, wann es passieren wird, aber wir werden sterben.«

Sie hält inne. »In einer Million Jahren?«, fragt sie. Sie lächelt, weil ich gelacht habe, und ich bin dankbar, dass ich in unangenehmen Momenten lachen kann.

Später denke ich: »War das richtig? Hilft so etwas?« … »Ja«, sage ich mir, »lüge nicht, sag nicht, dass wir nicht sterben werden, sag nicht, dass es nicht passieren wird.«

Manchmal sage ich: »Ich werde da sein, wenn du mich brauchst«, und ich weiß, dass das nicht ganz stimmt, denn manchmal sind die Eltern nicht mehr da. Aber ich werde da sein, tief in deiner DNA. Ich werde da sein. Ich werde das Einzige tun, was ich tun kann – dich so sehr lieben, dass du es noch spüren wirst, wenn ich sterbe, du wirst es wissen. Du wurdest von mir geliebt. Du wirst von mir geliebt.

Er hat mich geliebt. Das weiß ich. Er hat mich schrecklich geliebt, stark und großartig. Ich spüre es immer noch. Wenn du tot bist, können die anderen es immer noch fühlen.

ADHS

Bei einem Familienmitglied wird ADHS diagnostiziert. Es ist kein totaler Schock, das Kind steckt voller Energie, strotzt nur so vor Energie, ein Tornado in Jungengestalt. Er ist derjenige, der aussieht wie du. Er ist derjenige, der mich manchmal überrumpelt, wenn er mich böse anstarrt, nachdem ich ihn veräppelt habe. Es sind die braunen Augen, wie deine.

Ich fange an, mich über ADHS zu informieren – ein Freund hat es, und eine Freundin hat gerade erfahren, dass sie es hat. Ich fange an, Artikel miteinander zu verknüpfen, wie verknotete Bettlaken, die aus dem Fenster geworfen werden. Ich klettere daran hinunter und finde dich dort im Zimmer, wartend. Meine Mutter ist skeptisch – jeder hat heutzutage etwas, sagt sie. Das sagt sie immer, wenn ich ihr erzähle, dass ein Freund oder eine Freundin eine Zwangsstörung oder Angstzustände oder psychische Probleme hat. Sie meint das nett. Sie ist (wie viele von uns) überwältigt von dem Ansturm der Buchstaben, die wir jetzt alle zur Verfügung haben und die früher nur ein verschrobener Teil unserer Persönlichkeit waren.

Du hattest ADHS. Das ist jetzt offensichtlich. Du, der bis vier Uhr morgens aufbleiben konnte, ohne die Zeit zu bemerken, aber nicht lange genug stillsitzen konnte, um eine Folge einer TV-Serie zu sehen. Du hast ständig Dinge verloren, in deinem winzigen Arbeitszimmer herrschte Chaos – überall Papiere, Ordner, aus einem einzigen Schrank quoll ein ganzes Büro hervor. Ich bin traurig wegen dir. Du wusstest es nicht. Ich habe einen Satz gelesen, in dem nicht diagnostizierte ADHS als Verlust von Potenzial beschrieben wird:

Was auch immer man tut, es wird nie ganz fertig oder erledigt, und die anderen verstehen nicht, warum das so ist. Das tut weh. Du hast es nie ausgesprochen, aber ich habe es gespürt. Du warst nicht genug, hast nicht genug getan, warst nicht erfolgreich genug, nicht genug, genug, genug.

Ich sehe, wie ein weiteres Bruchstück an seinen richtigen Platz zu all den anderen fällt, die vor Jahren bereits dort gelandet sind. Ich baue dich wieder zu einem Menschen zusammen. Einem ganzen Menschen. Es dauert Jahre und Jahre, um all die winzigen Teile aufzusammeln und sie wieder in das Loch zu stecken, das du hinterlassen hast. So, jetzt bist du ein bisschen klarer. Das ergibt einen Sinn. Das Chaos, der Stress, das Manische. Ich habe dich immer für eine kraftvolle Persönlichkeit gehalten, habe darüber hinweggelacht und mir vorgestellt, wie andere Leute mit diesem Ausmaß an Anspannung im Haus leben würden. Aber die hatten Väter, die sich hingesetzt haben, Väter, die sich ausgeruht haben, Väter, die gesagt haben: »Für heute reicht's.«

Ich strenge mich an, ich mache und mache und mache, weil du mir das beigebracht hast. Wie man sich bis zur Erschöpfung anstrengen und trotzdem aufrecht stehen kann. Du hast mir einmal erzählt, dass du auf einem verrückten Workshop gelernt hast, im Stehen zu schlafen. Damals habe ich es nicht verstanden – *warum machst du das? Warum legst du dich nicht einfach hin?* Du hast gegrinst. »Ich habe es geschafft«, sagtest du, »ich kann im Stehen schlafen.« Die Freude, die du empfunden hast, als du die Ruhe in ihre sinnloseste Position gezwungen und deinen Knochen nicht einmal erlaubt hast, für einen kurzen Moment zu sitzen.

»Er hätte es nicht ausgehalten, krank zu sein«, sagten alle.
»Er hätte es nicht ertragen, schwach zu werden«, meinten sie.
»Gut, dass es so schnell ging.«

Ja, das stimmt. Du hättest es gehasst.

Ich hätte mir mehr Zeit gewünscht. Aber die anderen haben recht, du hättest es nicht ausgehalten.

Das alles stimmt schon.

Kapitel 8:
Komm drüber hinweg
Warum fühle ich mich immer noch so?

Liebes zukünftiges Ich,
dein Vater ist gestorben, am 21. April 1998, wie du weißt!
Es ist bald sechs Monate her, du fühlst dich ein bisschen
traurig, dabei benebelt – dir sind die Tränen ausgegan-
gen. Was bringt es noch zu weinen? Er ist nicht mehr da,
ich muss einfach weitermachen.

Streit mit Mama. Fisch tot. Schule – zur Abwechslung
mal ganz oben! Ich hoffe, du bist glücklich, wenn du das
liest.
Alles Liebe
mein vergangenes Ich XOX

Dies ist der erste Eintrag in mein Tagebuch nach seinem Tod.
Ich habe mir sechs Monate Zeit gelassen, bevor ich dachte,
dass ich »damit durch« sein sollte. Wenn ich das lese, möchte
ich den Vorhang der Zeit aufreißen, zurücklaufen und das
kleine Mädchen fest in den Arm nehmen und ihm sagen,
dass alles okay ist. Es ist in Ordnung, weiter zu trauern. Du
musst nicht unbedingt damit aufhören.

Ich weiß, wie ich mich gefühlt habe, ist ganz normal. Ich
kenne viele, denen es peinlich war, die sich geschämt haben,

die verwirrt waren, dass die Gefühle nicht einfach … verschwinden … nach sechs Monaten, einem Jahr, nach fünf
Jahren, zwanzig Jahren. Wir haben über so viele Aspekte der
Trauer gesprochen, über die vielen kulturellen und histori-
schen Gründe, nach denen wir unsere Trauer beurteilen, über
die Möglichkeiten, wie man es schaffen kann, mit ihr umzugehen, aber ich möchte mit dem Wunsch enden, den so viele
von uns haben. Wann wird die Trauer verschwinden? Wann
werde ich sie überwinden?

**Das tut sie nicht, das wirst du nicht,
UND das ist in Ordnung.**
(Falls du das wissen wolltest, bevor wir fortfahren.)

Wenn du am Anfang dieser Reise stehst (für mich gelten
ein bis fünf Jahre nach dem Todesfall als Anfang), klingt es
schrecklich (ich bin höflich – füge ein stärkeres Wort ein,
wenn du es brauchst), wenn du hörst, dass du dich vielleicht
für immer so fühlen wirst. Denn dort, wo du jetzt bist, am
Anfang deiner Trauer, ist wahrscheinlich ein furchtbarer
Ort.[76] Wie kann ich dir in einem Atemzug versichern, dass
es »leichter wird«, und im nächsten Satz, dass du »nie darüber hinwegkommen wirst«? Vor allem am Anfang, wenn

---

76 Für mich waren die Jahre eins bis fünf eine Mischung aus Verwirrung,
Traurigkeit, Wut, Weinen, Leiden – ich dachte: »Oh, mir geht es gut, ich
bin drüber hinweg …«, um dann wieder auf eine Welle der Trauer zu stoßen und festzustellen, dass ich nicht drüber weg war. Bei mir war es etwa
im fünften Jahr, als ich den Kopf ein wenig heben konnte und sah, wie weit
ich gekommen war. Ich war keinen geraden Weg gegangen, sondern eher
einen Weg wie Pu der Bär, nämlich um meine eigenen Emotionen herum,
wobei ich immer wieder im Kreis ging und meine Schritte zurückverfolgte.

du noch roh und ohne Haut bist, wie eine Hühnerbrust. Wie kann man es überhaupt aushalten, nie darüber hinwegzukommen?

Ich will dir sagen, wie das Nicht-darüber-Hinwegkommen für mich aussieht. Zunächst einmal geht es mir heute gut. Ich bin jetzt vierundzwanzig Jahre dabei und mache wöchentlich einen Podcast über den Tod, und es geht mir gut. Mein letzter Todesjahrestag kam und ging. Ich war an diesem Tag so beschäftigt, dass ich nicht einmal besonders viel daran gedacht habe. Aber er war da. Eine dumpfe Traurigkeit war in meinen Knochen, sie war aber erträglich. Der diesjährige Vatertag war erträglich. Ich tat das Übliche und versuchte, die sozialen Medien zu meiden, ich erlaubte mir einen Anflug von Eifersucht und ließ diesen Tag vorbeiziehen (aus Angst vor dem unangenehmen Gefühl, das in mir aufsteigt, wenn ich viele Fotos von lebenden Vätern sehe). Auch während ich dieses Buch schreibe, das voll von Trauer ist, geht es mir an den meisten Tagen gut. Es gibt Tage, Stunden, Minuten, an denen ich immer noch traurig bin und weine; ich spüre immer noch, wie mein Herz schmerzt, weil ich ihn meinen Kindern nicht vorstellen kann. Die Traurigkeit über die verlorenen Momente ist da. Aber hier, jetzt, an diesem Tag, geht es mir gut. Nicht darüber hinwegzukommen ist nicht gleichbedeutend mit ständigem Weinen: Es ist ein Überleben, ein Bestehen, nicht immer mit Freuden, aber auch nicht immer voller Verzweiflung. Es geht mir nicht gut damit, dass er gestorben ist. Ich stehe dem nicht neutral gegenüber. Ich bin traurig, dass ich meinen Vater damals verloren habe, aber meine Trauer ist jetzt verblasst und abgenutzt, sie ist ein Teil von mir, den ich gelernt habe zu akzeptieren.

Das Schwierige am Anfang ist, dass die Wellen immer wiederkommen, über deinen Schädel hinwegschlagen, dich auf den Kopf stellen und in den Sand knallen. In diesen ersten Jahren erstickst du an deiner Trauer. Wenn also eine Welle zum fünfzehnten Mal an diesem Tag über dich hereinbricht, weinst du. Denn wann wird das aufhören? Wie kann man nur so leben? Aber je mehr Zeit vergeht, desto größer werden die Abstände zwischen den Wellen. Das Leben sickert zwischen den Lücken hindurch, und irgendwie lebst du wieder. Irgendwie geht man weiter, und was als eine Welle pro Woche beginnt, wird zu einer Welle pro Monat, pro Jahr, alle paar Jahre, und jetzt, in meinem Trauerältesten-Stadium, liegen viele Jahre zwischen den Wellen.

Die Wellen krachen immer noch.
Sie kommen nur vereinzelter.

Eine der Freuden, wenn man lernt, mit seiner Trauer zu leben, ist, wie gut man die emotionale Wetterlage vorhersagen kann. Man lernt, wann man zum Horizont schauen muss, um den Sturm zu erkennen, der sich zusammenbraut und auf einen zukommt. Man versteht allmählich besser, was gerade passiert, anstatt sich von den Ereignissen umwerfen zu lassen. Die Wellen kommen. Man lernt, auf ihnen zu reiten. Man wird besser darin, einen festen Stand zu bewahren, die Füße in den Sand zu stecken, um sich aufrecht zu halten, weil man weiß, dass dies nicht ewig dauern wird. Das Wunder des Lebens, so viele Jahre zwischen sich und dem Tod zu haben, besteht darin, dass es die Widerstandsfähigkeit auf diesem Weg wachsen lässt. Man kann zurückblicken und sehen, dass man es damals überstanden hat, sodass man auch diese und die nächste Welle überstehen kann. In vierundzwanzig Jahren habe ich eine ganze Menge davon überlebt. Mir geht es gut.

Es hat lange gedauert, bis ich begriffen habe, dass es wie mit dem Atmen ist: Es ist einfach etwas, was man tut. Du trägst es mit dir, egal wie bewusst oder unbewusst es dir ist. Bei vielen Gelegenheiten hatte ich das Gefühl, dass der Schmerz verschwunden war. Im neunzehnten Jahr fühlte ich mich besser als okay, ich fühlte mich »durch damit«. Ich konnte sehen, wie weit ich nach seinem Tod gekommen war: Es war so viel passiert, dass ich nichts mehr sagen musste.[77] »Ich werde mich nie wieder so schlecht fühlen«, dachte ich. Ich war »drüber hinweg«.

Dann, am zwanzigsten Jahrestag seines Todes, brach ich zusammen.

Der April ist mein Gedenkmonat. Wenn du im Club bist, kennst du das Gefühl, dass das Datum immer näher rückt, wie eine schreckliche Prüfung, die du schon einmal nicht bestanden hast. Für mich beginnt das kalte Grauen der Angst vor dem Jahrestag im März. Ich spüre es schon in der Ferne – den Monat, das Datum, die Zeit –, wie es auf mich zugaloppiert wie ein Reiter der Apokalypse auf seinem jährlichen Urlaub im Cariad-Land. Dann, wenn der April da ist, beginnt der Countdown. Wie in einem schrecklichen Adventskalender zähle ich die Tage bis zum einundzwanzigsten. Ich mache das schon seit Jahren und beobachte immer den Horizont, wenn der Monat näher rückt, weil ich weiß, dass jedes Jahr seine eigene Gedenk-Energie mit sich bringt.

---

77 Hahaha.

Für mich waren die Jahre eins bis fünf die schlimmsten[78] (Grüße an die Jahre zwei und drei, die sich wirklich ins Zeug gelegt haben). Der erste Jahrestag war besonders hart: Ich saß in einem Klassenzimmer, während der Zeiger auf 9 Uhr 40 vorrückte, und mein Herz schlug schneller; ich starrte durch die großen, durchsichtigen Plastikfenster, in die Graffitikreise gekratzt waren, hinaus; mein Kopf lag auf einem A4-Ordner aus Kunstfell mit Kuhmuster. Ich starre auf die Uhr, diese einfache, zweckmäßige Uhr, die alle Schulkinder kennen, und warte, warte, warte, warte darauf, dass 9 Uhr 40 vorbeigeht – einfach vorbeigeht –, dass es 9 Uhr 41 wird, 9 Uhr 45, 10 Uhr. Dann ist es geschafft. Ich spüre das billige Kunststoffmaterial unter meinem Gesicht, während ich so tue, als sei ich faul und schlafe, dabei mit einem Auge auf die Uhr schaue, bis der Moment gekommen ist.

Als es so weit war, gab es keine Explosion, keine Engel stiegen herab, die Uhr tickte einfach weiter. Die Zeit verging. Seine Zeit verging, er verging, der Tag verging, es ist einfach ... passiert.

Der erste Jahrestag ist eine solche Belastung, weil man tagelang vorher nicht weiß, wie man es schaffen soll, und dann, an dem Tag, geht es doch (normalerweise). Es passiert einfach. Vielleicht weint man, schluchzt, jammert. Aber das hat man ja sowieso schon das ganze Jahr über getan. Dann macht man so weiter wie bisher und stellt fest: »Ach, so ist das, das ist das Leben ohne sie.« Es geht einfach weiter. Wenigstens weiß man nach dem ersten Jahr, dass es einen nicht zerstören wird.

---

78 Bitte denk daran, dass jeder Mensch einen anderen Weg geht, und wenn dies nicht deinem entspricht, ist das in Ordnung.

Ich habe diesen ersten Todesjahrestag sehr stark gespürt: Es fühlte sich sehr instinktiv an, ich war jede Sekunde davon dabei. Aber danach, im sechsten, siebten und achten Jahr, kann ich nicht mehr genau sagen, was passiert ist oder wie sich der genaue Moment angefühlt hat. Es verschwamm allmählich … bis zum zehnten Jahr. Zehn war ein Schocker. Zehn wurde ZEHN. Ein Jahrzehnt ohne ihn. Etwas metrisch Bedeutsames.[79] Diese bedeutenden Jahrestage, fünf, zehn, fünfzehn, fühlten sich immer lauter an. Sie verlangten von mir zu beurteilen, wie viel passiert war, seit er weg war. Wie viel hatte er verpasst? Rechne es zusammen: Der König ist in seinem Geldspeicher und zählt sein Vermögen und seine Erinnerungen und Geschichten und Witze und Entdeckungen, die nicht mehr geteilt werden können.

Das Jahr fünfzehn fühlte sich aus ähnlichen Gründen schwer an (weil fünfzehn ein Vielfaches von fünf ist), aber danach wurde es langsam zur »Vergangenheit«. Der Jahrestag war nicht immer einfach, aber er wurde ruhiger, eine Reise, die ich nun schon viele Male gemacht hatte. Ich wusste, was ich einpacken musste, ich wusste ungefähr, wie lange ich brauchen würde, um wieder nach Hause zu kommen. Meine Gefühle für den Jahrestag, für den Tag selbst, veränderten sich. Ich begann zu denken: »So wird es wohl bleiben« – ein kurzes Einatmen, ein Zucken, wenn der Tag beginnt. Ich hatte das Gefühl, dass ich alles erlebt hatte, was die Trauerreise bieten konnte. Sie hatte mich von innen nach

---

79 Vielleicht spürt man in Ländern mit angloamerikanischem Maßsystem nicht denselben Stachel: Sind zwölf Jahre schlimmer, wenn man nach Zoll und Fuß lebt? Bitte lasst es mich wissen.

außen und wieder zurückgeführt, und jetzt war es vorbei, ich war fertig. Die Trauer war vorbei.

Das habe ich gespürt, wenn ich mit anderen über seinen Tod sprach. Wenn ich gefragt wurde, wie lange es her war, konnte ich antworten: »Oh, es ist siebzehn Jahre her … es ist achtzehn Jahre her … es ist neunzehn Jahre her … Ja, es ist lange her.« Ihr Blick wurde weicher, und ihr Tonfall und ihre Gesten deuteten an: »Ja, das ist sehr lange her«, und sie waren »sicher, dass es mir inzwischen wieder gut geht«, und ich nickte, um zu zeigen, dass sie recht hatten, und wir lächelten uns an. Es würde keine Tränen geben, kein Eintauchen in die Tragödie, denn es ist alles *schon lange her*. »Es tut mir leid«, sagten sie und machten dann weiter, als hätte ich ihnen erzählt, dass ich einmal einen Hund hatte, dass ich einmal in Berlin war, dass ich einmal einen Tag lang einen Impro-Workshop mit Niles von *Frasier* gemacht habe[80] – einfach eine kleine Tatsache aus deiner Vergangenheit, die für eine Sekunde auf angenehme Weise interessant war.

Gelegentlich ließ mich diese Beiläufigkeit innehalten. Ist das tatsächlich schon so lange her? Sind siebzehn Jahre lang? Shakespeare ist lange her, die Dinosaurier sind lange her. »Ich erinnere mich an meinen Vater«, dachte ich dann. »Ich bin ihm begegnet. Er war gerade noch hier, er war gerade noch …«

Aber dann stritten die Zahlen mit mir. »Sind achtzehn Jahre nicht eine Volljährigkeits-Zeitspanne entfernt? Das ist eine lange Zeit.«

Sie haben recht, natürlich ist es jetzt in Ordnung, es muss so sein. Die Leute hatten nicht ausdrücklich gesagt: »Ich bin

80 TATSACHE.

sicher, dass es dir jetzt gut geht«, aber der Satz hing in der Luft zwischen uns wie eine Geburtstagsgirlande – »DIR MUSS ES JETZT GUT GEHEN!« –, bunt und leicht im Wind schwingend.

Dass andere annahmen, ich sei drüber hinweg, nahm ich als Beweis: Ich fühlte mich offenbar gut, also ging es mir auch gut. So sieht es aus, wenn man »drüber hinweg« ist. Ein bisschen wie betäubt. Ein bisschen seltsam. Man braucht nicht wieder darüber zu reden. Niemand braucht die Details zu kennen. Sie sind gestorben. Dir geht es gut. Ende. Ich hatte mit der Trauer abgeschlossen. Nun erwartete ich meine Urkunde und meine Medaille mit der Post.

2008. ZWANZIG JAHRE NACH SEINEM TOD

Schon wochenlang hatte er stattgefunden: ein langsamer Abbau meiner Kontrolle. Das innere Chaos, das ich die meiste Zeit meines Lebens im Blick gehabt und es höflich gebeten hatte, sich zu setzen und sich zu benehmen, tobte nun wild über den Boden, schreiend und mit Schaum vor dem Mund. Laut und unverblümt. Der wilde, lähmende Teil der Trauer, der mich seit Jahren nicht mehr heimgesucht hatte, hielt jetzt meine Füße auf dem Boden fest. Ich fühlte mich wie angeklebt und wollte doch nur noch weglaufen. Weglaufen vor diesem Gefühl. Das kriechende Gefühl begann in meinen Füßen und kämpfte sich langsam durch meinen Körper nach oben, wie ein Ausdauerbergsteiger, und ließ mich erstarren, bis ich es in meinem Mund spüren konnte. Trauer[81].

---

81 Ein bisschen wie Elsa in *Die Eiskönigin II*, als sie zu tief in die Höhle geht und erstarrt, nachdem sie entdeckt, dass ihre Vorfahren gar nicht so toll waren. Dieser Film ist in mehrfacher Hinsicht tiefgründiger als erwartet.

So schlimm war es schon lange nicht mehr gewesen; das war es, was mich am meisten erschreckte. Meine Wogen hatten sich bis zum Horizont geglättet, sodass ich dachte, ich hätte das Schlimmste überstanden. Das glaubte ich wirklich. Dieses vertraute Gefühl des aufsteigenden Schreckens machte mir jedoch Angst. Ich hatte seinen Geschmack und seine Beschaffenheit vergessen. Ich hatte mich daran gewöhnt, dass der Jahrestag an mir vorbeizog, dass er nur einen kurzen Blick auf mich warf und nur schwach meine Haut streifte.

Es ist Februar, doch die Wolken ziehen auf. Aber ist es Februar? Was machen die Wolken denn hier? Februar ist Mums Geburtstag, Valentinstag, Winterende. Der Februar und ich haben eigentlich kein Problem miteinander. Und doch rieche ich den Braten. Er dampft in seiner Soße auf einem Teller vor mir. Ich fühle mich krank. Je näher der März rückt, desto schlimmer wird es, und alles, was ich in meinem Kopf höre, ist: zwanzig Jahre, zwanzig Jahre, zwanzig Jahre, zwanzig Jahre, immer und immer wieder.

20202020202020202020202020202020202020202020202 0202020202020202020202020202020202020

Zwanzig unserer Jahre. Zwanzig. Jahre. Seit er hier war. Verdammte zwanzig. Es fühlte sich alt an. Es fühlte sich zu lang an, es fühlte sich falsch an, es fühlte sich lähmend an. Es fühlte sich auf eine Weise bedeutsam an, mit der ich nicht umgehen können wollte. Ich versuchte, es zu vermeiden, ihm auszuweichen, es zu umgehen, denn ich war über diesen Punkt hinaus. Ich hatte es geschafft! Ich war ganz oben auf der Leiter angekommen! Ich hatte alle Wertmarken gesammelt!

Aber die Wolken zogen immer weiter auf. Der Himmel war so schwer. Ich spürte es gleich nach dem Aufwachen. Eine lethargische Beschissenheit. Inmitten des Schmerzes, der Traurigkeit, des Kummers war das, was mir im Kopf herumschwirrte, ein Schock. Dass das Gefühl wieder da war. Dass die verdammte Trauer wieder da war. Schon wieder. Dass es zwanzig Jahre später immer noch so schlimm sein konnte. Dass es sich eher wie das anfühlte, was ich im fünften Jahr gefühlt hatte als im neunzehnten. Wie war das passiert? Was hatte mich zurück in die Vergangenheit gezogen? Warum war ich nicht schon längst darüber hinweg? Zwanzig Jahre, und doch weinte ich immer noch, dachte immer noch darüber nach, was wäre, wenn. Wie kann das sein? Wie kann die Trauer auf diese Weise zurückkommen?

21. APRIL. DER ZWANZIGSTE JAHRESTAG SEINES TODES
Der Tag kam. Es war heiß – sehr warm für April. Angenehm, haben alle die ganze Zeit gesagt. Ich spürte, wie mein Kopf in einem grauen Nebel hing, umhüllt vom Leben und von allen Anzeichen, dass das Leben eine freudvolle Angelegenheit ist. Ich wusste, dass ich allein sein musste; so viel wusste ich über diese Art von Tagen, ein voller Trauertag ohne Mittagspause.

Wir wohnten damals im Zentrum Londons, also ging ich um die Ecke zu einer City-Bike-Station, die in einer alten Postkutschenstraße versteckt war, ruckelte das Fahrrad an seinem schweren Rahmen aus dem Gestänge und radelte los. Ich fuhr und fuhr und fuhr und ließ die Gedanken in meinem Kopf kreisen. Ehe ich mich's versah, waren wir im Hyde Park: ich und mein Vater in meinem Kopf. Wir fuhren mit dem Fahrrad durch einen Park, den ich als Erwachsene nur noch selten, als Kind aber wöchentlich besucht hatte. Er trainierte hier sonntags für seine verschiedenen Marathons und Triathlons, fuhr und lief und plauderte und dehnte sich; Männer mittleren Alters in Lycra und das Klacken von Fahrradschuhen auf dem Beton vor dem Serpentine-Café; ich trieb mich mit meinem Bruder unter den Tischen des Cafés herum, während die Erwachsenen über Laufen, Meditation, Buddhismus und Zen sprachen. Es gab eine Menge Zen. Sogar der Hund von jemandem hieß Zen – ein Spaniel, der hyperaktiv und überdreht umherlief, ein perfekter Fall gegen den nominativen Determinismus. Wir fuhren hierher, mit dem Fahrrad am Auto festgezurrt wie einen geschossenen Hirsch, und blieben den ganzen Sonntagmorgen hier. Ich erinnere mich an das Gras und den See. Alle kämpften sich in ihre Neoprenanzüge, mit dickem schwarzem Stift bezifferte Schultern; die Zahlen waren auf quadratische Papierstücke gedruckt, die sicherheitshalber an die Leibchen geheftet wurden; Laufen, Radfahren, Schwimmen. Er war so aktiv hier, so lebendig an diesem Ort.

Er hatte mich heute hierher zurückgeführt, dorthin, wo er *gelebt* hat. Oder habe ich mich selbst von meinen Gedanken an einen Ort leiten lassen, der mich an ihn erinnerte? Es war schön. Ich bin den ganzen Tag herumgefahren, habe nichts anderes getan, als darüber nachzudenken, wie es wäre, ihn um sich zu haben, wie lästig das an manchen Tagen wäre, welche Fragen ich ihm zaghaft stellen würde, welche Dinge er mir vielleicht erzählen würde. Irgendwie kannte ich alle Antworten. Ich ließ mich treiben und treiben, bis sich langsam die Erkenntnis einschlich, dass ich noch lange nicht darüber hinweg war. Ich war nicht in Ordnung. Ich war noch nicht fertig. Nach zwanzig Jahren konnte ich immer noch nicht sagen: »Na ja, so was passiert eben.« Warum auch? Warum sollte ich fertig sein, nur weil es zwanzig Jahre her ist? Warum sollten wir das – wenn wir nicht da angekommen sein *müssen?*

CHARLIE RUSSELL

Ich bin noch nicht so weit, es war vor elf Jahren, und ich sollte eigentlich schon so weit sein. Dann wurde mir klar: »O nein, nein, darum geht es ja gerade.« Die Leute müssen wissen, dass es in Ordnung ist, wenn man elf Jahre später immer noch damit zu kämpfen hat.

STEPHEN MANGAN

Ich wollte den Leuten nur sagen: Versucht einfach, damit umzugehen, wie es kommt, und heute werdet ihr mit irgendetwas zu tun haben – vielleicht kommt ihr gut damit klar, vielleicht auch nicht –, und morgen wird etwas anderes passieren, versucht es einfach weiter. Es gibt kein Richtig, kein Falsch. Es gibt keinen Erfolg. Man wird es nie besiegen, man wird es nie loswerden. Du willst es nicht loswerden, weil du sie liebst, du wirst sie vermissen, also gönn dir einfach eine kleine Pause … Mach einen Schritt nach dem anderen … Du kannst es nicht abschließen, es gibt kein Endergebnis. Es gibt nur ein ständiges Weitermachen … So ist das Leben: Man erreicht nie »das Ziel«.

Vor ein paar Jahren wurde ich in einem Podcast über meine Arbeit für *Griefcast* interviewt, und der Moderator stellte mir die bekannte Frage: »Wie helfen Sie Menschen, darüber hinwegzukommen?« Er meinte es gut, er wollte mit einem Rat-schlag enden, der den Hörern und Hörerinnen helfen sollte.

Der zwanzigjährige Jahrestag hatte mir endlich die Lek-tion erteilt, die ich brauchte: Du kannst es nicht. Du kommst nicht »drüber hinweg«. Vielleicht wird es leichter, vielleicht aber auch nicht; es wird auftauchen, es wird verschwinden; es wird in deinem Leben immer präsent sein – so wie die Per-son es war. Es hat Jahre gedauert, aber ich habe mich mit der Trostlosigkeit, der Wahrhaftigkeit und der Freiheit abgefun-den, die mir die Erkenntnis dieser Tatsache gegeben hat. Die Erkenntnis, dass Trauer nicht weggesperrt werden kann, hat mich befreit. Jetzt kämpfe ich nicht mehr gegen mein Chaos an, verstecke es nicht mehr und ersticke es nicht mehr. Es be-gleitet mich, wie all meine Erinnerungen und Lektionen. Es gibt einen Frieden, aber es gibt keinen Abschluss.

»Du kommst nicht drüber hinweg«, sagte ich.

Das war nicht die witzige, aufmunternde Antwort, die er haben wollte. »Vielleicht geht es ja nur Ihnen so, oder?«, gab er schnell zurück. »Sie haben Ihrem Vater sehr nahege-standen. Ich denke, die meisten Menschen kommen darüber hinweg.«

Er fragte nicht, er erklärte es mir, denn was ich gesagt hatte, war beängstigend. Ich konnte sogar sehen, dass er ein wenig in Panik geriet. »Nein, es geht nicht nur mir so,« erklärte ich. »Es passiert allen, allen Leuten, allen, die ich interviewt habe, wir sagen im Grunde alle das Gleiche. In unterschiedlichem Maße. Wir sind nicht darüber hinweg, wir leben damit. Wir leben, wir leben glücklich und mit Freude, aber, nein, wir sind nie *drüber hinweg*.«

Er hielt inne und warf mir dabei den Blick eines Menschen

zu, der ganz und gar nicht zum Club gehört, einen Blick, mit dem ich schon vorher angeschaut worden war … *Sie ist wohl einfach ein bisschen sonderbar, vielleicht hatte sie ein schräges Verhältnis zu ihrem Vater,*[82] *vielleicht überdramatisiert sie.* Er schüttelte sich, entspannte sich. »Okay, ich glaube nicht, dass ich mich so fühlen würde«, sagte er mit der Zuversicht eines Mannes, dessen beide Elternteile am Leben sind, und wechselte rasch das Thema.

In solchen Momenten, wenn Nicht-Clubmitglieder versuchen, Regeln dafür aufzustellen, wie unsere Trauer auszusehen hat, muss ich den Drang bekämpfen, ihnen ins Gesicht zu schreien: »AUCH IHR WERDET STERBEN, SIE WERDEN ALLE STERBEN, ALLES, WAS IHR LIEBT.« Deshalb muss ich vorsichtig sein, mit wem ich ehrlich über meine Trauer spreche, und deshalb darf ich auch nicht mehr auf Partys gehen. Er hat es nicht verstanden, warum sollte er auch? Er hatte bislang kein Trauerchaos zu tragen. Mein streunender Hund, der immer hinter mir herläuft und mich daran erinnert, dass die Zeit begrenzt ist, dass das Leben kostbar ist, dass nichts wirklich zählt – so etwas hatte er nicht. Er hatte auch den Schmerz und das Weinen nicht erlebt – und er hat die Lektion noch nicht gelernt.

Ich brauchte einen kleinen Zusammenbruch, eine Fahrradtour und schließlich eine Therapie, um zu begreifen, dass ich noch nicht »drüber hinweg« war und es wahrscheinlich auch nie sein würde. Wenn der Kummer nach zwanzig Jahren zurückkehren konnte, dann würde er wahrscheinlich auch nach

---

82 Das war tatsächlich der Fall, aber das ist nicht der Grund, warum der Kummer nicht aufhört; ehrlich.

fünfundzwanzig und dreißig Jahren zurückkehren (laut meiner Wellen-Theorie).

Das war zunächst niederschmetternd, wirklich und wahrhaftig niederschmetternd, aber wie alle guten Momente der Zerstörung bot es die Möglichkeit für neue Gedanken, sich ihren Weg durch die Trümmer zu bahnen. Ich würde nie »drüber hinwegkommen«, aber mir würde es dennoch gut gehen. Mein Plan, die Trauer zu überwinden und einen Ort der Gefühllosigkeit zu erreichen, war nicht realistisch, denn so empfinden wir Menschen die Dinge nicht. Ich war auf der Suche nach emotionaler Taubheit, danach, nichts zu fühlen, keinen Kummer, keinen Schmerz, die emotionale Bandbreite eines Roboters. Natürlich ist jede Situation anders. Ich hatte es mit einem sehr speziellen Fall von jugendlicher Trauer und Schock zu tun, der noch nicht verarbeitet war. Ich hatte mir selbst so einen enormen Druck auferlegt, alles loszuwerden, das ganze Chaos, die Emotionen und die Gefühle. Doch in Wirklichkeit war das Zulassen, dass sie, wenn nötig, an die Oberfläche kommen konnten, das Zulassen, dass sie ein Teil meines Lebens sein durften, das Einzige, was mir die Erleichterung verschaffte, nach der ich so verzweifelt gesucht hatte.

Die Wellen kommen zwar immer vereinzelter, aber sie können immer noch über einen hereinbrechen, und es stimmt, das ist beängstigend. Und natürlich gibt es Tage, an denen ich hoffe, dass ich nie wieder eine Welle sehen muss. Aber ich kann akzeptieren, *dass dies Trauer ist*. Genau das macht Trauer aus, diese Wellen, der Abstand zwischen ihnen – all das –, es passiert einfach, wenn jemand stirbt.

Die Trauerbewältigungstherapeutin Julia Samuel hat einen Satz gesagt, der mich sehr beeindruckt hat. Sie sagte über das Leben mit der Trauer: »Sie hat dich nicht zerstört, sie hat dich geformt.« Es gab eine Zeit, in der es mir sehr schwergefallen wäre, das zu akzeptieren. Ich wollte nicht von der Trauer geprägt werden. Ich wollte leugnen, dass es passiert war. Ich wollte als ein ganz normaler Mensch gesehen werden, der zufällig einen toten Vater hat, nichts weiter als eine Fußnote in meiner Geschichte.[83] Im Laufe der Jahre, vor allem als ich mich einem Jahrzehnt seit seinem Tod näherte, fand ich es fast schon geschmacklos, davon geprägt und immer noch traurig darüber zu sein. Ich bekomme regelmäßig E-Mails von Trauernden, in denen es heißt: »Ich weiß, es ist lange her, und ich weiß, dass ich darüber hinweg sein sollte, ich sollte, ich sollte, ich sollte, aber ich bin es nicht, ich bin es nicht, ich bin es nicht ...«

Ich bin davon geprägt, von diesem Schmerz. (Früher stellte ich mir vor, wie ich als schwarz gekleidete Babuschka von Haus zu Haus trabte, mein schwarzer Spitzenschleier schleifte über den Boden. »Da kommt die Trauerhexe«, riefen die Menschen, während ich auf einer Kutsche aus Knochen ins Dorf einfuhr, die gezogen wurde von halb toten Hunden, die kaum noch aufrecht stehen konnten, während die Sonne sich verdunkelte und Totenschädel aus meinen vielen nicht identifizierbaren Taschen fielen.) Früher hatte ich große Angst davor, von etwas so betroffen zu sein, dass es mich vollkommen verändern würde. Aber jetzt sehe ich es als eines von vielen bedeutenden Ereignissen an, die mich zu der gemacht haben, die ich bin. Dieses Ereignis hat zu einem

---

83 Eine Fußnote über eine Fußnote. Wenn ich auch dazu eine Fußnote machen könnte, würde ich es tun.

Schmerz geführt, den ich mit mir trage; andere Ereignisse sind glücklicher Natur. Sie alle machen meine Lebenserfahrung aus, sie alle machen mich aus.

MICHAEL ROSEN

Dichter und Schriftsteller. Michael hat seinen Sohn Eddie an Meningitis verloren, als Eddie neunzehn war. Auch Michael wäre vor Kurzem beinahe an Covid-19 gestorben. Um ganz ehrlich zu sein, kann ich nicht sagen, dass ich heute genauso um ihn trauere, wie ich es in den ersten Jahren getan habe. Heute denke ich an ihn, und obwohl ich dann traurig bin, würde ich es nicht als Trauer bezeichnen, denn Trauer ist für mich … ich habe das Gefühl, dass man dann am hilflosesten und verletzlichsten ist. Ich habe die Trauer also geparkt … sie hat sich an einen anderen Ort verlagert, sodass sie nicht mehr das ist, was sie früher war, wenn ich an ihn dachte.

Es fühlt sich sicherer an; es fühlt sich so an, als ob ich darüber reden und nachdenken und damit leben kann – und darüber nachdenken kann, wie er war, und zwar so, dass es mich nicht hilflos macht.

Ich habe nicht täglich mit Schmerz zu kämpfen. Wenn ich es genau nehme, sind derzeit siebzehn Prozent meines Jahres ziemlich leidvoll. Für einen großen Teil des Jahres gilt das aber nicht. Dann bin ich glücklich, bin fröhlich, das Leben ist schön – aber ich spüre dennoch meine Trauer. Es ist anders als das, was sich die meisten Leute unter dem Club vorstellen, wovor der Podcast-Moderator Angst hatte – vor einem trostlosen Leben –, David Lean macht Dickens trostlos.

Manche Tage sind schwerer zu ertragen, aber es ist keine völlige Tränenwüste, es ist schon subtiler. Mit der Zeit ist es bei den meisten Menschen so. Den Beweis findet man überall um uns herum: Menschen in Trauer, nahe der Trauer, in Erinnerung an die Trauer, aber immer noch unterhalten sie sich mit dir im Supermarkt und lachen über den Typen, der gerade fast hingefallen ist.[84]

Während der Trauer wirst du lächeln, wirst jemanden küssen, du wirst in ein Flugzeug steigen, du wirst lachen – du wirst die Kleidung, die du bei der Beerdigung getragen hast, eines Abends in der Kneipe tragen und einen Witz darüber machen. Du wirst zur Universität gehen, wirst dich betrinken, wirst tanzen; du wirst zu viel Wein trinken, chinesisches Essen zum Mitnehmen verspeisen, *Strictly Come Dancing* [AdÜ: britische TV-Tanzshow] schauen; Schuhe tragen, die drücken, Eis essen, in den Urlaub fahren; dich verlieben, die ganze Nacht aufbleiben, heiraten, arbeiten, kündigen, einen neuen Job finden, ein Kind bekommen, neue Freunde und Freundinnen finden, die nicht wissen, was passiert ist; umziehen, in eine neue Gegend ziehen, weinen, lachen, atmen, lächeln, finster dreinschauen; die U-Bahn nehmen und den falschen Mantel für das aktuelle Wetter tragen, aber trotzdem froh sein, dass du einen Regenschirm mitgenommen hast, nur für den Fall – und niemand wird wissen, dass du trauerst. Du wirst die Trauer in dir tragen wie ein kleines Feuer, das nicht ausgeht. Die Trauer wird dich überallhin begleiten, so wie deine Gedanken es auch tun.

Es gibt Tage, an denen ich nicht daran denke, und Tage,

---

84 Es geht ihm gut, keine Sorge.

an denen ich doch daran denke. Ich habe gelernt, das Gefühl vorbeiziehen zu lassen, zu spüren, wenn es kommt, und nicht mehr von ihm zu verlangen als das. Es ist nicht möglich, es verschwinden zu lassen, aber man kann sehr wohl mit dem Schmerz in sich leben und damit einverstanden sein – dass Schmerz und Glück sich zu gleicher Zeit in einem Körper befinden.

KRISTOFFER HUGHES

Sterbehelfer, Dragqueen und Druide. Kristoffers Oma verstarb 2021, sein Vater 2011 und seine jüngere Schwester Rachel 2009, als sie zweiundzwanzig war.

Es gibt Momente, in denen ich die Kühlschranktür schließe – und da ist ein Foto von uns vier Kindern, allen vier zusammen, und da gibt es Zeiten, in denen du das Gefühl hast, dass alle Emotionen dazu, all der Schmerz wie festgebunden ist: Er ist irgendwo ganz tief verankert. Und dann, Jahre später, braucht es nur einen flüchtigen Blick oder eine Erinnerung oder einen Geruch oder ein Lied, um diese Seile, die alles festhalten, zu lösen, und du hörst sie fallen, und der Schmerz kommt zurück.

Aber jetzt habe ich gelernt, diesen Schmerz anzunehmen. Wenn der Schmerz kommt, lasse ich es zu, dass er mich überwältigt, ich erlaube ihm, mich zum Weinen zu bringen. Denn ich höre als Trauerbegleiter so oft diese Worte: »Ich glaube nicht, dass ich es schaffen werde, ich glaube nicht, dass ich es schaffen kann …«

Meine Antwort darauf ist immer: »Dann lass es sein. Bewältige es nicht. Hör auf, es zu bewältigen.«

Und weißt du, was passiert, wenn du mit dem Bewältigen aufhörst? Genau, dann bewältigt man es. Das ist das Seltsamste. Ich erkannte, dass das Schöne daran das Nicht-Bewältigen war, und jetzt ist es in Ordnung. Wenn ich weinen will, weil Rachel nicht mehr da ist, weine ich. Aber das Weinen ist etwas Wunderschönes, denn es ist ein Zeichen für die Tiefe der Liebe.

SPIEGELEIER MACHEN DIE MEISTEN DINGE BESSER

Als ich in einem BBC-Video, das auf Facebook millionenfach geteilt wurde, die »Spiegelei-Theorie« erklärt sah, war ich verblüfft. Ich hatte noch nie eine Zeichnung gesehen, die so deutlich zeigte, was ich mit meiner Trauer gemacht hatte, eine visuelle Metapher für das, was so viele von uns mit ihrer Trauer machen, ohne sich dessen bewusst zu sein.

Die Theorie über das Spiegelei unterscheidet sich nur geringfügig von der Ball-in-the-Box-Theorie (Ball in der Schachtel), sie haben im Kern dasselbe Prinzip. Ich mag Spiegeleier wirklich gern, deshalb habe ich mich zu dieser Version hingezogen gefühlt, aber wenn du Schachteln magst, kannst du auch die andere wählen.

Was mich im Hinblick auf diese Analogien beeindruckt hat, ist, wie sich unsere Sichtweise von Trauer im Mainstream verändert hat. Dank der Macht der sozialen Medien müssen wir nicht mehr Jahrzehnte warten, bis sich solche Theorien herumsprechen. Die Ball-in-the-Box-Theorie ging viral, als Lauren Herschel, selbst eine Trauernde, sie auf Twitter teilte, nachdem ihr Arzt sie ihr erklärt hatte. Im Wesentlichen geht es darum, dass das eigene Leben eine Schachtel ist, und wenn jemand, den/die man kennt, stirbt, wird diese mit einem riesigen Ball voller Trauer gefüllt. An einem Rand im Inneren der Schachtel befindet sich ein Schmerzknopf, der, wenn die Trauer sehr groß ist, automatisch immer wieder gedrückt wird. Mit der Zeit lässt die Trauer nach, der Trauerball wird kleiner, aber sie kann immer noch zufällig (… durch den Geruch eines Parfüms, ihren Lieblingssong, der gespielt wird, einen Mann im Anzug in der U-Bahn …) den Schmerzknopf berühren und dich leiden lassen. Mehrere meiner Podcast-Gäste haben ihn nicht als Schmerzknopf bezeichnet, sondern als Trauer-Ninja oder Trauer-Tiger, der sich auf dich stürzen kann, wenn du es am wenigsten erwartest.

Das BBC-Video zeigt ein ähnliches Bild, aber dieses Mal ist der Kreis dein Leben. Wenn du in Trauer bist, ist dein ganzer Kreis (dein Leben) davon erfüllt; es gibt keinen Aspekt deines Wesens, der nicht von deiner Trauer betroffen ist. Früher dachten wir, dass der Schmerz mit der Zeit schrumpfen und verschwinden würde, aber jetzt akzeptieren wir meistens, dass der Schmerz gleich bleibt (das Gelbe vom Ei) und das Leben (der Kreis) um ihn herum wächst (das Weiße vom Ei). Das war für mich eine so große Offenbarung, dass ich mich wie eine Bäuerin fühlte, die vor Galileo Galilei stand und die Augen zusammenkniff, während dieser erklärte, dass die Sonne nicht um uns kreiste. So wie ich mich fühlte, ging es also nicht nur mir; andere Menschen, sogar Wissenschaftler:innen, stimmten zu, dass Trauer so aussehen kann. Der Kummer bleibt, er verschwindet nicht.

Als ich das Video sah, fühlte ich mich befreit. Ich habe den Schmerz nicht festgehalten, ich habe nichts falsch gemacht. Die Trauer mag sich mit der Zeit verwischen, verändern und abschwächen, aber sie bleibt. Dein Trauerchaos bleibt bei dir. Man baut sein Leben um dieses Chaos auf. Genau das bedeutet der Ausdruck »die Zeit heilt alle Wunden«; genau das meinen die Leute, wenn sie sagen: »Versuche zu leben«, »Versuche da rauszukommen«, »Bleib da nicht stehen« – aber keine dieser Aussagen entspricht der ganzen Wahrheit. Versuche zu leben, denn jetzt hast du einen Kummer zu tragen, und das ist schwer. Bau dir ein Leben drum herum auf, das wird helfen. Jetzt hast du einen riesigen Trauerball zu bewältigen, also suche dir Freude, wo immer du kannst; geh behutsam mit dir selbst um, denn die Trauer ist immer noch bei dir.

So lange haben wir versucht, uns gegenseitig zu helfen, die Trauer zu beseitigen und den Horizont danach abzusuchen, wann sie verschwinden wird. Das wird sie aber nicht tun. Wir werden uns immer um die Sonne drehen. Man kann diese physiologische, psychologische und emotionale Reise nicht aufhalten. Das müssen wir auch gar nicht. Sie wird einfach geschehen, sie wird einfach da sein. Und wenn wir lernen zu akzeptieren, dass die Sonne aufgeht, dass ein neuer Tag beginnt, dass wir immer noch mit unserer Trauer hier stehen und die Welt sich trotzdem weiterdreht, dann sehen wir die Wahrheit und die Schönheit des Lebens selbst. Die Traurigkeit, der Tod, der Schmerz, die Freude, die bittersüße Agonie unserer eigenen Existenz, all das gehört dazu. Deine Trauer ist nicht getrennt von dir oder den guten Seiten deines Lebens – sie ist einfach das Leben, sie ist das, was wir alle sind. Wir brauchen keine spezielle Tasche dafür oder eine Möglichkeit, sie zu zerstören. Sie war schon immer da, du warst schon im Club, hast es nur noch nicht gewusst. Der Club ist das Leben – Menschen sterben, Menschen leben, Menschen bringen dich zum Lachen, du gehst immer weiter voran. So war es schon immer.

Aber jetzt wissen wir es, die Trauernden, die, die es »verstehen«, die Clubmitglieder, wir wissen es. Wir sind gesegnet, und wir haben Glück. Wir wissen, was der Tod ist, wir wissen, was er bedeutet, wir wissen, wie »für immer« aussieht. Wir leben jetzt an einem wahrhaftigeren Ort; er ist hell und kalt. Wir können die Luft in unserer Lunge spüren und wissen, dass auch sie uns nicht ewig gehört. Wir können die Wellen ertragen, die über uns hereinbrechen, weil wir wissen, dass nichts ewig währt.

Welle – 2021

Januar. Seit fast einem Jahr lebe ich mit der Pandemie. Es hat sich wie Trauer angefühlt. Die Stille, das Anhalten der Welt. Als er starb, wollte ich immer nur, dass auch die Welt stillsteht. Wie können die Leute nur einkaufen, lachen, Filme ansehen und Burger essen, wenn er tot ist. Ich wollte, dass der Himmel innehält, dass die Uhren ihren Atem anhalten und dass jede/jeder sich einen Moment Zeit nimmt, um das Schreckliche, das geschehen ist, zu begreifen. Aber das geschah nicht. Die Welt tickte weiter – und später war ich so froh, dass der Fluss vor meiner Tür weiterfloss; ich kann ihn ansehen und weiß, dass das Leben weitergeht.

Lockdown fühlt sich an, als hätte die Trauer die Macht übernommen – sie hat das Sagen wie ein griechischer Gott, der uns für unseren Ungehorsam bestraft und uns zu einer Ewigkeit mit stehen gebliebenen Uhren und Stille verurteilt. Die Welt ist eingefroren. Es ist, als hätten alle Trauernden genau das bekommen, worum sie gebeten haben, nur um dann herauszufinden, dass es furchtbar ist – es ist furchtbar, wenn man nicht einkaufen gehen, das Lachen hören, Filme sehen und andere Leute anstarren kann, die Burger in sich hineinstopfen. Es ist furchtbar und fühlt sich wie Trauer an. Ich habe meine Mum seit drei Monaten nicht gesehen. Jedes Mal, wenn ich den Schuhschrank öffne und einen Blick auf die Hausschuhe erhasche, die sie bei mir zu Hause aufbewahrt, schießt ein Adrenalinstoß durch mich hindurch, es fühlt sich an, als wäre sie weg. Ich weiß, dass es nicht so ist. Ich weiß, dass ich Glück habe, aber da ist dennoch ein furchtbarer Gestank von Trauer, von Verlust, und ich hasse ihn.

Februar. Die anfängliche Schrecklichkeit ist einer sturen, leeren Akzeptanz gewichen. Ich habe das Gefühl, dass ich die Menschen verstehe, die den Krieg erlebt haben. Ich habe das Gefühl, dass ich nun wirklich weiß, wie lang ein Jahr ist. In ein paar Jahren werden mir meine Kinder wahrscheinlich sagen, ich solle es vergessen, es sei lange her, es sei nicht so schlimm gewesen. Aber ich werde wissen, dass es wirklich ziemlich schrecklich war, mit der Trauer zu leben, die alles bestimmt.

Ich liege auf dem Sofa und versuche, für fünf Minuten Ruhe zu finden. Ich bin im Halbschlaf. Ich höre meine Kinder in der Küche: die zwei lauten Menschen, die jetzt das Haus füllen, die KIDS. Der Himmel ist blass, luftleer, still. Alle beten, dass 2021 mehr bringt, als 2020 genommen hat. Aber ich weiß, dass Trauer so nicht funktioniert. Für so viele Menschen ist es erst der Anfang. Ich sehe es in meinem Kopf, während ich die Radionachrichten höre: 44, 45, 65, 75, 98 tausend tausend tausend tausend.

Ich schließe meine Augen und höre eine Stimme.

Wer ist das? In meinem Kopf bin ich wieder zu Hause – in Mums Haus. Vor mir breitet sich grauer Nebel aus; ein Lichtstreifen führt senkrecht in die Höhe, wie ein Tor in die Vergangenheit im Kinderfernsehen. Die Stimme kommt aus der Küche. Ich kann durch die Tür nach unten sehen, ich kann das Geländer sehen, auf dem wir klettern und hinunterrutschen. Wieder die Stimme. Ich schlafe, bin aber wach genug, um zu wissen, dass sie verschwindet, wenn ich sie zu sehr suche. Ich lasse die Stimme einfach da sein, und du bist es. Da bist du wieder. Deine Stimme. Ich habe sie schon so lange nicht mehr gehört. Kommt das daher, weil ich einen Sohn habe? Typisch, dass du erst jetzt auftauchst. Ich höre, wie du uns etwas Wichtiges sagst, wie du etwas sagst und lachst, ich höre die Energie in deiner Stimme, höre, wie du den Flur entlanghumpelst, ein Bein kürzer als das andere, wegen des Motorradunfalls, der dich nicht umgebracht hat. Ich kann dich hören. Ich bin so dankbar, dass die Trauer einem diese Momente schenkt. Dass ich lange genug lebe, um einen solchen Moment erleben zu dürfen – um dich endlich zu hören, nachdem ich mich vier Jahre lang in einem Podcast darüber beschwert habe, dass ich mich nicht mehr daran erinnern kann, wie du geklungen hast.

Der Spalt in der Wolke wird immer kleiner. Ich beruhige mich selbst und bitte um ein paar Sekunden mehr. Ich höre dich. Und dann reißt die Wolke unweigerlich auf, und ich kann nur noch meine Kinder hören. Ich werde gerufen, aufgefordert, mit dem Dösen aufzuhören und etwas zu tun – zu spielen, zu backen, so zu tun, als wäre ich ein feenhaftes Einhorn. Ich fühle mich nicht »geheilt« oder gar glücklich, ich fühle mich nur ruhig, erleichtert, dass ich dich nicht verloren habe, dass du noch da bist. Es ist viel Lärm um mich herum, deshalb kann ich dich vielleicht nicht immer deutlich hören. Aber du bist noch da. Das ist schön. Für heute ist das schön.

Protest der Trauernden

Was wollen wir?
EINEN RAUM, UM ÜBER UNSERE TRAUER ZU SPRECHEN!

Wann wollen wir das?
WANN IMMER WIR BEREIT SIND UND ES EIN GUTER TAG IST, UM DARÜBER ZU SPRECHEN!

Was sind wir?
NICHT ALLEIN!

Was wäre außerdem hilfreich?
KEKSE.

Liebe Trauernde, lieber Trauernder,

wir sind am Ende angelangt. Tut mir leid – ich weiß, wir haben es nicht so mit dem Ende. Wie wäre es mit: Das ist kein Ende, hier verabschieden wir uns nur, bis zum nächsten Mal, au revoir, adieu, auf Wiedersehen, goodbye, aber es ist niemand gestorben, also bis demnächst. Wenn du möchtest, kannst du das Buch noch einmal zur Hand nehmen und von vorn beginnen; du kannst durch den Abschnitt »Quellen« blättern und dort Hilfe finden; du kannst einen Blick auf die Bücher über Tod und Trauer werfen; du kannst dir die Podcast-Folgen anhören; du kannst auf Twitter @thegriefcast eingeben und mich und alle anderen Trauernden dort finden.

Was auch immer du betrauerst, welchen auch immer seltsamen und offenkundig schmerzhaften Weg du gegangen bist, was auch immer das Leben dir zugeworfen hat und dir weiterhin zuwerfen wird – schau dich um. Wir sind alle hier. Einige von uns sind schon früh gekommen und haben die Knabbereien bereitgelegt, andere stolpern erst sehr spät herein und sind erstaunt, dass es diesen Club überhaupt gibt; wieder andere warten an der Tür und schauen jahrelang nur hindurch, bis ihre Trauer ihnen die Erlaubnis zum Eintreten gibt. Aber wir sind alle hier. Der Club ist bis zum Rand mit uns allen gefüllt.

Wir alle werden Trauer erleben. Wir alle werden Verlust erleben. Dein erster großer Verlust wird dir die Sicherheit nehmen, dass das Leben keine Grenzen hat. Jeder weitere Verlust wird dich etwas Neues lehren, er wird nie leicht sein, er wird nie angenehm sein, aber er wird immer authentisch sein. Der Verlust wird dir zeigen, worauf es ankommt, er wird dir zeigen, wer sich kümmert, er wird dir zeigen, was du sein willst, wer du bist, wer die Verstorbenen waren, er wird dir immer wieder Neues beibringen und dich immer wieder neu formen.

Es wird nicht verschwinden, es wird verblassen und wachsen und größer und kleiner werden, und das Chaos wird nur dir gehören. Andere Menschen können es eine Zeit lang mittragen und dir ein wenig Last abnehmen, aber hauptsächlich wirst du es tragen und lernen, wann es nützlich und wann es schmerzhaft ist und wann es einfach nur neben dir sitzt.

Wenn du dies liest und neu im Club bist, lass dich von meinen mehr als zwanzig Jahren Trauer nicht abschrecken. Ich bin jetzt glücklicher, als ich es je für möglich gehalten hätte. Ich habe gelebt und gelebt und gelebt und den ganzen Kummer mit mir herumgetragen, und eigentlich war es ganz gut so. Niemals einfach, aber ehrlich gesagt in Ordnung. Auch du wirst das durchstehen. Du wirst Dinge finden, über die du lächeln kannst, dein Herz wird nicht immer schmerzen. Du wirst wieder gute Zeiten erleben, ganz sicher. Denn das tun wir auch. Schau dir einfach an, was Menschen schaffen durchzumachen, das sind die Antworten, die du brauchst.

Schau dir all die Freude und den Kummer und das ganze Chaos an, das die Menschen mit sich herumtragen. Im Grunde versuchen wir alle nur, unser Bestes aus der Zeit zu machen, die uns zur Verfügung steht – es ist nie genug, wir wollen immer mehr von den schönen Dingen gemeinsam mit den Menschen, die wir lieben, aber wenn wir genug Erinnerungen und Liebe haben, hält es länger an, als du vielleicht erwartest.

Es gibt keine letzten Worte, keinen kernigen Spruch, mit

dem ich dies abschließen könnte. Es ist ein Chaos, es kommt überallhin, es beeinflusst Dinge, von denen man es nicht erwartet, und es taucht auf, wenn man es nicht will, aber irgendwann gewöhnt man sich daran, und man wird es immer besser besänftigen können, weil man es zulässt und aufhört zu kämpfen.

Ich hoffe, dass es dir heute so gut geht, wie man es erwarten kann. Ich hoffe, du hast eine gute Woche. Ich hoffe, irgendwo gibt es Dinge, die sich für dich gut anfühlen. Ich hoffe, du hast Kuchen und Tee und Trost und jemanden, dem/der du eine Nachricht schicken kannst, wenn du es brauchst. Ich hoffe, du weißt, dass das alles vorbeigehen wird, was auch immer du im Moment fühlst, Freude oder Trauer, alles wird vergehen; es wird alles irgendwann verwehen. Wir sind nicht besonders oder anders, wir haben uns nur dafür entschieden anzuerkennen, dass der Tod im Raum ist, ein Teil der Einrichtung, wir stauben ihn ab und stellen ihn an einen Platz, der sich im Moment richtig anfühlt.

Ich hoffe, das Buch war hilfreich für dich, ich hoffe, du bekommst Unterstützung, ich hoffe, der Schmerz lässt nach.

Du bist nicht allein.
Cariad x

Quellen[85]

Es gibt eine Menge Unterstützung da draußen für Trauernde – denke nie, niemals, dass es keine Hilfe für dich gibt.
Vielleicht willst du sie nicht haben, vielleicht braucht es Zeit,
die richtige Behandlung oder Person zu finden … Aber wenn
es eins gibt, das ich gelernt habe, seitdem ich über Trauer
spreche, dann, wie viele Menschen es da draußen gibt, die alles daransetzen, um anderen Menschen zu helfen, da durch-
zugehen.

Hier kommt eine kleine Auswahl verschiedener Institu-
tionen, Organisationen und Quellen, auf die ich auf meinem
Weg gestoßen bin und die mir geholfen haben.

Alles Liebe für dich.

---

85 Hinweis des Verlages: Bei den von Cariad Lloyd aufgeführten Büchern,
Social-Media-Accounts und Websites handelt es sich um englischspra-
chige Quellen. Im Falle des Vorliegens entsprechender deutschsprachiger
Ausgaben haben wir diese im Folgenden aufgeführt. Es sei darauf hinge-
wiesen, dass es auch im deutschsprachigen Raum diverse Publikationen,
Online-Plattformen und Podcasts zum Thema Trauer gibt, so etwa das im
Goldmann Verlag 2022 erschienene *endlich. über Trauer reden* von Susann
Brückner und Caroline Kraft, basierend auf dem gleichnamigen Podcast
der Autorinnen.

Bücher

Gary Andrews, *Finding Joy: Plötzlich Witwer – Wie mich meine Kinder zurück ins Leben führten* (Bastei-Lübbe, 2021)

Chimamanda Ngozi Adichie, *Trauer ist das Glück, geliebt zu haben* (S. Fischer, 2021)

Flora Baker, *The Adult Orphan Club* (2020)

Richard Beard, *The Day That Went Missing* (Vintage, 2018)

Poorna Bell, *Chase the Rainbow* (Simon & Schuster, 2017)

Candice Brathwaite, *I Am Not Your Baby Mother* (Quercus, 2020)

Kayo Chingonyi, *A Blood Condition* (Chatto & Windus, 2021)

Ruth Coker Burks, *All The Young Men* (Trapeze, 2021)

Reverend Richard Coles, *The Madness of Grief* (W&N, 2021)

Emily Dean, *Everyone Died, So I Got a Dog* (Hodder & Stoughton, 2019)

Megan Devine, *Es ist okay, wenn du traurig bist: Warum Trauer ein wichtiges Gefühl ist und wie wir lernen, weiterzumachen* (mvg Verlag, 2018)

Atul Gawande, *Sterblich sein: Was am Ende wirklich zählt. Über Würde, Autonomie und eine angemessene medizinische Versorgung* (Fischer Taschenbuch, 2017)

Joel Golby, *Brilliant, Brilliant, Brilliant Brilliant Brilliant* (Mudlark, 2019)

Jayson Greene, *Once More We Saw Stars* (Hodder & Stoughton, 2019)

Gavanndra Hodge, *The Consequences of Love* (Michael Joseph, 2020)

Lee Lawrence, *The Louder I Will Sing* (Sphere, 2020)

C.S. Lewis, *A Grief Observed* (Faber and Faber, 2016)

Kat Lister, *The Elements: A Widowhood* (Icon, 2021)

Anna Lyons und Louise Winter, *We All Know How This Ends* (Green Tree, 2021)

Helen Macdonald, *H wie Habicht* (Ullstein Taschenbuch, 2016)

Charlie Mackesy, *Der Junge, der Maulwurf, der Fuchs und das Pferd* (List Hardcover, 2020)

Kathryn Mannix, *With the End in Mind* (William Collins, 2017)

Diana Khoi Nguyen, *Ghost Of* (Omnidawn Publishing, 2018)

Séamas O'Reilly, *Did Ye Hear Mammy Died?* (Fleet, 2021)

Olivia Potts, *Das Leben neu backen: Wie Trauer, Liebe und Kuchen mein Leben veränderten* (Wunderraum, 2020)

Sophie Ratcliffe, *The Lost Properties of Love* (William Collins, 2020)
Jack Rooke, *Cheer the F**k Up* (BBC Books, 2019)
Michael Rosen, *Many Different Kinds of Love* (Ebury Press, 2022)
Julia Samuel, *Trauert!* (Beltz, 2018)
Sara Seager, *The Smallest Lights in the Universe* (Fourth Estate, 2020)
   (ab Dezember 2025 bei Knaur unter dem Titel *Irgendwo zwischen den Sternen* auf Deutsch erhältlich)
Nikesh Shukla, *Brown Baby* (Bluebird, 2021)
Kate Sutton, *Drawing on Grief* (Leaping Hare Press, 2022)
Robert Webb, *How Not To Be A Boy* (Canongate Books, 2017)
Felix White, *It's Always Summer Somewhere* (Cassell, 2021)

Kinderbücher

Julia Donaldson und Rebecca Cobb, *Paper Dolls* (Macmillan, 2012)
Samuel Langley-Swain und Katie Cottle, *Storm in a Jar* (Owlet Press, 2021)
Stephen und Anita Mangan, *Escape the Room*s (Scholastic, 2021)
Jayde Perkin, *Mum's Jumper* (Book Island, 2019)

Institutionen und Vereine

The Alder Centre: https://aldercentre.org.uk/
AtaLoss.org: https://www.ataloss.org/
The Brain Tumour Charity: https://www.thebraintumourcharity.org/
CALM, Campaign Against Living Miserably – https://www.thecalmzone.net/
Child Bereavement UK: https://www.childbereavementuk.org/
The Compassionate Friends: https://www.tcf.org.uk/
Cradle Charity: https://cradlecharity.org
Edward's Trust: https://edwardstrust.org.uk/
The Good Grief Project: https://thegoodgriefproject.co.uk/
The Good Grief Trust: https://www.thegoodgrieftrust.org/
Grief Chat: https://griefchat.co.uk
Grief Encounter: https://www.griefencounter.org.uk/
The Grief Network: https://www.thegrief.network/

Irish Hospice Foundation: https://hospicefoundation.ie/
Let's Talk About Loss: https://letstalkaboutloss.org/
Life. Death. Whatever: https://www.lifedeathwhatever.com/
The Loss Foundation: https://thelossfoundation.org/
Maggie's: https://www.maggies.org/
MIND: https://www.mind.org.uk/
Missing People: https://www.missingpeople.org.uk/
Modern Widows: https://modernwidowsclub.org/
Muslim Bereavement Support Service: https://mbss.org.uk/
MYH, Muslim Youth Helpline: https://myh.org.uk/
Nafsiyat, Intercultural Therapy Centre: https://www.nafsiyat.org.uk/
The New Normal: https://www.thenewnormalcharity.com/
Papyrus, prevention of young suicide: https://www.papyrus-uk.org/
PCPLD Network: https://www.pcpld.org
Petals Charity: https://petalscharity.org/
Pip's Kit: https://www.pipskit.com/
Samaritans: https://www.samaritans.org/
Sands: https://www.sands.org.uk/
Saying Goodbye: https://www.sayinggoodbye.org/
Sudden: https://sudden.org/
Sue Ryder Trust: https://www.sueryder.org/
Suicide & Co.: https://www.suicideandco.org/
Survivors of Bereavement by Suicide: https://uksobs.org/
The Swan Song Project: https://swansongproject.co.uk/
Twins Trust Bereavement Support Service : https://twinstrust.org/
Untangle Grief : https://way-up.co.uk/
WAY, Widowed and Young: https://www.widowedandyoung.org.uk/
Winston's Wish: https://www.winstonswish.org/

Social Media

Instagram

60 Postcards – @60postcards
Gary Andrews – @garyscribbler
Zoe Clark Coates – @zoeadelle

Cruse Bereavement Support – @crusesupport
Fandangoe Kid – @fandangoekid
Going With Grace – @going_with_grace
The Griefcase – @thegriefcase
The Grief Gang – @thegriefgangpodcast
Grief Kid – @griefkid
Grief Network – @griefnetwork
Grief Tips – @grieftips
Mark Lemon – @marklemonofficial
Life. Death. Whatever @lifedeathwhat
Lockdown Grief – @lockdowngrief
Modern Loss @modernloss
Charlie Mackesy – @CharlieMackesy
The New Normal Charity – @tnncharity
Julia Samuel – @juliasamuelmbe
Sibling Loss – @sibling.loss
Sketches from the Cave – @sketchesfromthecave
Untangle Grief – @untanglegrief
What's Your Grief – @whatsyourgrief

Podcasts

Bereavement Room (Callsuma Ali, https://podcasts.apple.com/gb/podcast/bereavement-room/id1488982564)

Dead Parent Club (Kathryn Hooker, Emma Jones, https://deadparentclub.co.uk)

The Full Stop Podcast (for people tackling the disenfranchised grief of involuntary childlessness) (Michael Hughes, Sarah Lawrence und Berenice Smith, https://www.thefullstoppod.com)

Good Mourning (Sally Douglas, Imogen Carn, (https://www.goodmourning.com.au/#1)

Grief Encounters (Ventia Quick, Sasha Hamrogue, https://podcasts.apple.com/ie/podcast/grief-encounters/id1446606717)

Grief Gang (Amber Jeffrey, https://podcasts.apple.com/gb/podcast/the-grief-gang/id1489821860) T

Grief Works (Julia Samuel, https://juliasamuel.co.uk/podcasts/grief-works)

How is Today? (Alby Shale, Clemmie Clough: https://www.howisto day.com/#Podcast)

Terrible, Thanks for Asking (Nora McInerny, https://www.ttfa.org)

What's Your Grief? (Eleanor Haley, Litsa Willams, https://podcasts. apple.com/us/podcast/whats-your-grief-podcast-grief-support-for-those-who/id946757971)

Twitter

Young Orphans @youngorphans

Websites

The Dinner Party (https://www.thedinnerparty.org/)

Modern Loss (https://modernloss.com/)

Refuge in Grief (https://refugeingrief.com/)

What's Your Grief (https://whatsyourgrief.com)

Advance Care Planning

Dementia UK – https://www.dementiauk.org/get-support/legal-and-financial-information/advance-care-planning/#what

Marie Curie – https://www.mariecurie.org.uk/help/support/termi nal-illness/planning-ahead/advance-care-planning

NHS End of Life Care – https://www.nhs.uk/conditions/end-of-life-care/

Dank

Dieses Buch wäre nicht möglich gewesen ohne meinen Podcast *Griefcast*. Ohne den unglaublichen Zusammenschluss von Menschen, die sich entschlossen haben – mutig, ehrlich und freundlich –, ihre Trauergeschichten zu teilen, aus denen ich hier zitiert habe, würde es diesen Podcast nicht geben. Ich danke jedem und jeder Einzelnen von ihnen und denke an die Menschen, die sie auf ihrem Weg verloren haben. Ich bin für immer dankbar, dass ich ihre Geschichten und das Echo derer, die nicht mehr unter uns sind, hören kann. Danke an die Hörerinnen und Hörer von *Griefcast*, dass sie sich entschieden haben, ihre Ohren für eine Sendung über Tod und Trauer zu öffnen. Danke für eure Unterstützung, Freundlichkeit, Erfahrung, euren Rat und euer Wissen. Die *Griefsters* sind ein ganz besonderer Club, und ich bin sehr stolz darauf, sie zu unterstützen.

Griefcast wurde möglich dank Kate Holland, meiner Redakteurin, Lebensretterin, Technikexpertin und Gesprächspartnerin. Ohne ihr Wissen und ihr Vertrauen wäre das alles nicht möglich gewesen. Danke auch an die Whistledown Studios, in denen meine Aufnahmen ein Zuhause gefunden haben und in denen meine Gäste und ich uns sicher genug fühlten, einander unsere Geschichten zu erzählen.

Danke an meine Literaturagentin Nelle, die bei jedem Schritt im richtigen Maß an mich geglaubt, mich ermutigt, unterstützt, mich gedrängt, mit mir geschimpft, mich noch mal unterstützt und mir zugehört hat. Meine Lektorin Alexis, die mir vertraute und von Anfang an mit so viel Leidenschaft für dieses Buch kämpfte und es über alle Hürden einer globalen Pandemie hinwegbrachte, die sich ihm in den Weg stellten. An alle bei Bloomsbury für ihren unerschütterlichen guten Willen, ihr Mitgefühl und ihre Hingabe; ich bin sehr glücklich, an Bord eures Schiffes gewesen zu sein. Meine Redakteurin Kate, deren Geduld und Einfühlungsvermögen für mich wie auch für das Buch ich sehr zu schätzen weiß. Danke an meine Agent:innen bei Independent Talent, Sarah und Humphrey, für ihre Ermutigung, während ich in meinem Schreibloch verschwand.

Vielen Dank an Julia Samuel, Dr. Kathryn Mannix, Kimberley St John, Sam Lock, Anna Lyons, Dr. Irene Casey und Professor Mark Taubert.

Danke an Sara, dafür, dass du meine beste Freundin bist und meine Buch-Reise-Freundin. Wenn du nicht vor mir gegangen wärst, wäre ich sehr verloren gewesen. Danke, dass du mir immer den Weg gezeigt hast.

Danke an meine Mutter, ich bin so dankbar für deine Liebe, deine Akzeptanz und die Freude, die du geschafft hast während unserer Trauerreise zu uns zu bringen. Ohne dich hätten wir es nicht geschafft.

Danke an meinen Bruder Tom und die Lloyd-Nuts. Ich hätte mir keinen besseren großen Bruder wünschen können, mit dem ich das durchstehen kann. Dad wäre so unglaublich stolz auf dich und sie gewesen.

Danke an meine unglaublichen Kinder, Dad hätte euch so sehr geliebt – was mir an manchen Tagen das Herz zerreißt, aber meistens eine Erinnerung daran ist, dass ich die glücklichste Mutter bin, euch beide in meinem Leben zu haben. Ihr seid meine Welt.

Und schließlich: Danke an meinen Mann Ben. Dieses Buch ist deinetwegen auf der Welt. So wie ich es an den meisten Tagen bin. Ohne dich hätte ich das nicht geschafft – und ich weiß, du wirst sagen, dass das nicht stimmt, aber es ist trotzdem etwas Wahres dran. Mütter können nicht schreiben, wenn nicht jemand anderes sie aufrecht hält. Du hast mich gestützt, meine Hand gehalten, dieses Haus, unsere Kinder, unser Leben, alles zusammengehalten. Tut mir leid, dass es so lange gedauert hat. (Ich gebe dem neuen Baby und der Pandemie die Schuld.) Ich danke dir so sehr für alles.

Register

Abhängigkeit, extreme 162
Ablehnung 108
Abschied 205
Abschiedsgrüße, digitale 129
Abschluss 290
Absurdität 97, 103
Abwesenheit 133
ACP (Advance Care Planning) 267
ADHS (Aufmerksamkeitsdefizit-Hyperaktivitäts-Störung) 274
Advance Care Planning (ACP) 267
Akzeptanz 43 f., 56, 301
Alkoholmissbrauch 207
All Hallows by The Tower 69 f.
Alter 68, 148, 150, 153, 155, 157, 160, 167, 198
Alzheimer 248 f.
analoge Erinnerungen 112 f.
analoge Trauernde 111
Anekdoten 170, 223
Ängste 37, 53, 128, 222, 246, 265
Angstzustände 162, 183, 274
anhaltende komplexe Trauerstörung 161
Anordnung zum Verzicht auf Wiederbelebung (VaW-Formulare) 269
Anspannung 275
Anstecker 99–101
Antidepressiva 164
Antworten 22, 26, 39, 53, 57, 106, 108 f., 203, 241, 306
Armenbegräbnis 92
Asche 177, 180, 262, 264
aufgeschobene Trauer 157
Aufmerksamkeit 223, 230
Aufmerksamkeitsdefizit-Hyperaktivitäts-Störung (ADHS) 274
Auszeit, siehe auch Pausen 65

Ball-in-the-Box-Theorie 297
Bauchspeicheldrüsenkrebs 19, 25, 152 f., 198, 212
Beerdigung 70–72, 82–85, 87, 91–93, 97, 104, 110, 127, 129, 203, 257, 259–264, 295

Befreiung 45, 97, 170
Beileid 242
Bestattung 38, 87
Bestattungsplan 262
Bestattungsvereine 93
Bewältigen 296
Beziehung 93, 103, 154 f., 159–161, 165, 227, 239, 248
Bilder 128, 262
bipolare Störung 207
Blumen 98, 263 f.
Blutkrebs 102
Briefe 112, 122, 133, 259 f.
Brustkrebs 170

Checkliste 43, 248
Chemo 32
Chemotherapie 212
Covid-19-Pandemie 129

Darmkrebs 52
Demenz 196, 248 f., 265
Depression 43, 50, 54 f., 162
Diagnose 19, 54, 151–153, 167, 249
digitale Abschiedsgrüße 129
digitale Psyche 127
digitale Trauernde 111, 113 f., 117, 120, 127 f.
digitale Welt 111, 113, 117, 122 f., 126, 131, 133
digitaler Kummer 114
digitales Zeitalter 117 f., 123, 128 f.
dualer Prozess 63 f., 67
duales Prozessmodell 62 f.

Ego, jugendliches 204
Egoismus 32
Einäscherung 73 f., 263 f.
Einsamkeit 75
Einzelheiten 245 f.
Einzigartigkeit 159
Eltern 61, 107, 126, 175, 191, 206, 216, 219, 228, 233, 238, 249, 254, 273
emotionale Reaktionen 83, 231
emotionale Taubheit 292

emotionale Verwirrung 148
emotionale Wetterlage 280
emotionale Zustände 49, 83, 164
emotionales Vokabular 155
Emotionen 42, 48, 61, 63, 121, 174, 189 f., 231,
    267, 292, 296
Ende 39–41, 44, 58 f., 74, 86, 265–267, 270,
    272, 305
Energie 35, 108, 255, 266, 274, 302
Entfremdung 247, 249
Entscheidung 146, 175, 190 f., 235, 247, 271
Entschuldigungen 55, 96, 244
Ereignis, traumatisches 246
Erfahrung, individuelle 97
Erinnerungen 15, 25, 33, 73 f., 110, 112 f.,
    117–119, 123, 126, 131, 133, 136, 138, 158,
    161 f., 191–195, 202–204, 210–215, 229,
    234, 237, 261, 264, 283, 290, 295 f., 306
Erinnerungen, analoge 112 f.
Erinnerungsalbum 117
Erinnerungsblitze 234
Erleichterung 49, 62, 77, 109, 170, 196, 249,
    292
Erwartungen 37, 81, 83, 85, 87, 93, 97
Erzählstrang, simpler 57
Erzählung, lineare 48, 58, 61
Etikette 83, 230
Existenz 158, 192, 299

Facebook 112, 125 f., 297
Facebook-Gedenkseiten 111, 124
Faktoren, sozioökonomische 176
Familientreffen 189
Fehlgeburt 196, 240
feste Trauerzeiten 94
fester Zustand 97
Förmlichkeit 83
Fotos 113, 126, 128, 253, 264, 279
Freiheit 86, 170, 172, 290
Freude 22, 62, 71, 97, 122, 133, 143, 152, 197,
    216, 253, 279 f., 290, 299, 306 f.
Freundlichkeit 201, 241, 243
Frieden 53, 55, 77, 161, 193, 290
Friedhöfe 85, 88 f.
früher Schwangerschaftsverlust 240
fünf Phasen 39–42, 44 f., 47–50, 54–62, 66,
    68, 81
fünf Stadien 50, 84
Fünf-Phasen-Modell 39–41, 50, 55
fünfzehnjähriges Ich 144, 168, 202
Fürsorge 231, 269

Geburtstag 104, 192, 244
Gedenkmodus 125

Gedenkmonat 281
Gedenkstätte 264
Gedicht 264
Gefühle, negative 63
Gefühllosigkeit 292
Gefühlsausbrüche 96, 220
Gefühlschaos 85, 260
Gegenstände 112, 118
Gehirntumor 153 f.
Gesellschaft, viktorianische 83, 87
gesellschaftliche Konditionierung 238
gesellschaftliche Unbeholfenheit 221
Gesetze 89
Gesprächstherapie 206
Gesundheit, psychische 207
gesundheitliche Versorgung,
    Vorausplanung 267
Gewissen, schlechtes 68, 171, 178, 181, 221
Glück 62, 117, 162, 216, 256, 296
Gottesdienst 71 f., 87, 97, 259
Grab 92, 208, 265

Haltung, stoische 82
Herzinfarkte 196
Heulen 77, 179
Hilfe, professionelle 150
Hinterbliebene 55, 128, 183, 241, 243
HIV-bedingte Krankheiten 206
HIV-Diagnose 51
Hochzeit 94, 214
Hochzeitstag 132
Hoffnung 108 f., 117, 202, 250
Hospiz 33, 51

Jahrestag 104, 192, 281–283, 286 f., 290
Jahreszeiten 79, 97
Jugend 151, 156
Jugendliche 20, 131, 148, 151, 168
jugendliche Trauer 160, 292
jugendliches Ego 204
jugendliches Ich 148

Karte 136, 244
Kinder 119, 129, 131, 142 f., 146, 148, 150 f.,
    164, 191 f., 203, 264 f., 288, 296
Kindersterblichkeit 87
Kindheit 16, 119, 151, 156, 159 f., 167, 175, 255
Kindheitserlebnisse, traumatische 162
kindliche Trauer 142
kindliches Ich 147
Kirche 69–73, 89, 109 f., 208
Kontrolle 16, 25, 30, 75 f., 83, 87, 103, 167,
    172, 184, 226, 253, 285
Kontrolle, technologische 121

Krankenhaus 28, 33 f., 51–53, 123 f., 126, 130, 203, 212, 266
Krankheit 25, 38, 86–88, 131, 157, 161, 170, 198, 204, 206, 213, 246, 249, 258
Krankheiten, HIV-bedingte 206
Krankheiten, unheilbare 50, 55, 144, 265
Krebs 16, 31–33, 41, 54, 56, 108, 121, 136, 144, 151, 212, 249
Krebsstation 33, 203
Krematorium 74
Kummer 23, 25–27, 37, 65 f., 76, 97, 105, 112, 118, 134, 147 f., 153, 155, 163, 191, 193–196, 200, 202, 206 f., 210 f., 223, 227, 239–241, 253, 257 f., 287, 291 f., 298 f., 306
Kummer, digitaler 114
Kummerchaos 25
Kummer-Phase 64

lebenserhaltende Maßnahmen 265
Lebenserwartung 86
Lebewohl 74
Leerstellen 73
Leichen 87–89
Leichentücher 88
Leichenwagen 73, 224
Leichenzug 91
Leichtigkeit 37
Leid 21, 25, 95
Leidtragende 142
Leitfaden 23, 27, 57, 236, 259
Liebe 62, 101, 108, 119, 255, 297, 306
Lieder 34, 71, 257, 259, 296
Loslassen 29
Lücke 161, 213
Lügen 40, 47, 58, 139, 179, 195, 220

Maßnahmen, lebenserhaltende 265
Medien, soziale 64, 67, 112, 120, 123 f., 127 f., 279, 297
Medikalisierung 164
Melancholie 101, 213
Meningitis 294
Mitgefühl 231, 266
Momente, verlorene 279
Moralempfinden 247
Morphium 172, 267
Motoneuronerkrankung 270
MS (Multiple Sklerose) 156
Mundpropaganda 142
Musik 72, 260, 263, 265
Mut 131, 175, 206, 271
Muttertag 128

Nachlasskontakt 126 f.

Nebenrolle 243
negative Gefühle 63
Nervosität 183
Nicht-Bewältigen 297
Nicht-darüber-Hinwegkommen 279
Nicht-Reden 198
Normalität 95

Ohnmachten 88
Online-Trauer-Accounts 128
Online-Trauer-Community 128

Palliativmediziner:innen 197
Palliativpflegerin 266, 269
Pandemie 129, 152, 246, 300
Panik 146, 173, 225, 290
Party 72, 260, 263
Pausen 64 f., 67, 106, 220, 253, 289
Pflege 53, 127, 265, 270
Phasen, fünf 39–42, 44 f., 47–50, 54–62, 66, 68, 81
Phrasen 228, 242 f.
Plattformen 122 f.
Posttraumatische Belastungsstörung (PTBS) 212
Präsenz 133, 190, 238
professionelle Hilfe 150
Profi-Tipp 242
prolongierte Trauerstörung 161, 163
Prozess 22, 25, 38, 41, 49, 54, 58 f., 61, 68, 81, 83, 85, 87 f., 98, 113, 129, 152, 162, 197, 203, 206, 248, 254, 267, 272
Prozess, dualer 63 f., 67
Prozessmodell, duales 62 f.
Psyche, digitale 127
psychische Gesundheit 207
Psychotherapie 211
PTBS (Posttraumatische Belastungsstörung) 162, 212
Pubertät 147

Reaktionen, emotionale 83, 231
Realität, alternative 207
Reden 147, 185, 188, 193, 208, 211 f., 229, 231, 234, 266
Regeln, viktorianische 93
Reife 154, 158
Reizdarmsyndrom 139, 183
Religion 160
Respekt 53, 87 f.
Respektlosigkeit 97
Rituale 38, 87, 91–93, 152
Ruhe 26, 44, 54, 66, 87, 98, 106, 135, 165, 267, 275, 301

Sarg 71, 73 f., 90–92, 261, 263, 265
Schicksal 34 f., 54, 174, 219, 267
Schicksalsberg 187, 211
Schlaganfall 268
schlechtes Gewissen 68, 171, 178, 181, 221
Schmerz 15, 22–26, 28, 39, 48, 64–68, 77,
    97, 106, 120, 124, 128, 131, 135–139,
    148 f., 151, 153, 155 f., 163, 168, 175, 193,
    195, 198–206, 210, 227 f., 231, 237, 239 f.,
    246 f., 267, 281, 287, 291–299
Schmerzknopf 298
Schmerzwellen 64
Schock 42 f., 71, 97, 126, 147, 151, 157, 167,
    174, 250, 274, 287, 292
Schuld 45, 66, 147, 158, 183, 204, 220, 227
Schuldgefühle 38, 96, 103, 169
Schuldzuweisungen 224
Schwäche 252
Schwangerschaftsverlust, früher 240
Schweigen 34, 53, 204 f., 244
Sehnsucht 162 f., 256
sekundäre Trauer 156
sekundäre Verluste 62, 155 f., 158
Selbsthass 108
Selbsthilfeseminare 107
Selbstkontrolle 106
Selbstmord 196, 239, 246 f.
Selbstschutz 229
Selbstverletzungen 108
Solidarität 143, 243
Sorgen 47, 60 f., 170, 236, 266, 269
soziale Medien 64, 67, 112, 120, 123 f., 127 f.,
    279, 297
soziale Unbeholfenheit 235
sozioökonomische Faktoren 176
spezifische Trauererfahrungen 152
Spiegelei-Theorie 297
Stadien, fünf 50, 84
Stadium 45, 54
Stärke 252
Status 93
Sterbehelfer:innen 196, 296
Sterbehilfe 51
Sterbende 51, 57, 271
Sterbeplan 267
Sterbeprozess 170, 269
Sterbetraditionen 83
Sterbezimmer 35
Sterblichkeit 220, 258, 267
Stigma 86, 258
Stigmatisierung 246
stoische Haltung 82
Störung, bipolare 207
Stress 167, 275

Symbole 98, 101
Symbolik 98, 100

Tagebuch 104, 277
Tagebuchschreiben 209, 211
Teenage Grief Club (TGC, Teenager:innen-
    Trauer-Club) 149, 152, 164–169, 175 f.
Teenager:in 19, 45, 57, 64, 108, 116, 125 f.,
    148, 151, 153, 157, 164 f., 175, 190 f., 204,
    225, 227
Telefonseelsorger:innen 246
Testament 92, 127, 257 f., 263, 270, 272
Textnachrichten 113
TGC (Teenage Grief Club, Teenager:innen-
    Trauer-Club) 149, 152, 164–169, 175 f.
Therapie 136, 149, 164, 182, 188, 199, 201,
    204, 206 f., 209 f., 226, 248, 291
tiefe Trauer 90, 93
Todesangst 266
Todesfall, traumatischer 162
Todesjahrestag 279, 283
Todeskampf 52
Todesmonat 214
Todesritual 93
Todestag 71, 192, 214, 244
Todes-Talk 250
Todesursache 25
Traditionen 38
Traditionsbruch 84
Tragödie 246, 284
Tränen 23, 32, 46, 64–66, 95 f., 138 f., 185,
    195 f., 202, 235, 251, 284
Transformationsprozess 167
Trauer, aufgeschobene 157
Trauer, jugendliche 160, 292
Trauer, kindliche 142
Trauer, komplizierte 161, 164
Trauer, korrekte 85
Trauer, sekundäre 156
Trauer, tiefe 90, 93
Trauer, vorweggenommene 249
Trauerältesten-Stadium 280
Trauerbegleitung 142
Trauerberatungsstellen 142
Trauerberg 60
Trauerbewältigung 40, 62
Trauerchaos 26 f., 37 f., 157, 160, 195, 267,
    291, 298
Trauererfahrungen, spezifische 152
Traueretikette, viktorianische 103
Trauerfeier 83, 129
Trauergeschichte 240
Trauerhierarchie 240
Trauerkaufhäuser 91

Trauerkleidung 83, 93
Trauerkultur 45
Trauernde, analoge 111
Trauernde, digitale 111, 113 f., 117, 120, 127 f.
Trauerphase 64, 94
Trauerprozess, siehe auch Prozess 58, 83, 119,
    188, 249, 259
Trauerprüfung 45
Trauerrechnung 240, 247
Trauerrede 84
Trauerreise 25, 113, 283
Trauer-Schuldgefühle 165
Trauerstadien 41
Trauerstörung, anhaltende komplexe 161
Trauerstörung, prolongierte 161, 163
Trauertermine 103
Trauertheorie 40, 50, 61
Trauertherapie 147
Trauertraditionen 83, 88
Trauerzeit 98, 103
Trauerzeiten, feste 94
Trauma 42, 159, 167, 173–175, 207, 238, 246
traumatische Beschreibungen 33
traumatische Kindheitserlebnisse 162
traumatischer Todesfall 162
traumatisches Ereignis 246
Traurigkeit 20, 22, 26, 43 f., 54, 62–65, 105,
    143, 160, 175 f., 185, 190, 200, 213, 231,
    279, 287, 299
Tumor 20
Twitter-Hashtag 123

Überleben 279
Überraschungsfrage 145
Unausweichlichkeit 257 f.
unbedachte Bemerkung 222
Unbehagen 239
Unbeholfenheit, gesellschaftliche 221
Unbeholfenheit, soziale 235
Unfall 25, 123, 125, 191, 229 f., 258
Ungeduld 95
Unglück 258
unheilbare Krankheiten 50, 55, 144, 265
Unruhe 215
Unterstützung 53, 150, 164, 231, 271, 307
Urnen 262

Vatertag 128, 279
VaW-Formulare (Anordnung zum Verzicht
    auf Wiederbelebung) 269
vegetativer Zustand 265
Verabschiedungen 152
Verantwortung 107, 253
Vereinsamung 54

Vergeblichkeit 22
Verletzlichkeit 231, 252
Verletzungen 101, 200
Verleugnung 41, 43, 50, 54 f., 149
Verluste, sekundäre 62, 155 f., 158
Vermächtnis 122
Versagen 57
Versorgungsplan 267, 269
Verständnis 61, 171, 196
Verwirrung, emotionale 148
Verwundbarkeit 265
Verzicht auf Wiederbelebung, Anordnung
    zum (VaW-Formulare) 269
Verzweiflung 226, 231, 279
Videos 113 f., 116, 130 f., 270
viktorianische Gesellschaft 83, 87
viktorianische Regeln 93
viktorianische Traueretikette 103
viktorianisches Zeitalter 82, 88
Vokabular, emotionales 155
Vorausplanung der gesundheitlichen Versor-
    gung 267
Vorschriften 68, 84 f., 87, 98, 103
vorweggenommene Trauer 249

Wahrhaftigkeit 290
Waisen, besondere 172
Waschmaschine 104, 106
Wegweiser 60
Weihnachten 77–79, 128, 244
Weinen 64 f., 88, 201, 279, 291, 296 f.
Welt, digitale 111, 113, 117, 122 f., 126, 131,
    133
Weltkriege 82
Widerstandsfähigkeit 174 f., 280
Wiederbelebung, Anordnung zum Verzicht
    auf (VaW-Formulare) 269
Witze 84, 124, 135, 161, 184, 199, 295
Wunde 118, 223, 299
Wut 40 f., 43–46, 53–55, 63 f., 76, 102, 191,
    231

Zeitalter, digitales 117 f., 123, 128 f.
Zeitalter, viktorianisches 82, 88
Zeremonie 87 f., 265
Zorn 44, 50
Zuhause 155
Zukunft 108, 131, 172, 189, 210, 240, 250
Zusammenbruch 198, 291
Zustand, vegetativer 265
Zustände, emotionale 49, 83, 164